KiWi
1841

AF838047

Das Buch

Deutschland 2019: Die AfD wird zur Volkspartei im Osten. Die etablierten Parteien sind geschockt. Vor zehn Jahren hatte der Reporter Moritz von Uslar der Kleinstadt Zehdenick in der brandenburgischen Provinz einen Besuch abgestattet. Dann kehrt er zurück, er bleibt vier Monate und lässt – wie schon in »Deutschboden« – die Geschichte und die Einwohner des Städtchens auf sich zukommen.

Er sitzt in illegalen Kneipen, in Wohnzimmern und in Getränkemärkten. Er notiert mit oder lässt das Aufnahmegerät laufen. Das Urgestein Blocky, der Kneipenmann Heiko Schröder und die tätowierten Punks Raul und Eric tauchen wieder auf, neues Personal tritt nach vorne: die Bäckersfrau Katharina, das Barmädchen Pretty Baby, ein linker Skinhead, der in den 1990er-Jahren vor den rechten Glatzen fliehen musste. Anders als vor zehn Jahren ist der Reporter in der Kleinstadt aber kein Fremder mehr, und sehr schnell wird klar: Das ist hier nicht mehr das Deutschland, das es vor zehn Jahren war. »Wenn du noch mal in unsere Stadt kommst, dann musst du ein politisches Buch schreiben«, hatte Raul, einer der Protagonisten, dem Reporter erklärt.

Der Autor

Moritz von Uslar, geboren 1970 in Köln, war Redakteur beim Süddeutsche-Zeitung-Magazin und beim SPIEGEL und arbeitet heute als Reporter und Interviewer bei der Zeit.

Ausgewählte Veröffentlichungen: Theaterstücke »Freunde« (2000), »Freunde II« (2001), »Lulu« (2004), gesammelte Interviews »100 Fragen an …« (KiWi 829, 2004) und »99 Fragen an …« (KiWi 1381, 2014), Roman »Waldstein oder Der Tod des Walter Gieseking am 6. Juni 2005« (2006, Kiepenheuer & Witsch), gesammelte Kolumnen »Auf ein Frühstücksei mit …« (KiWi 1579, 2017). Der Reportageroman »Deutschboden. Eine teilnehmende Beobachtung« (2010, Kiepenheuer & Witsch) wurde mit dem Fontane-Preis der Stadt Neuruppin ausgezeichnet und von André Schäfer fürs Kino verfilmt (2014).

Kiepenheuer
& Witsch

Moritz von Uslar

Nochmal Deutschboden

Meine Rückkehr in die brandenburgische Provinz

Aus Verantwortung für die Umwelt hat sich der
Verlag Kiepenheuer & Witsch zu einer nachhaltigen Buchproduktion verpflichtet. Der bewusste Umgang mit unseren Ressourcen, der Schutz unseres Klimas und der Natur gehören zu unseren obersten Unternehmenszielen.

Gemeinsam mit unseren Partnern und Lieferanten setzen wir uns für eine klimaneutrale Buchproduktion ein, die den Erwerb von Klimazertifikaten zur Kompensation des CO_2-Ausstoßes einschließt.

Weitere Informationen finden Sie unter:
www.klimaneutralerverlag.de

Zum Schutz von Personen wurden Namen und Ortsnamen zum großen Teil verändert und Handlungen, Ereignisse und Situationen modifiziert.

MIX
Papier | Fördert gute Waldnutzung
FSC® C083411
www.fsc.org

1. Auflage 2022

© 2020, 2022, Verlag Kiepenheuer & Witsch, Köln
Alle Rechte vorbehalten.
Covergestaltung: Walter Schönauer
Gesetzt aus der Century Book
Satz: Buch-Werkstatt GmbH, Bad Aibling
Druck und Bindung: CPI books GmbH, Leck
ISBN 978-3-462-00277-5

Für Jana und Charly Seehausen

»Take me to the station
And put me on a train
I 've got no expectations
To pass through here again«

The Rolling Stones,
No Expectations

Zum Geleit

Im Mai 2009 kam ich zum ersten Mal in die Kleinstadt, gut eine Autostunde nördlich von Berlin gelegen, und blieb drei Monate. Zehn Jahre später, im Frühjahr 2019, kehrte der Reporter in die Kleinstadt zurück – und hat es nicht so ganz anders gemacht als beim ersten Mal: mit dabei sein, das Aufnahmegerät laufen lassen.

Dies sollte nie nur ein blödes Fortsetzungsbuch werden – eher der Versuch, noch einmal neu klug dumm zu sein und, in der Tradition der Reporter, die ich bewundere, nicht alles von Anfang an zu wissen (was selbstverständlich nie ganz funktioniert). Die politische Situation in diesem Land legte es mir nahe, die Geschichte noch einmal von vorne zu erzählen, aber es war nicht nur die Politik: Der Autor wollte gucken, ob das ging, noch einmal abzuhauen von allem (richtig, das mit dem Abhauen würde so einfach nicht noch mal werden, aber zumindest an das Gefühl des Weg-von-allem-Seins wollte ich mich erinnern).

Die im Buch vorkommenden Personen werden, bis auf wenige Ausnahmen, nicht bei ihren richtigen Namen genannt. Einige real existierende Personen habe ich zum Schutz ihrer Persönlichkeitsrechte verfremdet.

Mein Dank gilt meinen Buchhelden, dem Brüderpaar Raul und Eric und dem Zehdenicker Urgestein Blocky, sowie den Betreibern und Betreiberfamilien der

Gaststätte Schröder, des Hotels Klement, des Istanbul-Imbisses, der Café Lounge Bar, des Spätkaufs, der Bäckerei Jahn, der Bäckerei Türcke, der Fleischerei Tiemann. Mein Dank gilt außerdem allen Bewohnern der Kleinstadt, die mich ein zweites Mal ertragen haben und die mich, zumindest kam es mir so vor, zwischendrin auch ganz gerne dabeihatten.

Der Autor *Berlin, im November 2019*

Inhalt

Ein extrem undummer Junge

Merkel zitterte, die SPD drohte, zumindest im Osten Deutschlands, unter die Fünf-Prozent-Marke zu fallen, im hessischen Wächtersbach wurde ein Afrikaner aus einem fahrenden Auto heraus niedergeschossen (Opfer der Tat war der aus Eritrea stammende Mann offenbar allein aufgrund seiner Hautfarbe geworden) – und mit dem Regionalexpress aus Oranienburg traf an diesem Juliabend um 18 Uhr ein stattlich aussehender, gut in die Jahre gekommener Skinhead ein, den die Kleinstadt zuletzt als die Zecke von Zehdenick gekannt hatte. Noch am Bahngleis zündete er sich eine Zigarette an und lief zu dem Kleintransporter, der mit laufendem Motor auf ihn wartete.

Es war gar nicht so einfach gewesen, Vakka Vakkmann – so war der Skinhead von jeher genannt worden – für einen Abend zurück in die Kleinstadt zu holen, für ein bisschen Biertrinken und mit späterem Abhängen vor dem Späti und im Scheißladen (wie Raul die Shisha Bar & Lounge auf der Berliner Straße getauft hatte), mit den Punks und Nazis, die es alle kaum fassen konnten, dass Vakka sich nach all den Jahren mal wieder in seiner Heimatstadt blicken ließ, und mit den Frauen von Zehdenick, den Gesichtstätowierten, Kurden, Flüchtlingen, den ewigen Hartz-IVlern, den Kleingangstern, den Schwindligen und den Komplett-Weggehämmerten oben aus den Ziegeleien, dem ganzen wunderbaren Kleinstadt-Volk also, das an einer Freitagnacht noch auf die Straße kam.

Die Kontaktaufnahme hatte sich über Monate hingezogen. Marcin, ein Mitglied der alten Aral-Gang, wohnte gegenüber von Vakkas Eltern (den Namen Vakka sprach man übrigens wie den englischen »Fucker« aus) und hatte da mal nachgefragt, ob es eine Nummer gebe. Nichts zu machen. Der ehemalige Diakon der Kleinstadt – in den Neunzigerjahren hatte Vakka Zuflucht in der Jungen Gemeinde gesucht – wehrte ab: Vakka sei der Typ, der, sei er einmal weg, ganz weg sei, er verstehe es, die Brücken zu seiner Vergangenheit und den Menschen, die ihm nahegestanden hatten, abzubrechen. Vakka wohnte, so eine der wenigen erhältlichen Informationen, in Potsdam, und das nun auch schon seit bald zwanzig Jahren, niemand wisse mehr. Recherche auf diversen Facebook-Seiten, die der Gesuchte offenkundig seit Jahren nicht mehr besucht hatte und auf denen er sich als Eisern-Union-Fan und in der nicht ganz einfach zu dechiffrierenden Garderobe eines linken Oi-Skins präsentierte (mit Domestos-Jeansjacke, Karohemd von Ben Sherman, »All Cops Are Bastards«-T-Shirt und einem grandios nach Pop und nach Randale aussehenden ausgeschlagenen Schneidezahn; auf einem Foto, hoppla, war Vakka Arm in Arm mit dem in Potsdam lebenden Modemacher Wolfgang Joop zu sehen) – nur Ratlosigkeit: »Vakka? Nein … Nein.«

Raul war der Einzige gewesen, der über die Jahre einen sehr losen, eben einen Raul-artigen Kontakt zu

Vakka gehalten hatte. Sie hatten sich, immer ohne Anlauf und meistens spätnachts, wenn beide schon gut einen sitzen hatten, bei Playstation-Partys zum Zocken getroffen. Dann seien ihre Unterhaltungen und Absprachen, wie bei Zockern üblich, recht prosaisch verlaufen (»Ich flieg den Hubschrauber, du schießt«). Als Raul über die Direktnachricht-Funktion der Playstation um ein Treffen gebeten hatte: Schweigen, Abbruch der Verhandlungen, nichts mehr.

Der Reporter aber, komisch, hatte immer – schon bei allerersten strategischen Überlegungen zu diesem Buch – gespürt, dass eine Rückkehr nach Deutschboden nur möglich war, wenn auch Vakka, und sei es bloß für einen Abend, in seine Heimatstadt zurückkehrte. Vakka, Held des Fernsehfilms mit dem Arbeitstitel *Die Zecken von Zehdenick* (1999 gedreht), und Raul, Held des Buchs *Deutschboden* (2009 recherchiert), sie mussten sich treffen, an einem Tisch sitzen und den ganz großen Bogen erzählen, und der Reporter wollte natürlich dabei sein, mittrinken, mitlachen und mit der Faust auf den Tisch hauen, weil einfach nirgendwo so wild, so hart, so furchtlos, so wunderbar frei von irgendeinem Schuldbewusstsein erzählt wurde wie in der Kleinstadt.

Vakka Vakkmann, bürgerlich Sascha Vergin, ein Jahr vor Raul, 1981, in Zehdenick geboren. Sein Vater hatte schnell nach der Wende Läden der Handelskette Konsum von der Treuhand gekauft, sie weitergeführt und ordentliches Geld verdient. Vakka, so lautete die Geschichte heute, sei aus Prinzip immer gegen alles gewesen, er konnte kiffen und saufen bis zum Anschlag, er flirtete mit den Rechten, die in den Neunzigerjahren in Zehdenick den Ton angaben, dann wiederum ließ er sich als Zecke jahrelang von den Rechten aufs Maul hauen. Tatsächlich war es wohl so gewesen, dass Vakka sich als Noch-nicht-Dreizehnjähriger aus allergewöhnlichster jugendlicher Langweile und aus einem zarten Anflug der Rebellion heraus die Haare lang wachsen lassen und schmutzig blond gefärbt hatte und daraufhin von den Glatzen, die in den Schulen und auf den Pausenhöfen, in den Kneipen und auf dem Rathausmarkt die Macht bildeten, aufs Maul bekommen hatte.

Was als diffuser Widerstand und als ganz gewöhnliche pubertäre Geste der Selbstsuche begonnen hatte, wurde sehr schnell zu einem regelrechten Opfergang: Der schmale Junge bekam morgens, mittags, abends und, wenn er sich nachts noch einmal auf die Straße traute, dann nachts noch einmal aufs Maul. Vakka wurde die blond gefärbte Puppe, in die jeder Schüler, jeder Heranwachsende, jeder junge Mann, der seinem Selbstbewusstsein einen Kick geben oder sich vor den braunen Gangs produzieren wollte, einmal reinschlagen durfte – bald war es kein politisches Statement mehr, den Punk und die Zecke Vakka Vakkmann zu treten, wenn er schon am Boden lag. Man schlug ihn, weil alle ihn schlugen (und natürlich, wie in allen ostdeutschen Kleinstädten der Neunzigerjahre, fehlte es in Zehdenick an Ausländern und Gastarbeitern, die den Rechten als Opfer hätten taugen können). Gesendet wurde die Fernsehdokumentation *Die Zecken von Zehdenick* unter dem Titel *Abgestempelt – Eine Clique gegen den Rest der Stadt.* In der ersten Einstellung hetzte das fahrige Bild einer Handkamera über Kopfsteinpflaster, das von fahlem Ost-Straßenlaternen-Licht beschienen wurde. Der Film begann mit den Worten: »Angst. Ich habe ständig Angst, eins auf die Fresse zu kriegen.«

In der Kleinstadt hatte sich zuletzt das Gerücht gehalten, Vakka sei längst wieder bei den Rechten gelandet – was für ein Drama. Aus den Worten des Diakons ließ sich heraushören, dass der verlorene Punk ihn berührt, ja vielleicht sogar sein Herz angebrochen hatte: Vakka sei ein Süchtiger gewesen, natürlich, ein Schwindler, ein Grenzgänger, ein »glänzender und gefährdeter Mensch«. Und dann, Mitte Juli, kam von Raul plötzlich die Nachricht, dass Vakka sich gemeldet habe – gerne ein Bierchen, noch lieber zwanzig, dreißig Biere, klar, gerne zusammen abhängen, gerne quatschen. Er sei am Wochenende in der Kleinstadt, um einen runden Geburtstag seines Vaters zu feiern. Schon richtig, er sei schwer zu erreichen gewesen. Sein Handy, so Vakka zu Raul auf der Playstation-Sitzung, habe ihm »so ein Neger geklaut«.

Der Rückkehrer schwang sich aus Rauls blauem VW-Bus heraus, und ich konnte sofort sehen, dass es ein Wahnsinn gewesen wäre, wenn unser Zusammentreffen nicht stattgefunden hätte. Er trug kurze, graue Haare, einen Seitenscheitel, Puma-Turnschuhe, gewöhnliche weite Shorts mit Seitentaschen und – interessantes Statement – ein Polohemd von Ralph Lauren.

Sein Körper sagte, dass er eher keine Lust hatte, ins Fitnessstudio zu gehen, und dass er dennoch ein zäher Kämpfer war. Ich sah als Nächstes seine harten, hellen Augen und eine Metallplatte im linken Ohr, auf der ein Eisernes Kreuz abgebildet war (seine Tätowierungen mussten später genau begutachtet werden). Er hatte seine Hündin dabei, ein graubraunes, strubbeliges Vieh, er rief es Uschi. Wir liefen zum Griechen, wo wir essen und Bier trinken wollten, und kamen an einem Garten mit weißem Federvieh vorbei. Vakka lief einen breiten Gang und zeigte die Beiläufigkeit und das abwartende Desinteresse, die angenehm waren beim Kennenlernen. »Hast du schon mal einen Ganter gesehen?«, fragte Vakka Uschi in allerschönstem Brandenburgisch. »Der kann bestimmt viel besser aufpassen als du.« Was für eine geile Szene.

Auf eine irre Art hatte sich Raul, mit dem ich vor exakt zehn Jahren meine ersten Runden in Zehdenick gedreht hatte, zu einem klugen Mitstreiter des Reporters entwickelt, zu einem, der mitdachte und im Sinne des Buchs und der Geschichte agierte, ohne dabei jemals seine eigentliche und natürliche Bestimmung – ein König, wenn nicht *der* König der Kleinstadt zu sein – aus den Augen zu verlieren.

Nicht dumm sein, war schon etwas Gutes, und tatsächlich, der Diakon hatte ja auch gesagt: »Das ist ein extrem undummer Junge, der Sascha.«

Vakka fragte die Bedienung, ob das Bifteki auf der Speisekarte (Hacksteak mit Käse) ohne Knoblauch serviert wurde. Grinsen: »Knoblauch, der Duft, der Skinheads provoziert.«

Doofe Frage: Waren Vakka und Raul eigentlich Freunde? Eher Bekannte und Kumpels. Immerhin, sie hatten sich nie geprügelt, auch nicht in den Neunzigerjahren. Raul: »Sagen wir so: Lebten wir heute noch in einer Stadt, wir wären sicher Freunde.«

Vakka sollte alles erzählen, von Potsdam und wie es sich da lebte, von ganz früher, den Zecken-Jahren in der Kleinstadt, und mit welchen Gefühlen er heute in seine Heimatstadt zurückkehre, wie Deutschland und Europa seiner Meinung nach mit den Herausforderungen der Immigration aus Afrika umgehen sollten, die für die kommenden Monate genauso wie für die nächsten hundert Jahre zu erwarten war, und wo er dieses verdammte Land im Jahr 2019, dreißig Jahre nach der Wende, hinkippen sah.

»Wat genau soll ich erzählen?«, fragte Vakka. »Wo soll ick anfangen?«

Der Rückkehrer erklärte: »Ich lebe nach einem alten ostdeutschen Wahlspruch: Ich bin kein Rassist, ich hasse euch alle.« Dann gleich hinterher: »Im Ernst, solange ich nicht über Frauenfußball reden muss: alles gut.«

Die drei großen Biere standen auf dem Tisch, Vakka hatte die Hand im Fell seiner Punkhündin, ich fragte, ob er mir, zum Warmwerden, die Geschichte seines fehlenden Schneidezahns erzählen wolle. »Meinst du den?«, fragte Vakka, nahm den rechten Schneidezahn aus seinem Gebiss und setzte ihn wieder ein. Wir sprachen. Die Geschichte konnte losgehen.

Teil zwei

Deutschland, östlicher Teil des Landes, Anfang März 2019. Es war das Jahr, in dem der Mensch in diesem Land, auch wenn er sie nicht wählen wollte, sich mit der durch und durch dummen, der ganz und gar ärgerlichen Partei AfD beschäftigen musste. Konnte es nicht etwas Schönes, Leichtes, etwas angenehm Egales geben, mit dem man sich ablenken und stattdessen beschäftigen konnte? Das gab es natürlich auch noch, aber es war nicht gerade leichter geworden.

Im September hatte sich der größte anzunehmende Unfall knapp doch nicht ereignet, aber eben doch ein starkes Beben: Mit 23,5 Prozent in Brandenburg und mit 27,5 Prozent in Sachsen war die Partei von Björn Höcke, von Andreas Kalbitz und von Alexander Gauland nicht als Nummer eins, aber doch als großer Sieger der Landtagswahlen ins Ziel gegangen (in Brandenburg konnte die AfD ihre Ergebnisse von 2014 knapp verdoppeln, in Sachsen verdreifachen). Bei den Europawahlen und den Kommunalwahlen in Brandenburg war die AfD stärkste Partei geworden. Seit jenem September 2019 waren Koalitionen allein mit dem Zweck gebildet worden, die AfD zu verhindern. Nicht nur dort, aber eben auch exakt auf dieser Linie verlief der Rechtsruck.

Kleine Chronik der Ereignisse. Im Januar hatte eine ostdeutsche Nationalikone, der ehemalige Handballnationalspieler Stefan Kretzschmar, seinen Satz über die Meinungsfreiheit verkündet (sinngemäß: In Deutschland dürfe man keine gesellschafts- und regierungskritische Meinung mehr äußern). Beim Deutschland-Serbien-Spiel der U 21 am 21. März beschimpften Zuschauer auf der Fan-Tribüne der Wolfsburger Arena den Nationalspieler Leroy Sané als »Neger« (wie man den denn bitte sonst nennen solle, hatte der Fan entgegnet, als ihn ein Sportreporter auf den Zuschauerrängen zur Rede stellte). In einer Umfrage gaben 35 Prozent der Ostdeutschen an, sich als Deutsche zweiter Klasse zu fühlen, nur eine Minderheit (42 Prozent) der Ostdeutschen hielt die Demokratie für die beste Staatsform (in Westdeutschland waren es 77 Prozent).

Ende April dann, als CDU und SPD in Umfragen erstmals hinter die AfD zurückfielen, war Dietmar Woidke, Ministerpräsident von Brandenburg – 1,94 Meter groß, Bauernsohn aus der Lausitz –, für politisch tot erklärt worden. Die Zeitungen mussten sich – wieder einmal – die Frage gefallen lassen, ob sie sich in den vergangenen Jahren vielleicht nicht zu selten, sondern zu oft mit der dummen Partei AfD beschäftigt hatten, und ob es klug und hilfreich war, das, was da im Osten gleich nach 1989 und nach der Friedlichen Revolution entstanden war – Abstiegsängste, Gefühle von Ohnmacht und Zweitklassigkeit, mangelnde Erfahrung mit der Demokratie, Rassismus und Fremdenfeindlichkeit – und sich bis heute zur gesellschaftlichen Normalität ausgewachsen hatte, Faschismus oder Nationalsozialismus zu nennen.

Und der Reporter stand, wieder wie so ein richtig cooler Reporter-Darsteller, dieses Mal nicht mit Hut, sondern mit einer Lesebrille aus dem dm-Drogeriemarkt (7,99 Euro), die an einer Metallkette vor seiner Brust baumelte, und wieder mit dem Olympus-Aufnahmestift in der Hand, auf der Hauptstraße der Kleinstadt, da irgendwo zwischen den zusammengedrückten, viel zu bunt angestrichenen brandenburgischen Häuslein, dem Friseur Kamm Inn, dem Kramladen mit der wunderbaren Fensterladenaufschrift »Textilien / Geschenkartikel / Haushaltswaren / Schneiderarbeiten (Änderungen)« und der von ihm so heiß, ja wirklich innig geliebten Kneipe Schröder, und ließ die Leute und ließ die Geschichte – soweit das nach all den Jahren möglich war – noch einmal auf sich zukommen.

Vor neun Jahren, im Herbst 2010, war mein Reportage-Buch *Deutschboden. Eine teilnehmende Beobachtung* erschienen. Exakt vor zehn Jahren, auch in den Frühlings- und Sommermonaten April, Mai, Juni und Juli, hatte sich meine Geschichte in der brandenburgischen Kleinstadt ereignet. Mein journalistisches Ethos, ja mein Verantwortungsgefühl hatten mich nun erneut in den Ort, gut eine Autostunde nördlich von Berlin, getrieben. Mein, bitte, was?

Eine andere Erklärung lag näher: Ich hatte einfach schon zu lange nicht mehr in meiner kleinen Havelstadt gelebt – ich wollte zurück in mein *dirty* Hardrockhausen, zurück zu den Leuten, die »in strahlend weißen Trainingsanzügen an Tankstellen rumstehen und ab und an einen Spuckefaden zu Boden fallen lassen« *(Deutschboden. Eine teilnehmende Beobachtung).* Wie schon vor zehn Jahren trieben mich ein Forschergeist und eine merkwürdige Ungeduld, mit ganz anderen Menschen zu sein als denen, mit denen ich qua Arbeit (Journalismus) und sozialem Umfeld (Galerien und drei, vier Lokale in Mitte und Kreuzberg) angeblich bestimmt war, meinen Alltag zu verbringen.

Ja, ich wollte wieder einmal nicht mit den netten Menschen sein, nicht mit den Guten, Fairen und Geschmackvollen, nicht mit den Verantwortungsvollen und Reflektierten, die in der Kleinstadt natürlich auch die ganz überwiegende Mehrheit stellten – sondern mit den Arschgeigen, den Hässlichen, Kaputten, denen mit den hässlichen Turnschuhen, den hässlichen Brillengestellen, den Augenbrauenpiercings und den hässlichen Tunneln in den Ohrläppchen. Ich wollte mit denen sein, wie Raul es später ausdrückte – zur Halbzeit der Recherche, als der Reporter am Bierwagen vor Bernie's Café eine Hand ins Gesicht gelangt bekam –, die »anders fertig« waren. Anders fertig. Gut.

Was war der Unterschied meiner Recherchehaltung zur vor neun Jahren veröffentlichten Reportage? Na ja, ich hatte schon verstanden, dass die Feier und romantische Verklärung des Kleinstadt-Prolls, die im ersten Buch so exzessiv Thema und *der Schmäh* gewesen waren, als eine demonstrative Gedankenlosigkeit oder Denk-Verweigerung, man konnte auch sagen, als Feier eines Anti-Intellektualismus gelesen werden konnten. Darum war es mir natürlich nie gegangen, im Gegenteil (ich war ja Intellektuellen-Fan).

Wer aber 2019 den Proll feierte, der musste auch sehen, dass die böse und asoziale Sprache längst von der politischen Rechten vereinnahmt worden war und dass diese Rechte, spätestens seit der Bundestagswahl 2017, erheblich an Macht dazugewonnen hatte. Mit dem Blick von heute: Bei meinen Recherchen vor zehn Jahren hatte mir schlicht die Fantasie gefehlt, um zu erkennen, dass der Flirt mit rechts kein abklingendes Phänomen der Nachwendezeit und der jüngeren Vergangenheit gewesen war, sondern dass Rassismus, Menschenverachtung und Demokratie-Feindlichkeit noch einmal deutlich zulegen und erheblich an politischer Relevanz gewinnen sollten (rückblickend konnte man vielleicht sagen: Ich war nicht der Einzige gewesen, dem in dieser Hinsicht eine gewisse Fantasielosigkeit attestiert werden musste). Und natürlich war es eine ganz andere Sache gewesen, mit den Asis und bösen Jungs in Kneipen und auf der Tankstelle herumzuhängen, als diese noch die Fraktion der Hoffnungslosen, der Randsteher, Außenseiter und Underdogs gestellt hatten und nicht wie heute von einer Partei repräsentiert wurden, die bei den Landtagswahlen in Brandenburg und Sachsen die höchsten Zugewinne verzeichnete.

Noch eine Wahrheit, wieder nicht ganz unwichtig: Tätowierungen waren im Jahr 2019, nachdem mittlerweile praktisch die ganze Bundesrepublik tätowiert war (nicht nur Fußballer, sondern auch Ex-Bundespräsidenten-Gattinnen), schlicht nicht mehr der großen Rede und Beschreibung wert.

Und noch ein herrlich brenzliger Punkt: In den letzten zehn Jahren, besonders im Frauenjahr 2017 (Weinstein-Skandal, #MeToo), hatte sich die Art, wie im Schriftlichen über Frauen gesprochen werden konnte beziehungsweise wie Frauen in einer von Männern dominierten Mikrowelt und Öffentlichkeit (Kneipen in Zehdenick) praktisch mit keinem Wort erwähnt wurden, doch erheblich geändert. Der erste Teil der Reportage las sich in dieser Hinsicht heute, so viel Selbstkritik war möglich, wie ein Buch aus einem anderen Jahrzehnt. Ich war selber gespannt, wie sich das neue »Geht nicht mehr« oder, schlimmer noch, »Geht *gar* nicht mehr« in meiner Geschichte niederschlagen würde.

Und – ja –, die Idee war noch einmal, dass es die Alltäglichkeit und die Normalität als Reportagestoff natürlich total brachten (normal war das, was sich durch einfache Teilnahme, Nicht-Nachfragen, Nicht-Einmischen, Nicht-Nachbohren zeigte, alle großartigen Reporterpreis-Reportagetechniken waren weiter zu vernachlässigen). Die Idee war ja einmal mehr, dass in der Kleinstadt ein genaues Studium der politischen und gesellschaftlichen Verhältnisse möglich war, eine präzise Diagnose, ein gerader Blick auf die Kaputtheiten und in die Abgründe unserer Zeit, der in der Großstadt längst verstellt war. Hier in der Kleinstadt glaubte ich – der Mann, der auf die fünfzig zuging –, eine unverfälschte und ungeschminkte (schreckliches Wort!) Prognose der Möglichkeiten zu erhalten, die das Leben noch bereithielt.

Hatte der Reporter vielleicht eine Krise? War es vielleicht doch eine, haha, verkappte Depression? Gab es eine dunkle Geschichte zu erzählen, gar eine romanhafte Verstrickung, etwas mit Liebe und Frauen, das die Flucht aus der Großstadt unvermeidlich gemacht hatte?

In der Fortsetzungs-Hölle. Die Bedingungen für eine Recherche, die sich auch nur als halbwegs objektiv bezeichnen ließ, hatten sich, dadurch, dass zehn Jahre vergangen waren, natürlich nicht gerade verbessert. Mit dem Personal von *Deutschboden I* – den Jungs der Band 5 Teeth Less, dem Brandenburger Ureinwohner Blocky, den Kneipenleuten Hansi und Heiko Schröder – hatte ich über die Jahre Kontakt gehalten, mit einigen, vor allem meinen Buchhelden Raul und Eric, fühlte ich mich längst befreundet. Mit der Mutter von Raul und Eric, einer Art First Lady der Kleinstadt, hatte sich eine Wahlverwandtschaft ergeben: Zu Weihnachten und zu meinem Geburtstag schickte sie mir liebevoll gepackte Carepakete (mit selbst gestrickten Socken, selbst gemachter Marmelade, selbst gepflücktem Brennnessel-, Pfefferminz- und Erkältungstee). Bewegende Sache – der Reporter war, selbstverständlich ohne dass dies je besprochen werden musste, Teil einer Familie in Brandenburg geworden.

Zeitungs- und Fernsehreporter waren nach Erscheinen von *Deutschboden* nach Zehdenick gekommen, hatten ihre Kameras vor dem rosafarbenen Rathaus und am Stammtisch der Kneipe Schröder aufgebaut, eine Neufassung des Buchs als Kinofilm war gedreht worden (Regie: André Schäfer, 2014). In seiner brandenburgischen Heimat war der Reporter längst kein anonymer Beobachter mehr, sondern – so lächerlich das klingen mochte – ein Prominenter, ein »Ach Gott, der schon wieder«, ein irgendwie lächerlicher Prinz. Anders als bei den Recherchen zum ersten Teil wussten die Leute, mit denen ich sprach, dass meine Notizen und ihr O-Ton, den ich zu jeder Tages- und Nachtzeit und an jedem erdenklichen Ort, in privaten Wohnzimmern, in Kneipen, auf Tankstellen und auf Bürgersteigen aufzeichnete, nicht in meinem Aufnahmegerät verschwanden, sondern dass daraus Text entstand. Vorsichtig ausgedrückt: extrem interessante, recht delikate Bedingungen für eine Reportage.

Anruf bei den Jungs, ob sie sich einen zweiten Teil vorstellen könnten – ach, das Riesenthema Älterwerden: Raul, damals 26, war heute 36 Jahre alt, Eric, damals 24, war heute 34. Die enorm freundliche und bedächtige Stimme des Protagonisten Raul am Telefon: »Das könnte man schon machen.« Schweigen. Fortgesetztes Schweigen des Romanhelden. Raul erklärte nun: »Das wäre dann ganz was anderes. Also nicht mehr Bier und Abfahrt. Sondern mehr so Kaffee, Tee und gute Gespräche.« Großes Gelächter, Freude am Telefon.

Und Raul quatschte sich sofort in eine unmittelbar hochinteressante dramaturgische Ausführung hinein: *Deutschboden II* müsste sich zum ersten Teil verhalten wie der Film *Terminator II* zu *Terminator I*. Die Helden, also sie, die Brüder Raul und Eric, dürften nur im ersten Drittel des Buchs auftauchen, vergleichbar mit dem T-1000, dem flüssigen Roboter, verkörpert von Robert Patrick, der nur im ersten Drittel des Films eine Rolle spielte – dann müsste ein ganz neues Personal mit ganz neuen Geschichten eingeführt werden, Gestalt annehmen und an Fahrt aufnehmen, fesseln, durch die Handlung und das Buch tragen, bis Raul und Eric zum fulminanten Showdown am Ende des Buchs wieder auftauchten. Okay.

Der Reporter notierte zehn abstrakte Fragen, die großen zehn, die er den Brandenburgern, so, wie sie ihm vor das Aufnahmegerät liefen, stellen wollte:

»Sonst so?
Wo tat es gerade weh?
Wie blieb man aufrecht?
War rechts sein auch okay, oder war das Mist?
Stolz darauf, aus Ostdeutschland zu sein?
Dreißig Jahre nach Mauerfall, wie ging es der deutschen Seele?
Durfte man in Deutschland seine Meinung sagen?
Wer hatte die durch den Menschen gemachte Klimaerwärmung erfunden, die Grünen oder die Chinesen?
Wie lauteten deine Abschiedsworte an Angela Merkel?
Gab es die große Liebe?«

So weit meine Vorbereitungen. Um die Protagonisten von *Deutschboden II* zu beruhigen, behauptete ich am Telefon, dass der zweite Teil natürlich journalistischer, sachlicher, härter recherchiert, ganz sicher auch politischer werden würde, etwa das also, was man als

Journalist auch seinem verantwortlichen Redakteur erklärt hätte (»Weniger Räuberpistole, weniger *Pippi Langstrumpf* als der erste Teil«). Ich ging davon aus, dass es *dirtier* werden würde, zäher, böser, ich ging vom Schlimmsten aus, und natürlich, ich hatte wahnsinnig Angst – Angst auch davor, dass man mir, dem Reporter, nach all dem Gequatsche einfach mal eins auf die Fresse schlug (das hätte ich, kein Spruch, vollkommen verstanden, wenn einer der Männer, mit denen ich jeden Tag zu tun hatte, eines Tages gesagt hätte: »Jetzt haben wir genug geredet – jetzt gibt es einfach mal, um Luft zu holen und damit du mal den Rand hältst, voll eins aufs Maul«).

Und dann saß ich im Regionalexpress Richtung Oranienburg, der am Gleis 5 des Berliner Hauptbahnhofs am Morgen des 12. April um 7.55 Uhr abfuhr. Denn Geschichten, auch Fortsetzungen, das wusste doch jeder, begannen niemals im Auto, immer im Regionalexpress.

Knuckle Roll

Wiedersehen mit den Brüdern Raul und Eric. Ich nahm sie mir einzeln vor.

Raul schlug vor, dass wir ganz beiläufig irgendwo zusammentrafen – bloß kein Aufsehen, bloß keinen Aufschlag, der nach großem Wiedersehen aussah –, also zum Beispiel vor dem Istanbul-Imbiss, der vor gut zwei Jahren eröffnet hatte, Berliner Straße, Ecke Poststraße. Döner essen, gleich aus der Alufolie heraus, Käffchen dazu.

Drei Dinge, so hatte Raul mir vorab erklärt, hätten sich in der Kleinstadt über die letzten zehn Jahre verändert – das sei es schon, mehr müsse ich, der Reporter mit Lesebrille, eigentlich gar nicht wissen:

Es habe, erstens, ebenjene Dönerbude eröffnet, vor der wir uns treffen sollten, erstklassige Ware, wirklich einwandfrei zu genießen – mit ihr habe Zehdenick endgültig, mit dreißig Jahren Verspätung, seinen Anschluss an den Westen vollzogen (»Wir liegen jetzt kulinarisch irgendwo zwischen Hamburg, Dortmund und Frankfurt«). Er bat um Verständnis: Nicht der Dönerladen sei für die Kleinstadt die Neuigkeit, einen solchen gebe es hier gefühlt schon seit Ewigkeiten (vor zwanzig Jahren schon am Kaiser's-Parkplatz), sondern die Uhrzeit, zu der man den Döner in dem neuen Laden essen gehen konnte. Unter der Woche habe der Istanbul-Imbiss bis mindestens ein Uhr nachts geöffnet, am Freitag und Samstag bis in die Morgenstunden.

Raul: »Eine Riesenverbesserung für Leute wie mich – die Herumtreiber, Stadtrundendreher, *Stoner*, *World of Warcraft*-Gamer, Leute, die nachts arbeiten oder Mollen saufen oder beides und morgens früh nach Hause kommen.« Ein Zehdenicker Grundnahrungsmittel sei die Döner-Box (der Döner zum Mitnehmen) – jetzt, zu unserem Treffen auf der Berliner Straße, lautete seine Bestellung: »Einen Disco-Döner, bitte.« Das war der ohne Zwiebeln und ohne Knoblauchsoße.

Raul nannte mir die Vornamen der beiden jungen Männer, die, mit Stoffhüten und Polohemden mit der Aufschrift »Istanbul-Imbiss« bekleidet, am Dönerspieß standen und das Fleisch und den Krautsalat in die Brothälften verteilten: Ibu und Ahmet, zwei aus dem kurdischen Teil der Türkei stammende Jungs. Sie begrüßten mich mit der Döner-Kebab-Verkäufer-typischen Grundgelangweiltheit und *Slickness*, die der Berliner aus den migrantisch geprägten Vierteln Kreuzberg und Neukölln kannte. Und an der Art, wie sie Raul bedienten, erkannte ich, dass sie ihn des Öfteren zu vorgerückter Stunde erlebt hatten, dass es zwischen ihnen also ein für das Nachtleben typisches, pragmatisches Vertrauensverhältnis gab und sie sich, in einer für sie bequemen und vorteilhaften Art und Weise, keine Illusionen über Raul machten.

Zweite, auch für mich, den Großstadt-Menschen, essenzielle Veränderung: Die Kurden von der Dönerbude hatten, weiter oben auf der Hauptstraße, auf Höhe des Rathausmarktes, einen Späti eröffnet mit dem für diese Läden üblichen Programm (Tabak, Alkohol, Fresszeug, das süße und das salzige). Der Chef von Ibu und Ahmet, den Raul mir noch vorstellen wollte, war ein gewisser Sarhan. Späti, natürlich immer gut.

Sarhan führte außerdem – ganz wichtige Neuerung, ganz wichtige Geschichte, das musste alles noch ausführlich und ausgiebig erzählt und in allen Einzelheiten besprochen werden – die im selben Haus wie der Istanbul-Imbiss gelegene »Café Lounge Bar«, ehemals District, davor Franky's Place genannt – der verbotene Laden, der Abkackladen, die ganz böse Kaschemme, in der ich vor zehn Jahren mit den Jungs der Band 5 Teeth Less, mit Raul, Eric, Rampa und Crooner, nach allen Regeln der Kunst, immer nach ausgiebigen Besuchen der Kneipe Schröder, vor die Hunde gegangen war: klebrige Drinks, nächtliche Brüllereien, Schubsereien, Schlägereien, alles da. Den Laden hatte Raul, wie schon gesagt, kurzerhand »Scheißladen« oder auch »Laden der Scheißigkeit« getauft und dafür gesorgt, dass sich der Name in der Kleinstadt rasend schnell durchgesetzt hatte (»Scheißdrinks, Scheißgäste, Scheißmucke, Scheißspaß, Scheißladen«).

Raul gab mir jetzt eine erneute Idee davon, wie paradox seine Ausdrucksweise manchmal ausfallen konnte, wie er also gleichzeitig eine grandios abfällige Vokabel hochfahren und eine große Zuneigung für das nur auf der Oberfläche von ihm geschmähte Lokal empfinden konnte: »Die fettesten Urseln, das asozialste

Ziegelei-Pack, Nazis, Russen, Türken, Flüchtlinge, hier trifft sich alles, hier sitzt alles an einem Tisch.« Und weil er gerade Schwung hatte, sprach Raul jetzt das große Scheißladen-Credo: »Ich mag den Scheißladen, ich brauche das fertige Volk – keine Ahnung: Ich setze mich nun mal lieber mit drei, vier kaputten Vollidioten an den Tisch, bevor ich irgendwo um 18 Uhr bei einer Gartenparty einlaufe, *mit einer Schüssel Nudelsalat unter dem Arm.*«

Natürlich, es gebe jede Menge Konfliktpotenzial, oft habe er, Raul, sich als Streitschlichter betätigen müssen, er habe da großes Talent. (Er rief dann, und diese Worte hatte er selbst gefunden, wenn er selber stinkbetrunken gewesen war: »Jungs! Ruhig Blut. Ich habe hier keinen Bock, gleich wieder die Bullen im Laden zu haben. Wo sind wir in einem Jahr? In einem Jahr sind wir doch eh wieder Kumpels – aber vor Gericht sitzen wir alle auf zwei Holzbänken und stottern uns einen ab, und keiner will's gewesen sein. Lasst uns also nicht die Zeit mit Strafvollzugsbehörden verschwenden und lieber noch einen trinken.«) Das Schöne aber sei doch, so Raul, dass es im Scheißladen von heute, im Gegensatz zu den alten Zeiten von Franky's Place, meistens friedlich bleibe (natürlich, vor zehn Jahren, oder noch davor, in den Neunzigerjahren, zu Nazi-Zeiten, sei ein friedliches Miteinander-Trinken undenkbar gewesen).

Einen Moment, Raul. Seinen Scheißladen, den musste ich mir – jetzt gleich zu Beginn meiner Reportage – einmal ganz genau mit ihm angucken gehen.

Blick auf die mit schwarzer Folie zugeklebten Scheiben, darauf Fotos einer Shisha-Pfeife und von Cocktailgläsern mit exotischen Drinks. Die immer gute Warnung »Eintritt ab 18 Jahren«. Über dem Eingang lief ein elektronisches Werbeband mit bunten Buchstaben: »Lounge Bar Spielen macht Spaß Dart Billard Cocktails Fassbier Heiße Getränke«. Die große Alternative, auf die das Leben schlechthin hinauslief, flitzte über die elektronische Anzeige: »Alkoholische und nicht alkoholische Getränke«. Die ganze Trostlosigkeit der Shisha-Bars und Wettbüros der Berliner Prekariats-Viertel war anwesend, aber komisch, hier in der Kleinstadt wirkte sie nicht trostlos. Es war, so früh am Tag und so früh in der Geschichte, noch nicht an der Zeit, einen Schritt in das Lokal hineinzuwagen. Raul: »Keine Sorge, du wirst noch sehr, sehr viel Zeit in diesem Laden verbringen.«

Die dritte Veränderung, und die sei so furchtbar, dass es ihm hier eigentlich gleich die Sprache verschlug und alle Spucke wegblieb – Raul prügelte den Rest seines Döners in einen Mülleimer und hatte jetzt schnell eine Zigarette im Mund, die im Handumdrehen brannte: »Das Aller-, Aller-, Allerfurchtbarste, wir können es alle eigentlich noch gar nicht fassen: Der Große Ratskeller hat dicht.«

Okay. Noch einmal, ganz in Ruhe: Der Große Ratskeller auf der Berliner Straße hatte zugemacht. Das war, auch für den Reporter, der sich seit seinem ersten Aufenthalt in der Kleinstadt wie ein halber Zehdenicker fühlte, wirklich eine Nachricht. Wirt Bernd, seit Urzeiten Pächter des Lokals – großer Gastgeber, Schankmann, Geschichtenerzähler, der Mann mit der Lederweste, an der Sticker mit der Deutschlandfahne, der aufgehenden FDJ-Fahne und von Hertha BSC hefteten –, er hatte, für alle überraschend und ohne große Erklärung, Schluss gemacht.

Mir war jetzt ein wenig so, als wollte ich Raul an den Händen nehmen, um mich gemeinsam mit ihm noch besser erinnern zu können – also gut: Der Ratskeller war die große alte Dame der Zehdenicker Trinkkultur gewesen, eine Institution, die Anstalt (ihre Gäste wurden Insassen genannt), der Antipode zur Gaststätte Schröder, eins von heute insgesamt noch fünf oder sechs Lokalen, die in der einst großen Arbeiter-, Trinker- und Feierstadt Zehdenick überlebt hatten. Anders als die Kneipe Schröder, die schon zu DDR-Zeiten ein Lokal in Privatbesitz gewesen und von den dynamischen, dem Kapitalismus letztlich wohlwollend zugeneigten Wirtsleuten Hansi und Heiko Schröder geführt worden war, standen im Ratskeller die Tresen für die alten Zehdenicker – all jene, die ein wenig traurig darüber waren, dass es die DDR nicht mehr gab. Es war, bis tief in die Nullerjahre hinein, der heimelige Laden, das Lokal mit der Seele, dem Kachelofen und dem Pissoir, durch das ohne Unterlass das Wasser rauschte (für Leitungswasser musste zu Ost-Zeiten kein Geld entrichtet werden), Treffpunkt für den alten Kleinstadt-Underground, der noch aus den Siebzigerjahren stammte, die DDR-spezifische Mischung aus Dissidenten, Schnüfflern, Gangstern, Kleingangstern, Hehlern, Schiebern, Komplettverweigererern, sonstigen Outlaws, den Mitgliedern der Rockergang Fledermäuse, den alten Ost-Rockern und Ost-Cowboys mit den weiten Jeansjacken und weiten Lederjacken, und Sozialstation für diejenigen, die sich ab dem 20. des Monats keinen Schnaps mehr leisten konnten. Wirt Bernd trug die Lederweste, gab seine selbst gemachte Soljanka aus, schenkte aus, schrieb auf, hörte sich alles an.

Interessanterweise hatten meine Jungs, die für mich immer zum festen Inventar der Kneipe Schröder gehört hatten, in den jüngst zurückliegenden Jahren von Heikos Kneipe zu Bernds Großem Ratskeller rübergemacht – allein aus diesem Wechsel des Stammlokals ließ sich in etwa so viel ablesen über Ostdeutschland im dreißigsten Jahr nach der Wende, über ostdeutsches Selbstbewusstsein, ostdeutsches Nicht-Ankommen in der westdeutschen Demokratie und die viel zitierte Anerkennung der ostdeutschen Lebensleistungen wie aus allen trotzdem nicht so schlechten Reden des Bundespräsidenten Frank-Walter Steinmeier.

Vor zwei Jahren, als an ein Zehdenick ohne Ratskeller noch nicht zu denken gewesen war und der Reporter sich einmal für einen Freitagabend zum Biertrinken in der Kleinstadt aufhielt, hatte ihm der Mann, der auf dem linken Unterschenkel die drei untereinanderstehenden Buchstaben »OST« eintätowiert trug und von allen wegen seiner auffällig geringen Körpergröße (unter 1,65 Meter) und einer gleichzeitig fast berserkerhaft starken Figur nur der Kurze genannt wurde, erklärt: »Es ist mir wohler drüben, weeßte. Es ist mehr dreckig, mehr Kneipe.« Sein Bier, so der Kurze, trinke er mittlerweile eh lieber handwarm, so wie die alten Kleinstädter zu Ost-Zeiten ihr Bier traditionell stets getrunken hätten.

Natürlich, zum Essen war man zuletzt, also noch im Herbst letzten Jahres, nach wie vor lieber in die Kneipe Schröder gegangen – zum Trinken allerdings, zum Schwer-Trinken und Gepflegt-betrunken-Werden, also Reinsinken in den Alkohol und Unsinn-Reden (Dusselig-Quatschen, wie in der Kleinstadt gesagt wurde), war Bernds Ratskeller zuletzt das erste Lokal am Platz gewesen. Legendär war das Boule-Spiel, das Bernd stets weit nach Mitternacht in seiner Kneipe veranstaltet hatte – die Kugeln wurden vom ersten Tresenraum zehn, fünfzehn Meter über die alten DDR-Laminatböden durch einen Zwischenraum bis in das hintere Billardzimmer gerollt. Wichtige Spiele des Ratskellers waren außerdem das Nageln gewesen (in einen hüfthohen Baumstumpf musste mit dem flachen Ende eines Maurerhammers ein Einhunderter-Nagel versenkt werden – wer die meisten Schläge brauchte und wessen Nagel zuletzt noch aus dem Holz herausguckte, der zahlte die Runde); das Rollator-Wettfahren (die Runde ging einmal um den Billardtisch herum und zurück) und das Skispringen (in diesem tollkühnen, für die körperliche Unversehrtheit nicht ungefährlichen Spiel wurde der Gast, der besser Stammgast und sehr, sehr betrunken war, in Bernds alte Langlaufski, die für diese Fälle stets hinterm Tresen bereitgehalten wurden, festgeschnallt und von zwei starken Männern unter den Armen gepackt und möglichst weit in die Tiefe des Lokals hineingeworfen, wo er, manchmal mit, besser ohne die Ski, krachend auf dem Boden aufkam). Im letzten Jahr hatte sich im Ratskeller außerdem eine stattliche, hoch frequentierte Pokerrunde zusammengefunden, man traf sich einmal im Monat, selbstverständlich unter Ausschluss potenzieller weiblicher Mitspielerinnen – an einem guten Freitagabend konnten in den beiden Hinterzimmern des Lokals an die vierzig Männer an den Tischen sitzen.

Interessanter Vorgang: Der Reporter, der aus dem tiefen Westen stammte, war erst vor wenigen Stunden in der Kleinstadt angekommen, und schon schwärmte er selber davon, wie schön früher alles einmal gewesen war – so selig, so tränenreich, wie das nur die alten Ost-Katzen konnten.

Raul schlug jetzt vor, dass wir gemeinsam die hundert Meter zur Zugbrücke runterspazierten und uns da, wo das Wasser der Havel gemächlich durch die Stadt floss, *ein bisschen ans Geländer stellten* (was war jetzt los? Das hätte es früher, also vor zehn Jahren, wirklich nie gegeben, dass der Schlagzeuger der Band 5 Teeth Less und Punkrock-König der Kleinstadt vorgeschlagen hätte, sich ein bisschen an der Havel auszuruhen – Riesenthema Älterwerden). Und wir freuten uns gemeinsam darüber, wie wir über die Nachricht der Schließung des Großen Ratskellers ins Geschichtenerzählen, ins Erinnern und Schwärmen geraten waren.

Neue Dönerbude, neuer Späti, Ratskeller geschlossen – das waren, auf der Oberfläche, also die Veränderungen hier in der Stadt. Da konnte man jetzt schon einmal, alleine für diese drei Punkte, so an die vier Wochen notwendige Gespräche und Verdauungszeit ansetzen. Im Kopf notierte der Reporter: »Großes Interview führen mit Bernd über die Frage, was nach der Schließung des Ratskellers von der DDR noch übrig blieb.«

Richtig, die dreieinhalbste Veränderung war natürlich, dass es die Band 5 Teeth Less, die eine Hauptrolle in *Deutschboden* gespielt hatte (Gitarre: Eric, Bass: Rampa, Schlagzeug: Raul, Gesang: Crooner), nicht mehr gab. Dieses Ende war, natürlich, abzusehen gewesen.

Der letzte große Auftritt hatte vor drei Jahren beim 800-Jahre-Fest stattgefunden, immerhin, man habe fast zwölf Jahre durchgehalten. Weniger das Buch als die Allgegenwärtigkeit des Films habe der Band letztlich den Garaus gemacht: »In allen Texten, die über unsere Band erschienen sind, ging es um den Osten, um die Nazi-Vergangenheit der Stadt, aber nicht um die Frage: Was machen die für Musik?« Man sei im Kontakt, es blieben null schlechte Gefühle, mit einer Wiedervereinigung der Band sei gewissermaßen zu hundert Prozent zu rechnen, aber eben nicht gegenwärtig und nicht in absehbarer Zeit. »Natürlich«, erklärte Raul, »wir waren auch eine extrem faule Band.«

Und plötzlich, am Geländer der Flusspromenade der Kleinstadt, stoppte die Geschichte, und die Zeit stand, für einen Moment von drei, vier Sekunden, still.

Das immer einen Tick schneller als nötig fließende Flusswasser. Der ewige Hauptdarsteller der Stadt – die erste Einstellung und die finale Totale, in der die Kamera sich über die Sträßlein und niedrigen, kleinen Häuser erhob und über die Landschaft davonflog, das war ja auch immer klar – war der Fluss. Auf der Havel war nicht ein Schiff unterwegs. Lautlosigkeit, Schweigen über dem Wasser. Der Fluss hielt die Erzählung zusammen.

Hier am Geländer führte Raul jetzt seinen neuen Unterhaltungstrick, den *Knuckle Roll*, vor. Eine Zehn-Cent-Münze wanderte über die Rückseite der Hand, über alle fünf Handknochen. Er fing sie mit dem Daumen ab, lenkte sie durch die Handinnenfläche und wieder nach oben, auf eine neue Runde über die Knöchel und weiter auf Reisen – die sich wie an unsichtbaren Fäden über die Rückseite seiner Hand bewegende Zehn-Cent-Münze. Raul: »Ein Trick, bekannt aus Filmen mit Bösewichten. Wollte ich schon immer können.«

Und noch ein Satz: »Habe ich mir beigebracht, als ich mal eine Woche Langeweile hatte.« Eine Woche Langeweile! Raul und sein *Knuckle Roll*, das war, in einem Anblick, eigentlich alles, was Raul für mich immer gewesen war – lässiges Kleinstadt-Gehänge, Tagediebe-, Eckensteher- und Kleinganoventum, Jean-Paul Belmondo in der ostdeutschen Kleinstadt – und wofür ich noch einmal in den Osten gekommen war. Ganz wichtig: Gewissermaßen der ganze Sinn der Übung bestand natürlich darin, dass Raul für die Münze, die sich über seine Hand bewegte, nicht einen Blick übrig hatte.

Ein paar Dinge würden sich wohl nie ändern. Raul hielt dem Reporter jetzt seine Packung West Ice Menthol hin: »Raucher? Nichtraucher?« Er wäre dankbar, erklärte Raul, wenn sein Vorname im zweiten Teil des Buches ohne o, also Raul statt Raoul geschrieben werden könnte (härter, kürzer, einfacher, er habe schließlich das Recht, über die Schreibweise seines Vornamens zu bestimmen).

Weil wir gerade so schön Zeit hatten: ihn, meinen Helden, noch einmal von der Seite anschauen. Die Schläfen von Rauls wie immer kurz geschnittenem Haar waren grau geworden. Man wusste nie, ob so etwas blöd war zu sagen, aber klar: Er wirkte klüger, gleichzeitig sanfter als vor zehn Jahren.

Das war ein großer Mann, natürlich, Raul war geschätzte 1,92 Meter groß oder etwa zehn Zentimeter größer als die meisten anderen Männer hier in der Stadt. Er trug ein verwaschenes T-Shirt, irgendwelche Jeans, irgendwelche Turnschuhe mit fünf anstatt mit drei Streifen, eine gekonnt nichtssagende, nachlässige Garderobe. Er hatte eine breite, nicht übermäßig starke Statur (alte Regel: Fähige Handwerker und wirklich gefährliche Schläger brauchten keine aufgepumpten Arme).

Raul, der stets genaue, amüsierte Beobachter, der Fabulierer, der Feuilletonist, das kommunikative Zentrum der Kleinstadt. Stark an Raul war seine praktisch andauernde Öffentlichkeit – er war immer sichtbar, stand für alle zur Verfügung, zog sich nur äußerst selten in seine privaten vier Wände zurück.

Raul hatte sich, solange ich ihn kannte und ganz gleich, wie viel Alkohol er am Vorabend in sich hineingeschüttet hatte, praktisch nie eine Unaufmerksamkeit, eine geistige Schwachheit, einen Aussetzer geleistet. Und natürlich war ich Raul dankbar, wie er in seinen Erzählungen stets dafür sorgte, dass die oft ja nicht weiter aufregenden Geschichten der Kleinstadt doch immer der Rede und der Aufregung wert waren (es war ja oft nicht die Geschichte selbst, sondern *seine Version*, seine gesprochene Fassung der Geschichte, die es brachte, die es wert war, wiedergegeben zu werden). Die ein bisschen armen Schwenks aus der Kleinstadt zu *pimpen*, also mit einer Dramaturgie, einer Emotion und einer Pointe zu versorgen, das war das Talent des Geschichtenerzählers Raul. Und wie viele kluge Geschichtenerzähler überspannte er den Bogen nicht, auch in seinen Übertreibungen gab er nie mehr als siebzig Prozent.

Dem kurzen Ruhm, genauer: der Möglichkeit eines Ruhms, die sich nach Erscheinen von *Deutschboden* für die Mitglieder der Band 5 Teeth Less eröffnet hatte, war Raul stets skeptisch gegenüber geblieben (»Wir werden hier in der Kleinstadt wohnen bleiben und uns zurechtzufinden haben. Das bisschen Aufregung, das vergeht«). Klare Sache, wenn hier, bei meinem zweiten Aufenthalt in der Kleinstadt, nicht genug passierte, dann würde mein zweites Buch ein Porträt von Raul.

Dem Typen an der Brücke beim Denken zusehen: Wie schon vor zehn Jahren überlegte Raul sehr genau, was er dem Reporter anvertraute und was er besser für sich behielt. Da lief, ganz gleich, wie fröhlich und scheinbar unbedacht seine Plaudereien vor sich hin schnurrten, stets ein Korrektorat in seinem Kopf mit, das die Wirkung der Sätze, die das Diktiergerät des Reporters aufnahm, möglichst genau und weit in die Zukunft hinaus zu berechnen versuchte – vom Gag, der vor dem Istanbul-Imbiss oder an der Zugbrücke gerissen wurde, bis zum gedruckten Satz im Buch und noch darüber hinaus, bis zum Nachspiel, das ein Buchabsatz in Blogs, Literaturrezensionen und in Olli Schulz' und Jan Böhmermanns Podcast *Fest & Flauschig* haben konnte (eine Sendung, die Raul mit deutlich weniger Vergnügen als früher, aber doch noch jede Woche hörte).

Wie wir so am Wasser standen, war ein Kleinstadt-Hardrocker eingetroffen, er hatte sich neben uns am Geländer postiert (graubraun-grünliche Kleidung, schulterlanges, dünnes, in der Mitte der Stirn gescheiteltes, extrem fettiges, seit eventuell einem Jahr nicht mehr gewaschenes Haar, das an englischen Hardrock aus den Siebzigerjahren erinnerte, mächtiger Vollbart, eine schokofarbene Alkoholikerbräune im Gesicht) – er stand jetzt keine zwei Meter von Raul entfernt, auf seine Ellenbogen gestützt, die Hände gefaltet, blickte er aufs Flusswasser hinaus und tat einfach so, als hätte er weitaus Besseres zu tun, als unserer Unterhaltung zu folgen.

Wer war das noch gleich, Raul? War das nicht irgendein mir von früher gut bekannter Zehdenicker *Superdude?*

Der Dude öffnete jetzt, auf das Geländer gelehnt und vor sich aufs Wasser schauend, seine Hände, hob den kleinen Finger seiner rechten Hand – ein minimal aufwendiger, fast kinoreif lässiger Gruß.

»Das ist doch Finger«, erklärte Raul. Finger, natürlich – neben Tarzan, Kegel-Kalle und Heute-ein-König eine von drei, vier stadtbekannten, sozial auffälligen Figuren, die eher schlecht mit dem Alkohol zurechtkamen, aber vom sozialen Netz der Kleinstadt, im Schröder, im Hinterzimmer des Getränkemarkts Brunck und vom Volk, das auf den Straßen, am Kirchplatz und am Rathausmarkt unterwegs war, aufgefangen wurden.

Das war eine schöne Nachricht, dass Finger noch am Leben war und nicht wesentlich fertiger aussah als vor zehn Jahren. Raul erzählte, dass Finger mittlerweile noch bekannter, noch populärer als vor zehn Jahren, ja, eine regelrechte Kultfigur der Kleinstadt geworden war – was einerseits schlicht an der Tatsache lag, dass er, trotz seines Alkoholkonsums, noch unter den Lebenden weilte, andererseits an einer Facebook-Seite, die seine Fans in der Kleinstadt eingerichtet hatten und mit ihm zugedachten Trink- und Partysprüchen und Schnappschüssen von Finger an öffentlichen Orten am Laufen hielten (die Mottozeile der Facebook-Seite lautete: »Hart wie ein Stein, immer durstig und mit Kamm in der Tasche, dreh ich meine Runden von Tränke zu Tränke«).

O Gott, ich musste ein wenig aufpassen – jetzt sprangen mich hier, gleich am ersten Tag meines Aufenthalts, so viele Geschichten an (dem Reporter wurde fast ein wenig schwindlig). Finger hob noch mal den kleinen Finger, grinste – abstruse, wirklich absolut herrliche Szene, hier an der Zugbrücke der brandenburgischen Kleinstadt. »Ja, unser Finger is' ein König«, nuschelte Raul.

Wir ließen das Facebook-Phänomen am Fluss stehen (Raul: »Schönen Tag gewünscht«), befanden uns jetzt, an diesem Apriltag gegen vier Uhr nachmittags, auf einem neuen Fußweg, vom Flussufer weg, die Hauptstraße wieder hinauf. Der Reporter hatte vorgeschlagen, sich gemeinsam den Ratskeller noch einmal von außen anzusehen.

Was man über Raul in diesem April des Jahres 2019 wissen musste: Ja, schon irgendwie älter geworden, der ganze Mensch, klar. 36 lag etwa fünf Jahre hinter dem Alter, in dem man irgendwie noch von sich behaupten konnte, jung zu sein.

Die äußeren Umstände seines Lebens wirkten geklärt und ins Lot gebracht – gemeinsam mit seinem jüngeren Bruder Eric bewohnte Raul ein im Zentrum der Stadt gelegenes, sich seit je im Besitz der Familie befindendes, die Schleusner-Ranch genanntes Haus mit Hof und Garten, jeder der Brüder in seiner eigenen geräumigen Wohnung. Das Hartz-IV-Leben, das von Raul ja nie als sonderlich prekär, bedrückend oder unwürdig empfunden worden war, war schon vor einigen Jahren für ihn beendet gewesen, zunächst mit einigen Baustellen-nahen Jobs (Industriemontage, Lüftungsrohre montieren, Gabelstapler fahren, Hausmeisterei), immer wieder unterbrochen von Arbeitslosigkeit, dann als Lkw-Fahrer in der Spedition seines Vaters (Fernverkehr). Seit Anfang des Jahres belieferte Raul für einen Spediteur in der Region Tankstellen (Nahverkehr), eine feste Anstellung, ein Job, den er als »gut machbar« bezeichnete (Raul: »Du wirst nicht ganz dumm dabei, nur fast«).

Das war, einen Moment bitte, schon eine Nachricht, die aufhorchen ließ, dass Raul einer geregelten Arbeit nachging. Diese Tatsache ließ auf einen grundsätzlich veränderten Arbeitsmarkt in der brandenburgischen Provinz schließen. Gleichwohl bestand Raul offenbar auf einem nicht allzu erwachsenen, in seiner jugendlichen Verspieltheit und Verantwortungslosigkeit an spätromantisches 19. Jahrhundert *(Aus dem Leben eines Taugenichts)* erinnernden Leben: Er war nicht verheiratet – keine Kinder, kein Hund, auch keine Zimmerpflanzen.

»Einmal Ratskeller, ohne Bernd und ohne Zapfanlage.«

Raul blieb stehen und guckte auf das geschlossene Lokal. Es lag in einem der wenigen stattlichen Bürgerhäuser der Stadt, einem prominenten Haus der Gründerzeit, gegenüber der alten Eiche und dem Rathausmarkt an einer Straßenecke. Ockergelbe Fassade, unter dem Giebel die Stuckinschrift »Erbaut 1907«, heruntergelassene Holzrollläden, auf den hölzernen Lamellen ein Aufkleber mit der Aufschrift »Pöbelkurve Zehdenick« – das war der Fanblock, genauer die Ultra-

Abteilung der heimischen Fußballmannschaft SV Zehdenick 1920. Zwei in der Hauswand eingelassene Holztafeln mit der Eigenwerbung »Gemütliche Atmosphäre / Billard / Dart« und »Deutsche Küche: Gepflegte Speisen & Getränke«, dazwischen eine Tafel mit Bernds letztem, mit Kreide geschriebenem Essensangebot: Leber mit Quetschkartoffeln, Kassler, Soljanka (Raul: »Vom Russen direkt nach der Wende gekocht«).

Kleines Feuilleton vor dem geschlossenen Ratskeller – der Reporter musste rasch die Sätze loswerden, die ihm vor der geschlossenen Fassade einfielen:

Paradoxe Sache. Dass es den Großen Ratskeller nicht mehr gab, bedeutete natürlich nicht, dass man sich nicht mehr in ihm aufhalten konnte – im Gegenteil: Der Rückzug in den Ratskeller war umso wirkungsvoller geworden, als dieses Lokal geschlossen worden war und aufgehört hatte zu existieren, so wie der Staat des deutschen Ostens, die DDR, vor dreißig Jahren aufgehört hatte zu existieren und abgewickelt worden war. So war ein Mythos entstanden.

Die Jungs – das zeigte sich an der späten Treue für Bernd und seine Trinkanstalt – hatten ein Heimweh nach früher entwickelt, ihrer Schulzeit, Kindheit und sehr frühen Kindheit, den Jahren, die hinter dem Schleier der kindlichen Verklärung lagen oder die sie gar nicht mehr erlebt hatten und nur aus Erzählungen ihrer Eltern und Großeltern kannten. Schon in den Monaten der ersten *Deutschboden*-Recherche, vor zehn Jahren, hatte das Früher, also die Jahre vor

1989 und die sagenhaften »Ost-Zeiten«, ständig hervorgeholt, in der Erinnerung durchgenommen, bisweilen regelrecht beschworen werden müssen – aber das hier ging jetzt noch mal eine Ecke weiter, das war eine neue Qualität.

Wenn diese noch nicht alten Leute sich mit einer geschlossenen Kneipe identifizierten, dann ja nicht mit dem Staat DDR, der für sie abstrakt oder negativ besetzt oder vollkommen gleichgültig war, sondern mit einigen Werten und Qualitäten, die im dreißigsten Jahr nach der Wende mehr oder weniger diffus dem Osten zugeschrieben wurden: Antimaterialismus, Gemeinschaftsgefühl und Zusammenhalt, Loyalität, gute Nachbarschaft, eine herzliche Verbindlichkeit, Unverstelltheit, ein schroffer Humor, Sein-Herz-auf-der-Zunge-Tragen, eine gewisse Chuzpe, Unangepasstheit und Kampfeslust à la »Wir lassen uns nicht den Mund verbieten«, diese Dinge.

Zuletzt – tatsächlich war das ein Phänomen der letzten zwei, drei Jahre gewesen – hatte man die Gefühle der Minderwertigkeit, des Abgehängtseins und der Zweitklassigkeit, die jahrzehntelang bestimmend gewesen waren für den Osten, umgedreht und in ihr trotziges Gegenteil verkehrt. So war ein Underdog-Image entstanden: Es war das Jahr, in dem junge Männer in Brandenburg »Ostdeutschland«-T-Shirts trugen. Auf Deutsch: Der *Fun*, den es als Ostdeutscher bedeutete, dem arroganten Westdeutschen ins Gesicht zu sagen, dass man mit seiner schönen Demokratie, seinen Werten, seinem blöden Turbokapitalismus nichts zu tun haben wollte – das ging ja gerade erst alles richtig los. Und wir schrieben, das noch mal zur Erinnerung, das dreißigste Jahr nach der Wende.

Großer Schwadronier-Anfall des Reporters. Aber ich war ja auch deshalb ein zweites Mal in die Kleinstadt gekommen, um mein Hirn ein bisschen mehr anzustrengen.

In den vergangenen zwei Minuten, in denen ich mit Raul vor dem Großen Ratskeller gestanden hatte, waren bei uns, auf der Hauptstraße der Kleinstadt, vorbeigekommen: zwei erstaunlich normal, sagten wir, nach Berlin-Alexanderplatz aussehende Männer (schwer zu sagen, an welchen Details der Kleidung sich die Normalität der Männer heutzutage noch festmachen ließ, sie trugen, was Männer quer durch den europäischen Kontinent, von Madrid bis Warschau, trugen, Hosen aus regenabweisendem Stoff, Rucksäcke, schwarze Acetat-Brillen); die für Zehdenick so typische Fahrrad-Oma (weiße Frisur, beiger Watteanorak, starke DDR-Vibes); ein wunderschöner Kleinstadt-Neonazi (volle Montur, Domestos-Jeans, Hosenträger, kahl rasierter Schädel); ein VW Golf, schwarz, tiefergelegt, geschätzt auf zweihundert PS getunt und mit der neben »Jägermeister« und »Die Böhsen Onkelz« vielleicht klassischsten aller Heckscheiben-Beschriftungen »Frei Wild« (»Eure Lügen, euer Hass / Unser Antrieb, weiterzumachen«).

Raul hatte zwei, drei weggeraucht und einige freundliche »Hm, ja«-Geräusche gemacht. Er hatte außerdem, wie ich das nicht anders kannte, von zehn vorbeifahrenden Autos so ziemlich alle zehn Autos mit Handzeichen begrüßt. Er sagte »Interessante Sichtweise« und »Dem wäre so weit zuzustimmen«. Zu Rauls Intelligenz gehörte, dass er bei unserem ersten ausführlichen Wiedersehen seit Jahren keine greifbare Stimmung hinterlassen wollte (keine übermäßige Freude, auch keine übergroße Skepsis). Er wartete ab. Seine eher ein bisschen schlechte Laune beinhaltete ja auch die Möglichkeit, Raul-mäßig voll nach vorne zu gehen und, entsprechend heftig, in einem Gute-Laune-Schub zu explodieren.

Lag ich mit meinen Überlegungen zum neuen Ost-Patriotismus richtig, oder war das alles Quatsch?

Er holte sein Smartphone hervor und spielte dem Reporter ein Musik-Filmchen mit dem Titel *Ostdeutschland* vor: Ein schauderhaftes Gerappel, Gestöpsel und Geklapper ging los, aber gleichzeitig etwas, das Hitqualität besaß. Raul rappte mit und sagte das, was Leute sagten, wenn ein Song vielleicht nicht der am besten produzierte und kulturell avancierteste aller Zeiten war, der Pop – also die Haltung und der Text – aber exakt in der Zeit lagen und das Einfangen einer Stimmung die eigentliche Qualität des Songs darstellte.

Raul: »Kennst du nicht, Finch Asozial? Solltest du aber besser kennen – den wirst du hier überall hören, auf jeder Party, jeder Tankstelle, an jedem Bierwagen, in jedem Kleinwagen, der die Straße runterknallt.« Neues Fummeln am Handy: »Finch macht Trash, klar, er ist ein Idiot, ein kleiner Spinner, aber eben auch ein Lustiger. Und seine Texte sind richtig gut.« Textprobe, es rappte ein in jeder Hinsicht durchschnittliches Stimmchen:

»Nur die Ossis können feiern ohne Ende
So wie damals noch vor der Wende
Mit Gehacktes, Doppelkorn und ein paar Bier
Das werden die Wessis wohl nie kapier'n

Guten Morgen, Deutschland
Ja, es ist an der Zeit
Habt es jahrelang probiert, doch ihr kriegt uns nicht klein

Im ganzen Land gehasst, von den Medien verpönt
Kaum Geld in der Tasche, doch das Leben ist schön«

Und die Strophe schloss mit einem Reim, den Raul besonders lustig fand:
»Väter fahren mit ihren Söhn'n nicht auf Segeljacht-Trips
Weil Vaddern lieber hacke vor dem Rewe-Markt sitzt«

Lief hier so etwas wie eine neue Nationalhymne des deutschen Ostens? Freude beim Reporter, Freude bei Raul, dass er hier etwas Unmittelbar-so-viele-Fragen-Auslösendes vorzuspielen hatte.

Ich bat Raul, den Rapsong vielleicht doch nicht ganz bis zum Ende laufen zu lassen (es quälte doch zu sehr). Das war – Phänomen Pop – schon eine Leistung, in einem Blödelsong von drei Minuten so viel Gesellschaftskritik und ostdeutsches Sittengemälde unterzubringen, wie sonst in einer ganzen Ausgabe meiner Hamburger Wochenzeitung zu lesen waren.

Für den Abend waren wir zu dritt, Raul, Eric und der Reporter, in der Kneipe Schröder verabredet: erst mal runterfallen, reinsinken in die einst so vertrauten Wände, mit Hamburger Schnitzel und Bratkartoffeln, Hackepeter-Brötchen, mit dusselig quatschen und der gut bekömmlichen Menge von vier, fünf schönen Mollen.

»Noch wat«, erklärte Raul, hier fand eine weitere wichtige Einführung für meine zweite Runde in der Kleinstadt statt. Er hielt mir die auf WhatsApp geöffnete Seite seines Smartphones hin: »Das sind die Holzgewehre, eine von dreißig WhatsApp-Gruppen, bei denen ich Mitglied bin – das ist die wichtigste Gruppe. Ich werde mal beim Administrator anfragen, ob du auch als Mitglied bei uns willkommen bist.«

Die Holzgewehre, so Raul, waren keine schweren Brüder, keine Gangster, auch keine übertriebenen Alkoholiker – nicht doch: einfach nette Jungs, die gerne Fußball guckten, Spiele zockten, beim Griechen Hackspieße bestellten und nachts im Scheißladen einen über den Durst tranken.

Die Holzgewehre – schon wieder so ein merkwürdig altmodischer, nach Wilhelminismus, 1910er-Jahren und *Krieg der Knöpfe* klingender Begriff (»kurze Hose, Holzgewehr«), Raul nannte die Jungs »meine Klapperköppe«. Die Gruppe funktionierte vor allem, so Raul, das sei der entscheidende Punkt, wie ein kleinstädtischer Nachrichtendienst oder ein Frühwarnsystem: »Immer, wenn es irgendwo knallt oder eskaliert – ein Flüchtling oder Nazi dreht durch, ein Tourist wird mit dem Wischmopp auf dem Boot überfallen, einer wird im Auto mit Drogen erwischt, einer randaliert nackt oder hat bei Lidl im Wahn auf Gemüse gepinkelt –, Blick in die Gruppe: Da steht es.«

Was würden das für Monate, die mir hier in der Kleinstadt bevorstanden, lieber Raul? Und wie – ich legte meinem Freund und Protagonisten eine Hand auf die Schulter, was dieser, nachvollziehbar, auf Anhieb als leicht übertriebene und übergriffige Geste empfand –, wie, um Himmels willen, sollten wir es dieses Mal ohne die Musik der Band schaffen, den sprichwörtlichen *Soul* der Band 5 Teeth Less, all die herrlichen Stunts, die im Probenraum stattgefunden hatten, den geilen Krach, die Angeberei, all die pathetischen, aus der Rockgeschichte geliehenen Posen, die Balsam bedeutet hatten und Erholung vom Stumpfsinn, von der Langweile, der allgegenwärtigen Dummheit, der Enge, dem Alkoholismus und den saudummen Witzen? Das war eine sehr ernst gemeinte Frage.

Raul erinnerte mich daran, dass es vor zehn Jahren noch nicht einmal die saudumme, komplett unbegabte Partei AfD gegeben hatte (2013 gegründet). Er sehe wenig Gefahr – er war natürlich, im Zweifelsfall, auch immer ein Fürsprecher der Kleinstadt –, dass es hier langweilig werden könnte.

»Das muss eine politische Reportage werden, Moritz.«

Und Raul sprach gleich weiter, ohne mich meine Verwunderung ausdrücken oder eine Nachfrage stellen zu lassen: Europawahl im Mai, am selben Tag würden die Kommunalwahl und die Wahl zum Zehdenicker Stadtparlament stattfinden und als vierter Urnengang die Bürgermeisterwahl (mein Freund Arno Lobenstein, der langjährige Bürgermeister der Kleinstadt, war aus gesundheitlichen Gründen zurückgetreten). Am 1. September: Landtagswahlen in Brandenburg und Sachsen.

Raul: »Diese Wahlen werden alles verändern.« Noch mal bitte: Was genau wird sich da wie verändern? »Die Landtagswahlen in Sachsen und Brandenburg werden das ganze Land verändern.«

Kurz dachte ich, es sei eine Show, dass Raul, mein Held aus *Deutschboden*, tatsächlich diese Sätze zu mir sagte. Aber, scheiße, es war keine Show. Raul zog die Augenbrauen hoch, seine Schuhspitze trat seinen Zigarettenstummel aus, zwanzig, dreißig Sekunden lang, viel länger, als ein Zigarettenstummel, der eben noch im Mund des Helden geglüht hatte, unter diesen Umständen hätte weiterglühen können. Kein Grinsen, auch sonst kein Anzeichen dafür, dass das Gesagte ironisch gemeint gewesen sein könnte. Minutenlang noch dachte der Reporter, er habe nicht richtig gehört.

T4-Bus

Wunderbares Wiedersehen mit Eric. Ich war ihm in den vergangenen Jahren öfter begegnet als Raul (auf lausig schlechten Konzerten, bei Guns n' Roses im Olympiastadion, bei Billy Idol in der Zitadelle Spandau, auch in den eingetragenen Berliner Lokalen, im siebten Stock des Soho House und auf der Terrasse des Grill Royal). Er holte mich mit seinem halb kaputten VW-Bus ab, blieb am Lenkrad sitzen, rauchend, sein linker Arm lag im offenen Busfenster, die Hand mit der brennenden Zigarette hing über der Bustür – der auch nicht mehr ganz junge Punkrocker, der ehemalige Gitarrist der Band 5 Teeth Less, er hatte sich einen Vollbart wachsen lassen:

»Willkommen zurück in Hollywood, Möritz.«

Genau, Eric nannte den Reporter Möritz, weil für Eric ein Autogramm unvergessen geblieben war, das ich ihm einmal gezeigt hatte und das der Motörhead-Sänger Lemmy Kilmister dem Interviewer Moritz von Uslar einst in dessen Notizbuch geschrieben hatte: »To Möritz. Scheiße. Vom Herzen, Lemmy.«

Im Regionalexpress – genauer: im zweiten Teil der Bahnreise, dem RE 12 von Oranienburg nach Templin, einem blitzneuen und blitzsauberen, in Gelb und Blau gehaltenen Zug von drei Waggons, der sich »Heidekrautbahn der Niederbarnimer Eisenbahn« nannte –

hatte ich eine dieser typischen Stresssituationen erlebt, die sich eben nur im Regionalexpress ereigneten: Auf den Vierersitz des Zuges, der schon für zwei Fahrgäste sehr eng werden konnte, setzte sich mir gegenüber ein Kleiderschrank von einem Mann – Typ Bau- oder Montagearbeiter, übertrieben breite Schultern, übertrieben harte, schmale, sehnige Arme, Sonnenbrille, Silberring im Ohr, kräftige Nase, Bierflasche in der Hand. Großer Schwung beim Hinsetzen, bebender Vierersitz, Rucksack, bumm, neben sich auf die Sitzbank.

Der Riese schnippte beim Öffnen der Bierflasche den Kronkorken auf meinen Schoß, sagte: »Hoppla. Der ist da einfach hingeflogen.«

Schon beim Hinsetzen, sobald er seine aufrechte Position eingenommen hatte, hatte sein rechtes Knie – ein Ausdruck seiner Stärke und Unausgelastetheit – angefangen, wie verrückt auf und ab zu zittern. Es war ein geisteskrank kraftvolles und aggressives Zittern, ein brutal energisches Auf-und-ab-Federn, das keine zehn Zentimeter von meinem stillstehenden linken Knie stattfand. Des Handwerkers zitterndes Knie sagte: »Ich sitze hier. Jeder, der mir gegenübersitzt, überhaupt jeder in diesem Waggon ist einer zu viel.«

Ich nahm den Kronkorken von meinem Schoß, hielt ihn unschlüssig in der Hand, machte ein Gesicht wie »Hey, voll lustig, da habe ich jetzt also einen Kronkorken in der Hand – wer hätte damit rechnen können, als ich in diesen Zug einstieg«. Der Riesenbulle stierte aus dem Fenster, während sein rechtes Knie unvermindert auf und ab ballerte – ich, Gefangener im Vierersitz des Regionalexpress, hörte mich innerlich Zen-Sätze aufsagen (»Das geht hier gut aus ... der mag mich eigentlich ... ich bin auch stark ... ist doch lächerlich, hier ist genug Platz für zwei«), wobei diese Sätze in erster Linie den Zweck hatten, mich zu beruhigen, im Weiteren, den Bullen nicht noch zusätzlich zu reizen. Einige Stationen vor der Kleinstadt, in Nassenheide, stieg der Riese aus. Er riss beim schwungvollen Aufstehen fast die ganze Sitzbank aus den Ankern.

Weitere empirische Daten aus dem Regionalexpress: Ich sah erst nur ganz normale Menschen, dann sah ich, von Station zu Station, mehr. Das Label Boxing Connection. Die 2019 allseits präsente sächsische Hooligan-Biker-Türsteher-Wutbürger-und-Neonazi-Marke Yakuza (extrem hässliche, mit Totenköpfen, gekreuzten Knochen, Wolfs- und Schäferhund-Köpfen und martialischen Sprüchen wie »Boys Don't Cry« und »Fuck Society« bedruckte T-Shirts und Hoodies). Der Turnschuh, mit dem man sich dreißig Jahre nach der Einheit in der ostdeutschen Provinz als Deutscher von rechter Gesinnung zu erkennen gab (also nicht notwendigerweise als Neonazi, aber als einer dieser ganz normalen aufrechten und ziemlich wütenden Deutschen, die sagten: »Merkel muss weg«, »Kein Diesel ist illegal«, »Migration tötet«, »Im Kalifat Deutschland ist mein abgezahltes Reihenhaus nichts wert« und »Ich möchte Negerkuss und Zigeunerschnitzel sagen dürfen«), war überraschenderweise der New-Balance-Turnschuh mit dem N (überraschend deshalb, weil dieser Schuh schon in den frühen Neunzigerjahren ein Erkennungsmerkmal unter Neonazis gewesen war und zeitgleich, ebenfalls in den Neunzigerjahren, ein beliebter Schuh bei Bio-Deutschen, als die noch gar nicht so hießen, also bei besserverdienenden Kreativen und grauhaarigen Spießer-Architekten in der Großstadt).

Es war, das zeigte sich jetzt, immer und immer wieder neu eine richtige Bewegung, raus aus Berlin und rein nach Brandenburg zu fahren. Das Braun-Grau-Grün-Schlammgrün der Landschaft. *The big blue Brandenburg sky.* Die, Entschuldigung, wunderbare Weite der brandenburgischen Felder.

Lieblingsbahnhof Nassenheide. Die dünnen Kiefern von Grüneberg, die Backsteinruinen kurz vor Zehdenick. Die DDR, das war auch klar, würde noch die nächsten dreihundert Jahre nicht kaputt zu kriegen sein – so viel beiger Kratzputz war von den Gleisen aus zu sehen. Besonders scheußlich fand ich die neuen, giftig glänzenden, noch witterungsresistenteren Biberschwanz-Dachziegel, mit denen die alten, hässlichen und die neu gebauten, also noch mal ganz neu hässlichen Häuser aufgewertet werden sollten (doppelt gebrannte, doppelt glasierte Ziegel – Schnee sollte von dieser Dachbedeckung leichter abrutschen, Moos erst gar nicht wachsen, was für eine kaputte Welt). In Bergsdorf kehrte der Handyempfang zurück.

Der Kleinstadt-Bahnhof, wie im Sergio-Leone-Western. Eine Fahrgastbetreuung gab es hier schon viele

Jahre nicht mehr – die Fenster im Backsteingebäude, das aus der Zeit der deutschen Backsteinbahnhöfe (1890er-Jahre) stammte, waren mit Spanplatten zugenagelt. Im einzigen nicht zugenagelten Fenster steckten hinter den Gitterstäben die Splitter der zerschlagenen Scheiben im Rahmen. Den Fahrkartenautomaten am Gleis 1 hatten, wie Eric das später ausdrücken würde, Chaoten weggesprengt.

Eric: »Erst mal schön nicht losfahren und Diesel in die Luft blasen, wa?«

Er hing weiter über dem Lenkrad. Sein Bus, so Eric, falls ich das als Auto-Idiot nicht sehe, sei natürlich ein T4. Die Schweller seien durchgerostet, die Lenkachse sei durch. Die Tachonadel hänge auch immer irgendwo (»Für mich kein Thema. Als guter Fahrer hast du eh immer im Gefühl, wie schnell du bist«). Eine Gitarre, eine Hundeleine, ein Sack Zement, da sei Verlass drauf, die lägen bei ihm immer hinten im Bus. In seinem T4 flog außerdem noch ganz anderer schöner Kram herum, großes Werkzeug, ein Bierkasten, überall Hundehaare, eine Hundedecke, eine Kindersitzschale, solche Dinge. »Den Motor musst du vorglühen lassen«, erklärte Eric und zeigte auf das kleine gelbe Licht am Tacho, »um die vier oder fünf Sekunden lang.«

Der T4 war besser als eine Rockstar-Existenz? »Der T4 *ist* ein Rockstar.«

Mann, gegen neun Uhr morgens am VW-Bus-Lenkrad, am Kleinstadt-Bahnhof stehend, sich weigernd, den ersten Gang einzulegen: alles überhaupt nicht schlecht. Die zu langen Haare waren gut, und der Vollbart war auch echt gut. Die klassische Eric-Garderobe (schwarze Jeans, schwarze Segeltuchturnschuhe, schwarzes T-Shirt, schwarze Lederjacke). Das leicht Verwilderte seiner Erscheinung (ja komisch, Erics Rock 'n' Roll war einer, der im Westen eher nicht so geläufig war, in seinem Style lag etwas vom Siebzigerjahre-Ost-Rockertum seines Vaters Charly, der vor bald fünfzig Jahren mit der Rockergang Fledermäuse durch die Lande gefahren war). Das Durcheinander der Gemälde und Rock-'n'-Roll-Sprüche auf Erics Körper (es blieb also doch nicht aus, auch in diesem Buch nicht, über Tätowierungen zu reden). Eric trug eine sehr billig aussehende Ray-Ban-Kopie (»Zwanzig Brillen für zehn Euro, Internet, jeder in der Familie hat eine bekommen«) und – ach, schön – seinen alten Flaschenöffner-Ring am linken Daumen. Es lag eine wirklich wilde Freiheit in seiner Erscheinung. Auch in den lauten und schnellen Vierteln der Großstadt, wo kaum einer Augen für den anderen hatte, wäre dieser Eric aufgefallen. Dieser Eric, er wäre überall in Berlin nur schwer machbar gewesen.

Vor fünf Jahren war Erics Tochter geboren worden – Anlass für ihn, den schwarzen Fingernagellack, für den er in der ganzen Stadt bekannt gewesen war, abzulegen. Ein enorm avanciertes, todesmutiges, die ganze Kleinstadt in ihrer stullen Heterosexualität herausforderndes Statement war sein abgeblätterter, schwarzer Nagellack gewesen, ein Pop-Wirbelwind, mit dem die Leute erst mal hatten zurechtkommen müssen

(*Queerness*, Metrosexualität, Glamrock, Bowie, Marilyn Manson, so in etwa). Anders als sein Bruder Raul hatte Eric sich doch recht offensiv dafür entschieden, sich in einem Kleinstadt-Bürgerleben einzurichten, und zwar mit allem Drum und Dran. Mit seiner langjährigen Freundin Tessa (coole Frau, gebürtig aus dem Nachbarort, mit den richtigen Sprüchen, den richtigen Tätowierungen und der richtigen Abgeklärtheit gegenüber dem Leben) und der gemeinsamen Tochter wohnte er im Erdgeschoss der Schleusner-Ranch. Alles war da: offene Küche, große Gammelcouch vom SB-Möbelmarkt, eine Näh- und Bastelecke für Tessa, Proberaum mit Schlagzeug und Gitarren. Eric war ein Kochmensch, ein Gemüsebeet-und-Garten-Mensch, ein Wurst-selber-Hersteller, ein Schnapsbrenner und ein Marmeladen-Einkocher, und er befand sich damit ganz in der Schleusner-Familientradition.

Nach seinen Hartz-IV-Jahren hatte Eric eine Zeit lang mit Motorsäge im Forst der Schorfheide gearbeitet und dann auf Heilerziehungspfleger umgelernt, was sich, über die Jahre, als gute Idee erwiesen hatte. Seit einigen Jahren war er bei einem der größten Arbeitgeber der Kleinstadt beschäftigt (bei dem auch die Mutter der Brüder seit vielen Jahren eine leitende Funktion innehatte), einer Wohnstätte und Werkstatt für körperlich und geistig behinderte Menschen. Er übte dort eine sinnvolle, notwendige und allseits hochgeschätzte Aufgabe aus – als Pfleger, Kommunikator, Mann für alles. In kürzester Zeit war er bei seiner Pflegeeinrichtung zur unverzichtbaren Kraft geworden. Beinharte Arbeitszeiten (Weckdienst von sechs bis acht Uhr morgens, Pause, von 14 bis 20 Uhr die zweite Schicht). Es war absolut frohmachend, zu erleben, wie dankbar und respektvoll der ehemalige Bezieher von staatlicher Grundsicherung über seine Arbeit und seinen Arbeitgeber sprach.

Eric hatte jetzt das Bedürfnis, zu erklären, dass sein Leben – anders als der Reporter das vielleicht annehmen konnte – trotz all der Ordnung und Beständigkeit, die in seinem Alltag eingezogen waren, nicht langweilig geworden war. Aber ihm fiel nichts ein, was er jetzt dazu sagen konnte (und das war auch gar nicht nötig). Eric zählte auf: »Kind, Frau, Haus, Katze, Hund, Boot, Moped, Bus: Das wollte ich immer erreichen.« Und ich entgegnete: »Das ist doch absolut wunderbar. Glückwunsch, altes Haus!«

Rasselnder Dieselmotor. Wollte er jetzt, dass ich sagte »Haus, Kind, VW-Bus, das ist doch alles scheiße!«? Ich empfand es, offenbar anders als Eric, nun mal überhaupt nicht so.

Darin war Eric Meister – ich erinnerte das noch von meinen Stadtrunden-Fahrten vor zehn Jahren: innerhalb weniger Minuten eine existenzielle Stimmung heraufzubeschwören, die wie eine Szene in einem Schwarz-Weiß-Film aussah und in der, plötzlich, alles infrage gestellt wurde und das ganze Leben auf der Kippe stand. Man fand sich dann, Kumpel neben Kumpel, auf einem Havel-Kutter oder an einer schwach beleuchteten Straßenkreuzung wieder; man saß auf zwei Pferderücken nebeneinander, in einer einsamen Bar oder eben im Führerhaus eines T4-Busses mit kaputter Kupplung.

Vor zehn Jahren, als Eric ein 24-jähriger Punk und Stadtrundendreher gewesen war, der in einer Einzimmerwohnung über einem Laden für Schädlingsbekämpfungsmittel hauste, hatte er mir in das Diktiergerät gesprochen, was ein Leben mit Hartz IV für einen Mitte zwanzigjährigen Mann bedeuten konnte: »Du stehst auf und sagst: Was machst du heute? Du sagst: Ich mache nichts. Die anderen fahren zur Arbeit, du machst den Fernseher an. Kiekst Internet. Spielst bisschen Gitarre. Du gehst ins Bad, drehst den Wasserhahn auf – guckst dir das Wasser an, *wie es da rausläuft*, drehst den Hahn auf und wieder zu. Und auf. Und wieder zu. Dann fährst du in die Stadt, fährst bei einem gucken, der auch arbeitslos ist. Und am nächsten Tag geht die Scheiße wieder von vorne los.«

Mann am Lenkrad. Das erwachsene Leben war tief in seinen Körper eingezogen, man sah – konkret – seinen Schultern und seinem Rücken an, dass Eric Verantwortung übernommen hatte und an dieser nicht zu schwer trug. Seine Fahrigkeit war weg. Sein Haspeln – Eric hatte beim Sprüche-Machen und Witze-Erzählen so aufdrehen können, dass er manchmal nur schwer zu verstehen gewesen war – hatte sich auch gegeben. Das Angeödetsein von der Logik des zwanzigjährigen Säufer-Lebens in der Kleinstadt, das sooft bei Whisky-Cola-Mischungen endete, am Wochenende bei einer Linie Speed und beim jeweils aktuellen Playstation-Game, das eh alle spielten, war ja nur gerecht.

Gleichzeitig glaubte der Reporter zu erkennen, dass der Eric'sche Skeptizismus gegenüber dem leichten und bequemen Leben der alte geblieben war.

Er habe viel gemacht die letzte Woche. Ah, viel gemacht die letzte Woche – immer gut. Was genau? »Im Garten eine große Wurzel ausgebuddelt.« Okay, *im Garten eine große Wurzel ausgebuddelt.* Ja, und mit Sperrholzlatten und Dachpappe eine Hundehütte gebaut, seine Tochter Elisabeth dürfe die Hütte anmalen.

Kürzlich habe er sich das alte Moped seines Vaters umgebaut, eine Simson S50, Baujahr 1977 (drei PS) – das Kultfahrzeug aus dem Osten, für das mittlerweile horrende Preise bezahlt wurden (mattschwarze Lackierung). Eric bestand nun darauf, dass ich bei meinem zweiten Kleinstadt-Aufenthalt das Simson-Fahren erlernte: »Deine Ost-Feuertaufe. Keine Angst, ist nur ein bisschen gefährlich.«

»Ein Kippchen noch. Und dann ist gut.«

Das »Und dann ist gut« musste Eric sich erst in den letzten Jahren angewöhnt haben, es wurde immer dann gebracht, wenn eine gewisse Sinn- oder Spannungspause entstanden war, also etwa zehnmal am Tag, oder auch einfach bei jeder gemütlichen Zigarette, die geraucht werden konnte – die Redewendung war Ausdruck des Sicherheits- und Ordnungsbedürfnisses des nicht mehr ganz jungen Eric (Riesenthema Älterwerden), es schwang aber auch eine gewisse Selbstironie mit und die Ahnung, dass, ganz gleich, wie oft er seine Wendung auch benutzte, natürlich weit und breit nichts sonderlich Gutes in Sicht war.

Eric hatte die – hahaha – Melancholie des jungen Familienvaters. Schön.

Blick vom Beifahrersitz des T4 durch die heruntergerollten VW-Bus-Scheiben, Eric lehnte auf dem Lenkrad, der Dieselmotor schnurrte und ruckelte, das Geile war, dass wir immer noch nicht losgefahren waren (das von ganz früher, aus der Kindheit in den Siebzigerjahren, bekannte Wohlgefühl, das nur aufkommen konnte, wenn hinter geschlossenen Autofenstern geraucht wurde). Eric blickte auf das Bahnhofsgebäude, klappte, für eine Sekunde, die Augenlider runter und wieder hoch und signalisierte so dem Reporter, dass auch er in die Richtung gucken sollte, in die er, blinzelnd, gerade guckte, und dass es dort, am Bahnhof, etwas zu entdecken gab.

Der Reporter guckte. Auf Kniehöhe der Backsteinwand, da, wo der Blick erst mal nicht hinging, hatte jemand in mickriger Schrift die Worte »Deutschboden Two / Electric Boogaloo« hingeschrieben.

Ich musste wahnsinnig lachen. Die Kleinstadt begrüßte den Reporter auf ihre Art: *Breakin' 2: Electric Boogaloo*, das war der Titel eines Films von 1984, der auf den auch nur mäßig interessanten Breakdance-Film *Breakin'* gefolgt war (ebenfalls 1984 entstanden, unter anderem mit dem Rapper Ice-T), an der Kasse massiv gefloppt und von der Kritik verrissen worden war. Im Film und im Pop war der Titelzusatz *Electric Boogaloo* seither ein Synonym für zweite Teile, die ziemlich schlampig und lieblos gemacht waren, die kein Mensch brauchte und die es besser nie gegeben hätte. O ja, das war ein ziemlich durchgedrehter und weit hergeholter Witz und ein Ding, dass ein potenzieller Buchtitel auf der Backsteinmauer des Kleinstadt-Bahnhofs von Zehdenick stand.

»Ich weiß natürlich, wer das da hingeschrieben hat«, erklärte Eric, »aber von mir erfährst du es nicht.«

Blick in die Bahnhofstraße. An einer Laterne, noch ganz am Anfang der Straße, hing – so hoch, dass kein Plakatdieb ohne Leiter drangekommen wäre – eins der hellblauen Plakate mit dem roten Swoosh. Die AfD warb für die Europawahl: »Menschenwürde. Auch für Deutsche.« Und weit und breit, die ganze Bahnhofstraße hinunter, nur hellblaue Plakate, kein Konkurrenzplakat der SPD, CDU, der Linken oder der Grünen.

Eric guckte in Richtung des AfD-Plakats: »Und los. Stadtrunde.«

Wir drehten die große Runde über die Dörfer, über Burgwall, Marienthal, Zabelsdorf, Mildenberg, zurück in die Kleinstadt – ganz früher, in Vor-Handy-Zeiten, hatte die Runde bei Raul, Eric, Rampa und den Jungs BTR-Runde oder Biertrinker-Runde geheißen, in einem kleinen Auto mit vier Mann hatte man einen Sechser Bier und eine Schachtel Kippen für diese Runde gebraucht.

Die Angst war immer da. Aber mich ergriff nun zusätzlich eine wilde Freude und tiefe Dankbarkeit angesichts der Tatsache, dass ich hier in der Kleinstadt noch einmal mitmachen und Abenteuer bestehen durfte. Und für heute kamen wir oben an der großen Postkreuzung und am Anfang der Hauptstraße wieder raus.

Hauptstraße

Ich ging erst mal, so wie ich das vor zehn Jahren auch schon getan hatte, konsequent zum Boxen. Das Training fand immer noch im Sportstudio Fitness Factory statt, hinter der Zugbrücke, im Backsteinkomplex des Zehdenicker Unternehmers und Selfmade-Millionärs Joseph Runge (großer Parkplatz, bis auf den letzten Meter mit gelben Klinkersteinen ausgelegt und mit Beton ausgegossen; Textildiscounter KiK, Tedi-Ein-Euro-Markt, ein Pizza-Lieferservice). Dreimal pro Woche, Dienstag und Donnerstag von 16.30 bis 18 Uhr, Freitag von 14.30 bis 16 Uhr. Trainer: Maik Brunner.

Maik bekam es hin, mich zur Begrüßung nicht einmal anzusehen – seit acht Jahren hatte ich sein Studio nicht betreten. Ironischer Tonfall: »Na, hast du mal wieder Lust zu boxen, Moritz?« Das Maik-Brunner-Lächeln, das zu einem Drittel aus großer, tiefer Freundlichkeit und zu zwei Dritteln aus nicht viel weniger freundlichem Spott bestand: »Na, dann nimm dir mal ein Seil.«

Die Mechanik zwischen Maik und seinem Boxschüler, dem Reporter aus der Großstadt, war dieselbe wie vor zehn Jahren: Er sah in mir einen hoffnungslosen Fall (»Das ist kein Boxen, Moritz«), aber er hatte es aufgegeben, mich beim Training anzubrüllen und zu erniedrigen. Auf das Desinteresse des Trainers antwortete ich damit, dass ich über Wochen kein Training ausfallen ließ.

Teils spielten sich lustige Szenen ab, da ich mit rund dreißig Jahren Abstand der Älteste im Boxstudio war. Das Training, so die Idee, benutzte ich – wenn dies denn überhaupt möglich war und nicht nur eine dumme Worthülse aus der Welt der New-Age-Sportarten –, um meinen Kopf leer zu machen (die Leere, die mich nach einem restlos erschöpfenden Training erfüllte, war jedenfalls groß). Beim Seilspringen, das im Training von Maik Brunner aus zehn Runden à drei Minuten bestehen konnte, trat er einmal sehr nah an mein Ohr heran – und ich freute mich über seine Worte, da ich vom Trainer des Boxrings Zehdenick e. V. nichts geschenkt bekam: »Du weißt, dass das bei dir – auch mit Senioren-Wettkampf – nichts mehr werden kann. Aber was du hier konditionell zeigst: Respekt.«

Im Städtchen musste ich mir eine neue Unterkunft suchen. Die Betreiber meines Hotels, das Ehepaar Wilfried und Bertha Finster vom Haus Heimat auf der Hauptstraße, waren mir nach Erscheinen des ersten Teils der Reportage böse gewesen (es hatte eine ausführliche Aussprache gegeben, aber die Sache hatte sich nicht ausräumen lassen). Vor einigen Jahren dann war dem Inhaber Finster der Verkauf des Hotels gelungen, eine neue Inhaberin hatte sich gefunden, die nicht lange durchhielt. Das Hotel hieß nun, ein wenig unglücklich, »Neue Heimat« (was sollte das sein, eine Neue Heimat, wenn nicht ein Wohnungsunternehmen aus dem Westen, das bis 1990 dem Deutschen Gewerkschaftsbund gehört hatte?). Die Gastronomie war geschlossen, die Hoteltür versperrt, Gäste wurden gebeten, sich bei einer Handynummer zu melden. Ich hielt das alles für kein gutes Zeichen und nahm mir ein Zimmer im Hotel Lorenz (im stillen Hinterhof gelegen, zum astreinen Preis von dreißig Euro pro Nacht inklusive Frühstück), ein Stück weiter die Hauptstraße hinunter, im Nachbarhaus von Istanbul-Imbiss und Scheißladen.

Und was war in Berlin? »In Berlin noch immer alles Avocado?«, hatte Raul mit einem spöttischen Grinsen und seiner königlichen Kleinstadt-Arroganz gefragt.

In Berlin regierten die *Rebel Consumer* (Fachbegriff eines New Yorker Gentrifizierungsforschers – gemeint war eine kreative Oberschicht, für die das Linkssein und die Rebellion Turnschuhe für fünfhundert Euro oder ein Avocado-Toast mit viel frischer Zitrone waren). In Berlin saßen die Menschen im Borchardt und im Grill Royal und veröffentlichten Fotos der Gerichte, die vor ihnen auf den weiß gedeckten Tischen standen, auf Instagram.

Und dann wurde es, schon nach wenigen Tagen, sehr, sehr ruhig. Und noch ruhiger.

Ratlosigkeit darüber, was ich hier, in meiner brandenburgischen Kleinstadt, anfangen sollte. Es war, gleichzeitig, weniger eine panische oder bedrückende Ratlosigkeit, eher das Ausbleiben einer Ahnung, ein tief empfundenes Nichtwissen, worauf die zweite Runde hier hinauslief. Genau so sollte das sein.

Die Richtung stimmte, ich musste noch weiter runter, noch dümmer, leerer, langsamer, noch erwartungsloser, noch unneugieriger werden, damit der Reporter seiner Geschichte – der Wurzel der Gegenwart, diesem sehr lässigen, lockeren, schicken, enorm selbstverständlichen und ganz ungenierten Rechtspopulismus im dreißigsten Jahr nach der Friedlichen Revolution – auf die Schliche kam. Meine Wege musste ich noch mal ganz alleine, ohne Raul, ohne Eric und ohne meinen alten Freund Blocky, gehen.

In Berlin fragten mich die Kollegen: »Und? Viel Neues in Hardrockhausen?« Und ich antwortete, wahrheitsgemäß, und schaute in erstaunte Gesichter: »Ich kann es noch nicht sagen. *Ich chille.* Ich ruhe aus.«

Die Hauptstraße sah natürlich genauso hübsch und erfreulich und bunt angestrichen aus, wie das alle immer überrascht festgestellt hatten, die sich nach Lektüre von *Deutschboden* auf einen Ausflug in die Kleinstadt begeben hatten (es hatte ja, auch nachvollziehbar, große Empörung darüber gegeben, dass ich das Städtchen wie so ein Klischee-Nest in Dunkeldeutschland beschrieben hatte, so düster, grau, graubraun, graubeigelich und – lustige *Deutschboden*-Vokabel – stinkgrau).

Das Alte Rathaus sah komplett behämmert rosa aus (war das schon damals so rosa gewesen?). Der viereckige Kirchplatz mit den sanft vom Kirchengebäude wegfließenden Wiesen hätte in einer Vorabendserie im Zweiten Deutschen Fernsehen mitspielen können, so still und friedlich lag er da. Der Baum, den sie im Zuge der Altstadtsanierung überall gepflanzt hatten, war der Rotdorn (alte Bauernregel: Blühte der Rotdorn, dann kamen die Eisheiligen, und tatsächlich, er blühte).

Die letzte Schließungswelle war offenbar erst im vergangenen Jahr durch die Einkaufsstraße gefegt, jedenfalls sahen einige Ladenlokale so aus, als hätten sie gerade erst gestern aufgegeben. An prominentester Stelle, am Eck vom Rathausmarkt gelegen, hatte zum Jahresende 2018 der Schuhladen seine Türen geschlossen, ein Abschiedsbrief der Besitzerin, der zu Tränen rühren konnte, hing im Fenster: »Werte Kunden, 177 Jahre, über fünf Generationen, war das Schuhhaus Mehl in Zehdenick für seine Kunden da. Aus Altersgründen kann diese lange Kaufmannstradition nicht fortgesetzt werden. Mit schwerem Herzen habe ich letztlich …« Ja. Der ehemalige Schlecker-Markt, am anderen Eck des Rathausmarktes gelegen, hatte nach der Insolvenz vor sieben Jahren nicht mehr vermietet werden können. Schreibwarenladen und Buchladen: auch dicht. Besonders traurig war der Versuch, einen Leerstand etwa durch Ausstellung von Kinderzeichnungen oder durch von Kindern gebastelten Streichholz-Männchen-Figuren zu überdecken. Es lief die »Aktion Stadtladen zur Vermietung freier Ladenflächen im Stadtgebiet«.

Natürlich, die vielen geschlossenen Läden fielen auch deshalb auf, weil es hier vor zehn Jahren – anders als etwa in der Kreisstadt Gransee, anders als in vielen

Städten und Kleinstädten der westdeutschen Provinz, wo das Einzelhandelssterben praktisch abgeschlossen gewesen war – noch eine vergleichsweise belebte Einkaufsstraße gegeben hatte. Zehdenick, Hochburg der jahrzehntealten inhabergeführten Geschäftstradition. In dem Ladenlokal, in dem von seiner Lage her vielleicht der stärkste Umsatz zu erwarten gewesen wäre – ein Sechzigerjahre-Pavillon, gegenüber dem Eiscafé gelegen, mit Freitreppe und ausladender Terrasse –, wurde die Nähmaschinensammlung des Bürgers Wilfred Wadepuhl (laut Infotafel 2014 verstorben) ausgestellt.

Trotzdem hatte sich die Einkaufsstraße der Kleinstadt immer noch so etwas wie eine, wenn auch vielleicht in den letzten Zügen liegende, gewissermaßen schon röchelnde Lebendigkeit bewahrt. Im Friseursalon Kamm Inn gegenüber dem Hotel Lorenz wurden weiter Haare geschnitten. Die Fleischerei Schilling war vom Konkurrenten Thiemann, einem King der Hauptstraße, übernommen worden. Gleich zwei, auf ihre Art gesund aussehende Jeansläden hielten durch, das Jeans Line (S.-Oliver-Hemden für 20 Euro) und das Blue Jeans (eine BMW aus dem Eisenacher Motorenwerk im Fenster, das ziemlich sensationelle Angebot »Über zweitausend Markenjeans im Lager«). Auch noch da: mein Lieblingsladen »Parfümerie, Kerzen & Geschenke«, der ehemalige Kolonialwarenladen von Anita Gribnitz (war das vielleicht die aller-, allerletzte privat geführte Parfümerie in Deutschland? Hier kauften jedenfalls die alten Damen ein, die noch nicht wussten, dass es Amazon gab). Der hinreißende

Haushaltswaren-Laden Conny (»Einkaufen mit Köpfchen«). Die wunderbare, nach 1970 aussehende Tabakbörse (Tabak und Lotto). Backwaren gingen offenbar immer noch gut, es gab gleich vier, fünf, sechs Bäckereien. Volle vier Apotheken leistete sich die Hauptstraße, etwa alle fünfzig Meter kam die nächste (alte Beobachtung des Reporters: Die Apotheke war der Ort, an dem der Kleinstädter sich durch ausführliche Beratung, ausführlichen Produktvergleich, ausführlichen Kundenschwatz etwas Gutes genehmigte und ein wenig Luxus tankte, eben weil das sonstige Konsumleben in der Kleinstadt auf so kläglichem und niedrigem Niveau angekommen war). Bei Hörgeräte Turkowski, das war doch auch etwas Feines, gab es Hörgeräte für zehn Euro.

Der Reporter bezog an seiner alten Lieblingsstraßenecke Stellung, Poststraße, Ecke Berliner Straße, gegenüber dem Hotel Neue Heimat und dem Hotel Lorenz, lehnte an den Metallgeländern aus den 1950er-Jahren, die – eine Zehdenicker Spezialität – fast über die gesamte Länge der Hauptstraße, nur unterbrochen von den Schaufenstern und Ladenlokalen, vor den Häusern angebracht waren: Hier musste alles vorbeikommen.

Beobachtungen, wie ich sie auch für meinen Arbeitgeber in Berlin, das Feuilleton der Hamburger Wochenzeitung, notiert hätte: Ja, stimmte schon, es war alles noch mal einen Tick normaler, damit auch ein wenig trister geworden.

Es kam mir alles so wahnsinnig zugepflastert und versiegelt vor. Die Akkuratheit, mit der Straße auf Bordsteinkante auf Bürgersteig auf Hauswand folgte.

Und im Anblick der sauberen Bordsteine erwischte ich mich bei einem Gefühl, aus dem mein Kopf rasch eine These zusammenbaute, die mir beim nächsten Schritt schon ein wenig schwach und klischeehaft, wie die Anklage aus dem Gehirn eines achtzehnjährigen Schülers vorkam. Die Klage lautete: Die, die keinen Millimeter Platz ließen für einen Grashalm oder einen Krumen Staub, das war eben auch das Volk, das in dieser grauenhaften, todbringenden Gründlichkeit Konzentrationslager betrieben hatte. (Aber stimmte denn dieser Befund überhaupt? Waren die Franzosen oder die Norweger nicht genauso penibel, engstirnig und verklemmt wie die eigenen Leute, die einem naturgemäß immer besonders auf die Nerven gingen? Im Anblick der Zehdenicker Sauberkeit fiel dem Reporter außerdem ein, dass das Reinlich-Halten des Vorgartens natürlich auch die Funktion eines Antidepressivums hatte im nicht immer sonnigen und glockenhellen Leben der brandenburgischen Kleinstadt.)

Es kam mir, Entschuldigung – trotz der bunten Farben, die seit 1990 verstrichen, und trotz der Hunderte von Millionen, die aus der Europäischen Union und vom Bund in den Aufbau Ost geflossen waren –, alles immer noch so brutal DDRig vor. Gleich in den Seitenstraßen der Einkaufsstraße, die Poststraße, Kathagenstraße, Marktstraße, Kapellenstraße und Herrenstraße hießen, sahen die Häuser ärmlich, niedrig, geduckt, geradezu zusammengestaucht aus, als drückte der Himmel die langen Dächer und die kurzen Hausfassaden in den brandenburgischen Boden hinein. Die nicht restaurierten Häuser der Altstadt konnte man an zwei Händen abzählen – das Lieblingshaus des Reporters unter den ärmlichen Häusern stand in der Poststraße Nummer 4.

Wie schön das gleich aussah: die gelb-grün-braune Hauswand, die zerschmissenen Scheiben, die fünfzig Jahre alten Gardinen. Natürlich waren es die armen, die graubraun-beigelichen Häuser der Seitenstraßen, in die der Blödmann-Blick aus dem Westen gleich eine Seele und eine interessante *Badness* hineinfantasierte (anders gekleidete Menschen aus einem anderen Staat mit einer anderen Vergangenheit, die ganz andere Fernsehprogramme guckten, andere Biersorten tranken, anders miteinander schliefen, andere Witze machten). Fremde DDR.

Interessant, dass die Kleinstadt immer dort besonders verkommen und lächerlich wirkte, wo sie versuchte, eine demonstrative Modernität und Großstädtischkeit zur Schau zu stellen. Auf der Hauptstraße gab es jetzt auch – ogottogott – die anthrazitfarbenen Spezialmülleimer zur Hundekotentsorgung, von denen einer geschätzte 20 000 Euro kostete (dogstation.de). Der melancholischste aller Orte war die Spielothek in der Dammhaststraße (in Spielotheken – das wussten ja alle, das war ja wirklich jedem klar – war das Leben dann tatsächlich und ein für alle Mal zu Ende).

Es stieg im Reporter jetzt wieder ein ziemlich heftiger, eventuell auch ganz gesunder Kleinstadt-Hass auf.

Kleinstadt, Handwerkerstadt. Überall konnte man die Lieferwagen und Kleintransporter der Handwerker vor- und zurückfahren sehen, losfahren, einparken, die Motoren laufen und aufheulen lassen, Schiebetüren aufreißen, Laderaum-Türen zuwerfen, überall hörte man die Handwerker ihre Ansagen und ihre »Mahlzeit!«- und »Schönen Feierabend!«-Grüße durch die Straßen und in die Höfe und Ladenlokale hineinbrüllen.

Wie hatte sich der Zehdenicker an sich verändert?

Die Leute konnten immer noch brutal muffig und sauer gucken (die Rekorde im Dumm- und Stinksauer-Gucken hielten nach wie vor die über Sechzigjährigen, ihr Fahrrad schiebenden oder wacklig, mit etwa fünf Stundenkilometern auf ihren Fahrradsätteln die Bürgersteige hinunterschleichenden Frauen und älteren Mütterchen des Ortes). Die auffällig junge und kinderreiche Kleinfamilie – Papa um die zwanzig, Mutter achtzehn oder neunzehn Jahre alt, ein Kind im Kinderwagen, zwei weitere Kinder, die sich an Mutter und Kinderwagen festhielten – war noch oft zu sehen. Der obligatorische Rollator, in der Kleinstadt auch AOK-Shopper genannt. Mitten auf der Straße, also mitten im Autoverkehr, waren immer wieder die knallroten, irgendwie spektakulär und teuer wirkenden Elektro-Rollstühle der Firma Rolektro zu sehen (die Fahrzeuge waren offenbar mit dem Auto gleichberechtigte

Verkehrsteilnehmer), eine Mischung aus Rollstuhl und Elektroauto, oft mit Deutschlandfahne am Lenker und mit zahlreichen abstrusen Dingen beladen (Kissen, Decken, Plastiktüten, sonstigen Einkäufen).

Die Männer hatten sich über die Jahre noch riesigere Muskelberge antrainiert – der Augenbrauen zupfende, seine Körperbehaarung und sein Schamhaar rasierende Superproll, der sein Äußeres wie seinen Kleinwagen tunte, sah noch aufwendiger ausstaffiert, gezupft, rasiert, poliert, lackiert, unterbodenbeleuchtet und noch sorgfältiger eingecremt aus als vor zehn Jahren. Schon richtig, der irgendwie ganz okaye, nach Jürgen Klopp oder der Fernsehkomikerin Carolin Kebekus aussehende Typ (bisschen gestresst, bisschen sexy, bisschen spießig, bisschen umweltbewusst) stellte auch in der Kleinstadt die augenfällige Mehrheit (in ganz Deutschland bestellten die Leute ihre Kleidung im Internet).

Der Treck der Altersheim-Menschen mit ihren Betreuern kam jetzt den Bürgersteig hinunter, mit Rollatoren, Gehstützen, Gehhilfen aller Art – tapfer, tapfer, tapfer, wie sie winkten, lachten, dem Alter und der Krankheit trotzend. Ansage der Betreuer: »Groooße Schritte!« Rührend lächelndes Rentnervolk.

Die Fernsehreporter, die nun auch schon seit dreißig Jahren den abgehängten, am unteren Einkommensniveau vegetierenden Ostdeutschen suchten, wären hier immer noch zu ihren Bildern gekommen: Es waren noch erstaunlich viele offenkundig auf Hartz IV

Angewiesene, auch viele Alkoholkranke, Bierflaschen-Träger, sonstige Müde, Kranke, Erschöpfte, Gebeugte, Niedergeschlagene, mit ausgeleierten Plastiktüten und mit Sorgen Beladene auf den Bürgersteigen unterwegs. Insgesamt: Der Kontrast zwischen der Hübschheit des Ortes und dem erschöpften Aussehen vieler seiner Einwohner, das – Reporter-These – in vielen Fällen weniger Ausdruck einer wirtschaftlichen Krise war als einer kollektiven gesundheitlichen oder psychischen Destabilisierung (Mutlosigkeit, Desorientierung, Frustration), fiel noch augenscheinlicher aus.

Da rauschten – bämm – zwei Schwarze auf Mountainbikes, einer mit rosa, einer mit gelber Kappe, beide mit dicken Kopfhörern auf den Ohren, die Berliner Straße hinunter. Nach den Kriterien der international gültigen Popcodes waren das zwei cool aussehende Jungs – vielleicht siebzehn, vielleicht zwanzig Jahre alt, sie standen in den Pedalen, fuhren so schnell, wie ihre Fahrräder sie trugen. Die Energie, die Kraft, der Übermut, die Agilität, der man als Ortsfremder hätte folgen wollen, sie kam – so sah es in diesem Moment aus – von den Leuten, die aus Afrika und Arabien in die Kleinstadt eingewandert waren. Einer der Jungs rief, als sie auf Höhe der Kreuzung waren, und er freute sich darüber, wie laut seine Stimme auf der Hauptstraße hallte: »Ha!«

Kandidaten / Flüchtlingskrise 2015

Ab Mitte April hingen überall in der Kleinstadt die Wahlplakate.

Noch vor den Plakaten der AfD waren die der NPD aufgetaucht (ekelhafte, nicht zitierbare Wahlslogans). Die NPD-Kandidatin Lore Lierse – von Beruf: Hundefriseurin und Züchterin von Riesen-, Mittel- und Zwergschnauzern, lange im Mühlenbecker Land im Süden des Landkreises aktiv – hatte, so war in der *Märkischen Allgemeinen* zu lesen, erst kürzlich ihren Wohnsitz nach Zehdenick verlegt. Im Stadtparlament spielten die Wählergemeinschaften eine entscheidende Rolle (Bürger für Zehdenick, Gemeinsam für Zehdenick, Wählergemeinschaft Schorfheide).

Die Bürgermeisterwahl galt als erstaunlich offen. In der Kleinstadt wurde, wie sooft in der Provinz, nicht die Partei, sondern der Kandidat gewählt (die Mitgliedschaft in einer der ehemaligen Volksparteien, der Merkel-Partei oder der Loser-Partei SPD, stellte eher einen Nachteil dar – auch der langjährige Bürgermeister Arno Lobenstein war, erst nachdem er ins Amt gewählt worden war, der SPD beigetreten). Der Posten des Bürgermeisters galt, disproportional zu seiner tatsächlichen politischen Entscheidungsmacht, als wichtig – die Zehdenicker interessierten sich dafür, wer ihre Kleinstadt nach außen vertrat. Der gebürtige Zehdenicker Lobenstein, langjähriges Mitglied beim

Fußballverein Zehdenick 1920, hatte es in seiner fünfzehnjährigen Amtszeit zu einer nahezu hundertprozentigen Bekanntheit in der Stadt gebracht, er wurde als Kumpel, als fairer Freund, aber auch als kluger Strippenzieher und Verhandler geschätzt und von der ganzen Kleinstadt geduzt.

Check der Plakate der Bürgermeisterkandidaten – der Reporter hatte sich vorgenommen, sich in diese Wahl voll hineinzusteigern. Entschuldigung, aber was konnte es Spannenderes geben als die Frage, welchem Gesicht, welchem Typ Mensch, welcher Lebensgeschichte die rund sechstausend Wahlberechtigten der Kleinstadt am ehesten vertrauen und ihre Stimme geben würden?

Der Kandidat der CDU: Auf den Plakaten strahlte einem ein offenes und klares Handwerker-Gesicht entgegen. Joseph Runge, Mitte fünfzig, in der Kleinstadt geboren, der älteste von drei Brüdern, der Selfmademan, Immobilientycoon, seit fünfzehn Jahren für die CDU im Stadtparlament. Schon 1984, zu Ost-Zeiten, hatte er sich als Schrotthändler selbstständig gemacht, 1993 das Fitnessstudio eröffnet, seither klug mit dem Kauf und Verkauf von Häusern und Grundstücken jongliert (dem CDU-Kandidaten gehörten zahlreiche Mietshäuser, das Gelände am Fitnessstudio, noch ein Komplex oben an der Postkreuzung, das Spielcasino in der Dammhaststraße).

Wie der letzte Amtierende Arno Lobenstein wurde auch der Kandidat Joseph Runge von der ganzen Stadt geduzt, er galt als sympathisch bodenständig geblieben (im Stadtbild war er stets in blauen Arbeitslatzhosen zu sehen). Ging es um andere Fragen als die Politik und das Geschäft, rief Joseph gerne mal seine Ehefrau zu Hilfe: »Da fragst du besser meine Kerstin.« Runges Riesenproblem – vielleicht sogar die Schwäche, die ihn letztlich den Sieg kosten konnte – war, dass der CDU-Kandidat für Erfolg, für Profit, für den Kapitalismus, also für die aus dem Westen importierten Krankheiten stand – er galt manchen, eventuell gegen alle belastbaren Tatsachen, als Miethai (o ja, im Osten war das Misstrauen gegen erfolgreiches Unternehmertum immer noch groß). Ein weiteres für Runge nicht zu unterschätzendes Problem bestand darin, dass er sich nie als sonderlich begabter Fußballer hervorgetan hatte.

Siegfried Stramm, der Kandidat der SPD: also gut. Ein ordentlicher Mann – auf den Plakaten nahm er die klassische »Ich bin euer Kleinstadt-Bürgermeister«-Pose ein, ein wenig so, als sei er längst in Amt und Würden. Mit seiner herausgestreckten Brust, dem Seitenscheitel, dem Schnurrbart und dem ein wenig verrutschten Lächeln hatte Stramm – man musste gar nicht bösen Willens sein, damit einem dieser Vergleich einfiel – Ähnlichkeit mit dem Komiker Helge Schneider.

Stramm, ebenfalls Mitte fünfzig, in einem der zum Stadtgebiet gehörenden Dörfer geboren, hatte zu Ost-Zeiten in der HO-Halle der Kleinstadt gearbeitet, gleich nach Mauerfall, im Dezember 1989, den SPD-

Ortsverein von Zehdenick mitgegründet, sich nach der Wende beruflich neu orientiert und dabei Elan und Charakter bewiesen (Fernstudium der Betriebswirtschaft – das waren die viel zitierten gebrochenen Erwerbsbiografien und nicht anerkannten Lebensleistungen). Er war ein herzensguter Typ, gerne schwadronierend, ein wenig lispelnd, wie es sich für einen gebürtigen Brandenburger gehörte, oft suchte er, auf eine Art, bei der man aufpassen musste, ihm nicht voreilig zu Hilfe zu kommen, nach den passenden Worten. Der Makel und der Vorteil des SPD-Kandidaten lagen kurzerdings darin, dass ihn die Leute kannten. Es hieß: »Das ist doch der, der früher in der Kaufhalle die Flaschen angenommen hat.« Des Kandidaten wohl entscheidendes Problem aber war, dass er seit gefühlten Ewigkeiten zu den Etablierten und den Verantwortungsträgern im Rathaus gehörte (seit zwanzig Jahren saß Stramm in der Stadtverordnetenversammlung, seit fünf Jahren als ihr Vorsitzender). Der Reporter mochte den SPD-Kandidaten und dessen joviale und schwungvolle Freundlichkeit. Wir hatten einen Draht.

Fred Sonnenkranz, hochinteressanter Typ, das war der Parteilose. Auf den ersten Blick versammelte dieser Kandidat gleich vier Eigenschaften, die ihn zum Außenseiter, zum Proporzkandidaten, zum praktisch Chancenlosen abstempelten: Sonnenkranz war Ex-Grüner, er stammte aus dem Westen (gebürtig vom Niederrhein, seit 1981 in Berlin, seit fünfzehn Jahren mit Wohnsitz im Dorf Klein-Mutz, wo er es, immerhin, schon zum Dorfvorsteher gebracht hatte), er war studiert (Diplom-Ingenieur), und er war schwul (in der

Art offen schwul, wie man es heute als Politiker ohne Weiteres sein konnte). Auf den Plakaten – Slogan »Offen, unabhängig, glaubwürdig« – sah man einen angenehmen, auch angenehm gut aussehenden Mann (Holzfällerhemd, kurze, graue Haare, Vollbart), wie Männer, die Männer mögen, in westlichen Großstädten, von Berlin bis New York, eben aussahen.

Sonnenkranz, Ende fünfzig, arbeitete in einem Büro für Landschaftsplanung in Prenzlauer Berg, in seinem Dorf Klein-Mutz betrieb er einen als »schwules Hofprojekt« ausgeschriebenen ehemaligen Bauernhof, wo er an jedem ersten Samstag im Monat zu Kaffee und Kuchen einlud und – holla – immer wieder auch zu Nacktpartys (Termine im Internet abfragbar, die nächste Nackt- und Fetischparty stieg am 3. August). Den »Wowi von Klein-Mutz« (Lokalpresse) betrachteten die Kleinstädter mit kopfschüttelndem und wohlwollendem Desinteresse, sein Schwulsein war entweder kein Thema oder, wenn doch, Anlass, eine lässige »Geht mich nichts an, was der Nachbar in seiner Freizeit treibt«-Kleinstadt-Liberalität an den Tag zu legen (»Solange er seiner Arbeit nachgeht und mir nicht auf der Tasche liegt, soll er sich im Bett vergnügen, mit wem er will«). Auf den wenigen Podiumsdiskussionen zur Bürgermeisterwahl verkaufte sich der Parteilose als Neuling und Quereinsteiger in der Kommunalpolitik, als Zuhörer, potenzieller Brückenbauer und Türenöffner, behutsamer Durchlüfter und als Kandidat, der zur »Legitimierung und Stärkung des demokratischen Prozesses« antrete.

Sabine B., Bürgermeisterkandidatin der AfD: zu ihr später mehr.

Im Stadtparlament war die AfD, ganz gegen den Trend, bisher noch nicht vertreten – aber schon bei der Bundestagswahl hatte sie im Stadtgebiet 25 Prozent geholt, und für die Stadtverordnetenversammlung trat die Partei mit acht Kandidaten an. In ihrem Lokalteil hatte die *Gransee-Zeitung* im März gefragt: »Rechtsruck in Zehdenick?« Niemand zweifelte daran, dass die AfD in diesem Jahr zum großen Gewinner werden würde, im Gegenteil (diejenigen, die noch gezögert hatten, der AfD ihre Stimme zu geben, wählten sie nun auch deshalb, weil sie Teil einer Gewinnergeschichte sein wollten).

Ein Thema, dem sich alle Politiker der Region stellen mussten – ein echter Aufreger –, war der Protest gegen das Gasbohren. Zwischen Templin und Zehdenick waren riesige Gasvorkommen gefunden worden, eine Firma mit Sitz in den Niederlanden hatte ein Büro in der Kleinstadt eröffnet und mit dem Landrat und dem zuständigen Landesbergamt (dem Bundeswirtschaftsministerium unterstellt) erste Abkommen geschlossen, sie zu heben. Eine Bürgerinitiative war gegründet worden (Vorbild der Bewegung war der Protest gegen das Bombodrom im Nordwesten Brandenburgs vor zehn Jahren), überall in der Stadt und weit in den Landkreis hinein konnte man die roten »Stoppt Gasbohren«-Transparente hängen sehen.

Die Kandidaten hatten erst versucht, das heikle Thema – bei dem mit Fakten wenig, mit Emotionen viel zu holen war – aus ihrem Wahlkampf herauszuhalten, erfolglos: Das Gasbohren war zum bestimmenden Thema des Kommunal- und Bürgermeisterwahlkampfes geworden, die Kandidaten hatten allesamt, mal mehr und mal weniger deutlich, dazu Stellung beziehen müssen.

Und dann – interessante Sache – war in diesen Aprilwochen, gleich nach der Wiederankunft des Reporters, der Widerstand gegen das Gasbohren zum Fetisch, zum Wahlkampfschlager, zum großen Ersatzthema für die eigentlich drängenden, aber vergleichsweise langweiligen lokalpolitischen Themen geworden (Umzug der Grundschule, Neubau des Rewe-Marktes am alten Kaiser's-Parkplatz). Zehdenick erlebte, wie das beim klugen alten Bürgermeister Arno Lobenstein hieß, die »größte Politisierung seit Jahrzehnten« (das war natürlich nicht nur negativ, es war vor allen Dingen erst einmal ein Phänomen, das sich nicht ignorieren ließ). Das Gasbohren, so schien es in diesen Aprilwochen, war die perfekte Gefahr – der Protest dagegen wie gemacht für eine Kleinstadt in Ostdeutschland im dreißigsten Jahr nach der Wende (die Feindbilder und Schreckensszenarios hießen Profitgier, Kapitalismus, Ausbeutung der Natur). Die Leute in der Kleinstadt fragten sich gegenseitig: »Wo stehst du? Bist du bei den Guten, oder bist du bei den Bösen?«

Nächster Akt im Gasbohren-Drama: Gut und Böse verwischten – die Leute von der Bürgerinitiative, die von einem traditionell linken, aufklärerischen, ökobewussten Selbstverständnis kamen, hatten plötzlich das Problem, dass sich ein gewichtiger Teil der Rechten, NPD und AfD, an den Anti-Gasbohren-Zug dranhängte. Der parteiübergreifende Slogan, gegen den kein Lokalpolitiker mehr Wahlkampf machen konnte, lautete: »Heimat bewahren, Gasbohren stoppen«.

Superlustiges Mittagessen bei Schröder: Der Reporter hatte Raul, wie so oft, um seine Einschätzung der Lage gebeten.

Die Anti-Gasbohren-Bürgerinitiative hielt Raul für eine klassisch postfaktische Bewegung, für eine »Sternstunde der Faktizität von Facebook-Artikeln und YouTube-Filmen«. Viel Meinung, wenig Ahnung, viel Ressentiment, viel klassisches Wutbürgertum. Ein klassischer, wunderbar zugespitzter Raul-Kommentar: »Lass einen messerstechenden Afghanen kommen, und die ganze Gasbohr-Nummer fällt in sich zusammen.«

Raul, mit dem Löffel in der Gulaschsuppe – er redete sich in Rage, zeigte jetzt, als er so über seine belämmerten Mitbürger schimpfte, eine Kleinstadt-Abgeturntheit, die sich über Jahre aufgestaut hatte: »Schau mal auf die Facebook-Seiten der Leute, die jetzt gegen das Gasbohren den Mund vollnehmen: Da steht ein Artikel übers Gasbohren, zwei Bilder weiter unten geht es schon wieder gegen die islamistische Flut und die deutsche Bevölkerung, die ausgetauscht werden soll.«

Geil, geil, der eiskalte und illusionslose Blick, der Zynismus – in dem Fall der von Raul – konnten so ein wunderbarer, ein erkenntnisreicher Spaß sein.

Und noch eine maßgebliche Veränderung der letzten Jahre hatte Raul beim ersten Treffen noch nicht für nötig befunden, vor dem Reporter zu erwähnen – es war, natürlich, die Einrichtung eines Flüchtlingswohnheims in der Kleinstadt gewesen. Es war eine Geschichte, die der Reporter – anders als etwa die Schließung des Großen Ratskellers, über die sich so wunderschön schwelgen und trauern ließ – nicht so ohne Weiteres und schon gar nicht bei den zufälligen Begegnungen mit den Kleinstädtern erzählt bekam.

Hier musste also – wie hieß das gleich? Ach ja – recherchiert werden. Fazit aus zahlreichen Gesprächen, die der Reporter mit Runge, Stramm und Sonnenkranz, den Kandidaten zur Bürgermeisterwahl, mit dem Diakon und mit dem Pfarrer der Kleinstadt geführt hatte – nötig war ein kurzer Rückblick auf das für die Wiedergeburt der AfD (nachdem sie sich als Anti-Euro-Partei schon erledigt hatte) und das Schicksal der Kanzlerin Merkel so entscheidende, längst symbolische Flüchtlingsjahr:

Im März 2015 waren die ersten 25 Flüchtlinge in der Kleinstadt eingetroffen (aus Syrien, Albanien und aus dem Tschad), die Zuteilung des Landkreises war von einem Tag auf den anderen erfolgt – sie wurden in einem frei stehenden Plattenbaugebäude im ehemaligen Oberstufenzentrum am Wesendorfer Weg untergebracht (außerhalb der Altstadt gelegen, aber doch noch zum Stadtgebiet gehörend).

Nun spielte sich ab, was sich so oder sehr ähnlich wohl in vielen Gemeinden und Städten im Flüchtlingsjahr 2015 abgespielt hatte. Der Bürgermeister Arno Lobenstein stellte sich demonstrativ auf die Seite der Asylbewerber: »Die brauchen unsere Hilfe, die sind bei uns willkommen« (bis heute kursierte die vom Ex-Bürgermeister nicht bestätigte Geschichte, dass Lobenstein auf jeden einzelnen der 25 Ankömmlinge aus Afrika und Arabien zugegangen war, ihm die Hand hingehalten und das Du angeboten hatte). In Zehdenick gründete sich eine Willkommensinitiative, vom Pfarrer der evangelischen Gemeinde ins Leben gerufen. Bis Ende des Jahres leitete das Landratsamt etwa zweihundert weitere Asylsuchende nach Zehdenick, von Anfang an setzte die Stadt, wie auch andere Gemeinden, auf dezentrale Unterbringung (diese Politik sah vor, die Zeit im Heim möglichst kurz zu halten, stattdessen sollten die Asylbewerber in adäquaten Wohnungen in der Altstadt und in den Neubauten ein Zuhause finden). Jetzt, im April 2019, war noch etwa ein Drittel der sich in der Kleinstadt aufhaltenden Flüchtlinge im Wohnheim untergebracht.

Sehr früh, gleich im März 2015, organisierten sich auch diejenigen Bürger in der Kleinstadt, die mit dem Flüchtlingsheim nicht einverstanden waren (es ließ sich jetzt, im Rückblick, auch sagen: Es formierte sich der rechte, von AfD und NPD gestützte und für ihre politischen Ziele genutzte Widerstand der Kleinstadt).

Die Nein-zum-Heim-Bewegung rief jeden Freitagabend zu den sogenannten »Abendspaziergängen« auf. Bis zu zweihundert Heim-Gegner, viele von ihnen aus dem Landkreis, aus Oranienburg, Velten, Henningsdorf angereist, zogen mit Brandenburg-Fahnen, mit Fackeln und Transparenten (»Wir sind das Volk«) durch die Zehdenicker Innenstadt, versammelten sich zu Kundgebungen auf dem Rathausmarkt.

Im Mai 2015 hielt ein in Zehdenick stadtbekannter radikaler Flüchtlingskritiker eine Brandrede (der Reporter erschrak, als er das Video zum ersten Mal auf YouTube sah: Der Redner war der, mit dem ich mir beim Boxtraining vor zehn Jahren, wie in *Deutschboden* geschildert, eine handgreifliche, nach den Regeln des Boxsports extrem unfair ausgetragene Auseinandersetzung geliefert hatte). Des Flüchtlingsgegners heisere Stimme: »Solidarität, Stärke, Anstand, Recht. (…) Guten Abend, Zehdenick. (…) Ich bin sehr erfreut, dass so viele Bürger den Weg hierher gefunden haben, ein Zeichen zu setzen, gegen diese selbstzerstörerische, beängstigende Entwicklung in allen Teilen unseres Landes.«

Die Facebook-Seite »Nein zum Heim Zehdenick« ging im November 2015 online (als Motto ein Zitat des Dichters Ernst Moritz Arndt aus dem Napoleonischen Befreiungskrieg von 1813: »Ein Volk, das sich einem fremden Geist fügt, verliert schließlich all seine guten Eigenschaften und damit sich selbst«). Des Weiteren: Der damalige stellvertretende Vorsitzende der AfD in Brandenburg, Andreas Kalbitz, und der Vorsitzende und AfD-Landtagsabgeordnete aus dem Wahlkreis Oberhavel, Andreas G., traten im Dezember 2015 vor rund hundert Zuschauern im Sportlerheim in Zehdenick auf (Thema der Veranstaltung: »Asylchaos beenden – Rechtsstaatlichkeit wiederherstellen«).

Für große Empörung und für allerhand politischen Zündstoff – ein Vorfall, der in der Kleinstadt bis heute immer wieder zitiert wurde – sorgte die von keiner offiziellen Stelle je bestätigte Geschichte von drei Asylbewerbern, mutmaßlich aus Ghana oder aus dem Tschad, die, als sie an der Aldi-Kasse auf der Falkenthaler Chaussee beim Klauen erwischt wurden, erklärt hatten: »Zahlt alles Frau Merkel.«

Konnte das angehen, dass Ausländer, anders als die brav arbeitenden, ihre Steuern zahlenden und mit ihrer schmalen Rente rechnenden Zehdenicker Bürger, mit Duldung von höchster Stelle im deutschen Staat in Supermärkten nicht bezahlen mussten? Der Landrat sah sich schließlich genötigt, sich einzuschalten und die Kleinstadt darüber aufzuklären, dass ein Dekret, das Asylsuchende dazu berechtigt, in Supermärkten zu klauen, nie existiert hatte.

Zum Hit-Video des Jahres, geteilt unter Rechten und jenen, die trotz ihrer rechten Gesinnung auch mal über Rechte lachen wollten, wurde das YouTube-Video »Frau aus Gransee sagt ihre Meinung«: Hier war eine Dame im Rentnerinnenalter mit lila Wattejacke neben Fahnenträgern vor dem Zehdenicker Rathaus zu sehen.

Die alte Frau griff zum Mikro. Eisenharter Oberhavler Dialekt: »Ich komme aus Gransee. Wir haben auch viele Ausländer hingekriegt (sic!), überwiegend junge Männer, 57 Stück. (…) Beim Osterfeuer sind sie die jungen Mädels schon angegangen, sodass die Polizei eingreifen musste. (...) Bei Aldi haben sie geklaut. Bei Netto haben sie ooch geklaut.« (Zwischenrufe aus dem Publikum: »Jawohl!« und »Das geht nicht!«) »Man hört das alles nur hintenrum. Die Zeitungen schreiben nichts davon.« Rentnerin mit Mikro am Marktplatz, jetzt sehr laut ins Mikrofon rufend: »Wir werden mundtot gemacht. Wir dürfen nichts sagen. Früher mussten wir schon die Schnauze halten und durften nicht uffmucken.« Große Zustimmung im Publikum. »Und jetzte werden wir ja immer noch mehr unterdrückt.« Die Rede endete mit den Worten, die maßgeblich für die Popularität des Videos gesorgt haben mochten: »Ich habe kein neues Fahrrad – ich fahre immer noch mein altes DDR-Fahrrad. Wenn Frau Merkel mal nach Meseberg kommt, dann will ich sie bitten, dass sie mir mal ein neues Fahrrad schenken tut.«

Ein Zwischenfazit konnte jetzt, zur Zeit des Besuchs des Reporters, gezogen werden. Eine Tatsache war, und diese war für die Geschichte des Flüchtlingswohnheims in Zehdenick, die letztlich eine Erfolgsgeschichte war, erheblich: Es war in der Kleinstadt friedlich geblieben. Es hatte keine Hetzjagden (zumindest keine polizeibekannten Hetzjagden), es hatte bis heute keinen Brandanschlag auf das Flüchtlingsheim gegeben.

Stattdessen waren in der Integration der Flüchtlinge schon 2016 greifbare Erfolge zu verzeichnen gewesen – die Mehrzahl der in Zehdenick lebenden Asylsuchenden ging mittlerweile einer Arbeit nach (wenn auch oft nur einer prekären Arbeit), einige waren beispielsweise beim bekannten Schuhhersteller Trippen oder bei der A bis Z Oberflächenveredlung in Zehdenick beschäftigt. Im April 2019 dann hatte die Zahl der sich in der Kleinstadt aufhaltenden Asylbewerber mit 212 einen zwischenzeitlichen Höchststand erreicht – aber komisch: Es bekam niemand so richtig mit.

Ein Widerspruch, ein Phänomen: Die Aufregung über das Thema Flüchtlinge war im Jahr 2015 und in den darauffolgenden Jahren weitaus größer gewesen, als sie es heute war, und das, wie gesagt, obwohl sich im Frühjahr meiner Recherche nicht weniger, sondern mehr Asylsuchende in der Stadt aufhielten als je zuvor. Die Erregung war bei der überwiegenden Mehrheit der Zehdenicker von einer mehr oder weniger freundlichen Gleichgültigkeit abgelöst worden, nach dem Motto: »Sind da, stören niemanden, lass sie machen.« In der Kleinstadt, die in den Neunzigerjahren eine rechte Stadt gewesen war – genauer: eine wirklich wilde rechte Stadt, in der die Glatzen Terror ausgeübt hatten auf den Alltag der Einwohner –, hier war das schon ein Ding.

Raul schickte eine Sprachnachricht, wie er das jetzt öfter tat. Es hatte sich zwischen uns das alte Selbstverständnis eingestellt, dass man jeden Tag irgendwie nacheinander schaute. Er meldete sich zur Mittagszeit, gegen zwölf – das war seine Aufstehzeit, wenn er ausschlafen konnte und seine Spedition ihn in der zurückliegenden Nacht auf Spätschicht geschickt hatte. Hörte ich erst später von Raul, also erst gegen 14 Uhr, dann war er gerade von der Frühschicht zurückgekehrt und hatte schon um vier Uhr morgens im Lkw gesessen: »Käffchen?« Wir verabredeten uns für zwölf Uhr zum Mittagstisch in der Kneipe Schröder.

Zehdenick, das war also nun schon im fünften Jahr in Folge eine der vielen deutschen Flüchtlingsstädte, und – wie wunderbar – die Menschen hier kamen mit der ja doch irgendwie deutlich sichtbaren Veränderung mehr oder weniger gut, zumindest aber ohne großes Aufsehen klar.

Da lief – scheiße – ein nicht anders als eisenhart zu bezeichnender Handwerker mit Bierflasche die Berliner Straße hinunter, den Schriftzug »White Pride« in blauer Runenschrift auf den Hinterkopf tätowiert. Fuck!

Als Fußgänger, der eine Strecke von mehr als fünfzig Metern über einen Bürgersteig lief, fiel man in der Kleinstadt auf – logischerweise, weil nur die Alkoholiker, die ihren Führerschein hatten abgeben müssen, und die Flüchtlinge, die nie einen Führerschein besessen hatten oder deren Papiere in Deutschland keine Gültigkeit besaßen, nicht Auto fuhren und zu Fuß gingen.

Szenen, die in meiner Kleinstadt des Jahres 2019 auch möglich waren – oder noch mal anders ausgedrückt, auch das waren Alltagsszenen im Städtchen des Frühjahrs 2019:

Zwei geschätzt aus Tschetschenien stammende Frauen mit Kopftuch – die eine im langen grauen, die andere im langen schwarzen Kittel, ihre Einkaufstüten in der Hand, langsam, gemessenen Schrittes, die Blicke auf den Bürgersteig gerichtet, am Bräunungsstudio Sunline vorbeiziehend. Drei Araber-Jungs, alle drei in ihre Handys guckend, einer mit Iro – sie sahen nach Flucht über die Balkanroute aus, nach Hauptbahnhöfen in Westdeutschland, nach Sozialhilfe und nach brutal öden und leeren Tagen ohne Arbeitserlaubnis. Ein besonders niedliches Schulmädchen, geschätzt aus dem Iran, um die zwölf Jahre alt, mit Zöpfen und Schulranzen (rosa Einhorn und Aufschrift »I Love Fluffy«) auf dem Rücken, sie schob ihr Kinderrad den Bürgersteig entlang. Eine Kleinfamilie, Mama, Papa, Kind, geschätzt aus Eritrea, sie trug Kopftuch, er ein Basketball-Trikot der L. A. Lakers, auf der Zugbrücke. Er nickte dem Reporter zu.

Und eine ziemlich harte Szene: Vor dem Istanbul-Imbiss saßen vier, fünf Jungs, alle um die dreizehn oder vierzehn Jahre alt, auf ihren BMX-Rädern, sie hänselten einen offenbar geistig verwirrten schwarzen Jungen. Die BMXler fuhren vor und zurück, sie spuckten und bellten dem schwarzen Jungen Beleidigungen entgegen, blieben aber gleichzeitig immer auf mindestens zwei Meter Abstand – eine Szene wie aus einem Fünfzigerjahre-Film. Der Gehänselte – unter Druck, mit dem Rücken zur Hauswand, er trug ein »Brazil«-T-Shirt, die nackten Füße in Schlappen – tänzelte nervös, machte merkwürdige Handbewegungen, rief: »Weg! Weg! Weg!«

Und noch mal die Wahlplakate. Auf das Großplakat der SPD auf der Castrop-Rauxel-Allee hatte jemand – sehr klassische Anti-SPD-Demagogie, wie zu Zeiten der Weimarer Republik – mit schwarzer Farbe »Verräter« geschrieben. Auf der Berliner Straße war auf fünf oder sechs Plakaten, die auf den eineinhalb Kilometern der Hauptstraße hingen, das Gesicht der noch als Bundesjustizministerin amtierenden, von allen irgendwie gemochten, als einer der letzten Sympathie- und Hoffnungsträger der SPD ausgewiesenen Politikerin Katarina Barley aufgetaucht – sie bewarb sich als Spitzenkandidatin der SPD für das Europaparlament. Der windelweiche, an die neo-hippieesken Rave-Slogans der frühen Neunzigerjahre erinnernde Wahlslogan unter ihrem ansonsten sehr angenehm, modern und sympathisch wirkenden Gesicht lautete: »Kommt zusammen für Europa«.

Doofe Frage an Raul: War Europa, war das Schicksal Europas im Jahr, in dem eine europäische Allianz der Rechten – von Orbán über Kaczyński und Le Pen bis zu Salvini – sich daranmachte, der europäischen Idee den Garaus zu machen, hier in der Stadt jemals Gesprächsthema gewesen?

Wie sooft war Raul imstande, eine in der Kleinstadt vorherrschende Stimmung und Meinung in wenigen Sätzen zusammenzufassen und zu referieren (oder zumindest die in seinen Kreisen vorherrschende Stimmung), ohne damit auch nur einen Satz seiner persönlichen Meinung preiszugeben. Genau genommen war es auch möglich, dass Raul, ganz gleich, wie politisch und dezidiert sein Vortrag sich anhörte, seinen persönlichen Standpunkt immer für sich behielt.

Also noch einmal die Frage: ob in den Kneipen, den Wohnzimmern und auf den Straßen der Kleinstadt ab und zu auch über Europa geredet wurde?

Wir saßen an einem Tisch vor dem Eiscafé. Raul stellte die Kaffeetasse auf die Untertasse, er guckte den Reporter durch die Gläser seiner schwarzen 59-Cent-Sonnenbrille an: »Es interessiert absolut …« Raul verlangsamte seine Sprechgeschwindigkeit, er nahm die Brille ab – ich sah plötzlich, dass er übernächtigt war und Schatten unter seinen Augen lagen: »Es interessiert absolut überhaupt niemanden.« Rauls kopfschüttelnde Nachfrage: »Was hättest du gedacht?«

Er habe in dieser Woche Spätschicht, erklärte Raul, da komme er immer spät, ganz selten vor sechs Uhr früh ins Bett. Gestern sei er wieder auf vier, fünf, sechs Mischgetränke – Bacardi Cola, Whisky Cola – im Scheißladen hängen geblieben, ein ganz normaler, absolut verkommener, absolut herrlicher Dienstagabend mit allen klassischen Zutaten (Suff, Bullshit, dusselig labern, immer knapp an der Hauerei vorbei). Das Bis-in-die-Puppen-Saufen und Im-Morgengrauen-immer-noch-einen-Bestellen, das war, so fiel dem Reporter jetzt auf, auch so ein spezielles Ost-Ding (die 48-Stunden-Partys im Techno der Neunzigerjahre hätte es ohne die ostdeutschen Bundesländer nie gegeben).

Und hier noch einmal ganz deutlich die Einschätzung von Raul: Niemand, wirklich überhaupt niemand spreche in der Kleinstadt von Europa. Wenn doch, dann stehe Europa für alles Schlechte, Korrumpierte und Kaputte in der Politik, für die Bonzen, Lobbyisten, Bürokraten, das ganze Verarschungsprogramm.

Auf der vor uns liegenden Bühne der Hauptstraße kam jetzt der Kurze angefahren. Er saß, verrückter Anblick, auf einem fliederfarbenen Damenfahrrad, an dessen Gepäckträger Satteltaschen der NVA angebracht waren (das Camouflage-Muster in NVA-Erbsengrün, so Raul, hatte zu DDR-Zeiten im Volksmund »Ein Strich – kein Strich« geheißen): Der kleine Mann und das damenhafte Rad mit dem großen, weichen Damensattel ergaben zusammen eine irgendwie lächerliche Erscheinung, sie stellte das Martialische des Kurzen allerdings auf eine für ihn gewinnbringende und interessante Art infrage (man hätte denken können: Wer die Nerven hatte, auf so einem lächerlichen Gefährt unterwegs zu sein, der konnte so schlecht nicht sein).

Er stieg nun von seinem Fahrrad ab, klappte den Fahrradständer auf, hatte dahinten auf den Satteltaschen irgendetwas rauszunehmen oder festzuziehen. Er, Kurzer, der ein weißes T-Shirt mit der Aufschrift »Glaserei Karl Krumbiegel & Söhne« und eine weiße Arbeitshose mit Reflektor-Streifen trug, stand jetzt extrem breitbeinig und mit durchgedrücktem Kreuz an seinem Fahrrad, beim Herumschuften und Herumzerren an den Satteltaschen traten die Adern auf seinem Hals hervor. Mit seinem kurz rasierten, weiß gefärbten

Bürstenschnitt und dem schmalen, wendigen Körper sah er, wie immer, blitzgefährlich aus und ließ für einen Moment offen, ob er mich überhaupt begrüßte:

»Sag, Moritz, stimmt dit, wat man überall hört, dass du uns jetzt – gleich wieder für so ein ganzes Drei-Monats-Sabbatical – auf den Sack gehen willst?«

Ich musste lachen. Auch so eine Spezialität des Kurzen, dass er in derselben Sekunde gefährlich wirken und dabei ganz lustige Dinge sagen konnte. Raul grüßte seinen alten Bekannten. »Rinnejehaun«, rief der Kurze, schwang sich auf sein fliederfarbenes Rad, und schon rauschte er wieder gen Postkreuzung davon.

Raul, Kaffee trinkend: »Ein Anblick, der zu Zehdenick gehört wie die Havel oder das Rathaus: Immer frühmorgens und immer zur selben Nachmittagszeit wirst du ihn auf dem fliederfarbenen Fahrrad seiner Oma durch die Stadt rauschen sehen.« Naheliegende Erklärung, warum der Kurze nie in einem Auto oder einem Transporter unterwegs war: Seinen Führerschein hatte er schon vor Jahren bei einer Suff-Fahrt verloren, und er hatte seither nicht den Nerv gehabt, sich den Erniedrigungen der medizinisch-psychologischen Untersuchung zu unterziehen. Und Raul schloss, mit einem freundlichen Kopfschütteln: »Unser Kurzer, unser Spezialist mit den drei Buchstaben auf dem Unterschenkel.«

Richtig, als ich dem Kurzen zum ersten Mal begegnet war – es war eines Sommerabends vor zehn Jahren an der Aral-Tankstelle, die Jungs von der Aral-Gang hatten uns vorgestellt –, hatte ich all meinen Mut zusammengenommen und ihn gleich beim ersten Händeschütteln gefragt, was einen reiten musste, sich die drei Buchstaben »OST« auf den Unterschenkel tätowieren zu lassen.

»Ich hätte mir auch die drei anderen Buchstaben auf den Schenkel machen können, aber das hätte ich dann doch ein bisschen dolle gefunden«, hatte der Kurze erklärt, während seine flache Hand über die kurzen blondierten Haare strich. Und er hatte mit einem spitzen Lächeln gefragt, ob mir denn klar sei, welche Buchstaben mit »die anderen drei« gemeint sein könnten. Erklärung der Kurze: »Na, die drei Buchstaben, mit denen der Staat abgekürzt wurde, in dem ich aufgewachsen bin.« Und der Reporter hatte spätestens mit dieser Bemerkung verstanden, dass hier soeben eine komplizierte Beziehung losgegangen war und sich mit diesem Typen weiter auseinandergesetzt werden musste. »Weeßte«, hatte der Kurze nicht aufgehört, sich zu erklären, und im Folgenden eine Feststellung gemacht, an der kein vernünftiger Mensch einen Zweifel haben konnte: »Es gibt, nach meinem Dafürhalten, keinen Grund, sich dafür zu entschuldigen, dass wir hier der Osten Deutschlands sind.« (Und ich hatte mich, wozu so eine Aral-Tankstelle ein idealer Ort war, wieder dem Geplapper der anderen Jungs zugewendet und gedacht: Ganz schön aggressive, gleichzeitig wehleidige und melodramatische Erklärung, aber natürlich auch geil.)

Und was dachte Raul denn nun wirklich ganz persönlich über Europa? »Das ist eine tolle Idee. Es ging nur leider zu viel daneben: die Schere zwischen Arm und Reich, solche Sachen.« Er ließ die Sonnenbrille wieder runter auf seine Nase rutschen. »Es gibt bis heute keinen europaweiten Mindestlohn.«

»Ach komm, lass gut sein mit Europa!«, sprach nun Raul in einer plötzlich neu ansetzenden und wegwerfenden Stimmung. Er pulte eine neue West Ice aus der Packung, weil Zigarette-aus-der-Packung-Pulen, wenn er nicht gerade Döner Kebab oder das Hamburger Schnitzel der Kneipe Schröder im Mund hatte, immer gut kam.

Entschuldigung, aber vielleicht noch eine Frage zur EU-Spitzenkandidatin. Raul wurde nun, mit Blick auf das Wahlplakat der Katarina Barley, das vor dem Eiscafé hing, gebeten zu erklären, was ihm zum Gesicht der SPD-Spitzenkandidatin für das Europaparlament einfiel. Raul guckte der echt nett aussehenden, der mit aller Kraft Hoffnung ausstrahlenden SPD-Kandidatin in die Augen, dachte zwei Sekunden nach und sprach: »Also: Behörde. Aber mit Ambition auf einen höheren Posten.«

Und Raul kramte rasch sein Smartphone hervor, weil er eigentlich bei jedem Thema kontrollierte, was sein Smartphone dazu an Hintergrund zu liefern hatte, und las den letzten Kommentar auf der Instagram-Seite der EU-Kandidatin vor. O-Ton Katarina Barley: »Ich habe einen deutschen und einen britischen Pass.

Meine Familie verbindet mich mit den Niederlanden und Spanien, ich lebe in Nachbarschaft von Luxemburg, Frankreich und Belgien. Zusammengefasst: Ich bin Europäerin vom Scheitel bis zur Sohle.«

Raul, Sonnenbrille tragend, er nahm jetzt die ganze Breite der Hauptstraße der Kleinstadt in den Blick: »Tja, ich habe keinen britischen Pass, nur einen deutschen.«

Hauptstraße, später

Letzte Tage im April. Innenminister Horst Seehofer bekam für etwas, für das man sich den Namen »Geordnetes Rückkehr-Gesetz« ausgedacht hatte (Abschiebehaft, Kürzungen für Asylbewerber), viel, viel Sendezeit in der ARD und im ZDF. Die Kriminalstatistik meldete das, was Kriminalstatistiken schon sooft gemeldet hatten: Die Zahl der Straftaten ging zurück, das subjektive Unsicherheitsgefühl der Bevölkerung dagegen stieg an, im Widersinn zur faktisch gesunkenen Kriminalität (21,4 Prozent der Deutschen fühlten sich zu Hause unsicher, vor vier Jahren waren es noch 17 Prozent gewesen).

Auf der Facebook-Seite »Bist du ein echter Zehdenicker? Dann rein hier!« (2700 Mitglieder, auf der Seite wurden entlaufene Katzen und Meerschweinchen, Diebstähle, Einbrüche, Verkehrsunfälle und Polizeieinsätze gemeldet) sorgte ein Hubschrauber, der stundenlang über den Neubauten kreiste, für Aufregung.

Die *Bild*-Zeitung machte groß auf mit der Geschichte »Massenschlägerei am Alex: Verfeindete YouTuber gehen aufeinander los«. Was in etwa geschehen war: Zwei YouTuber, ThatsBekir aus Stuttgart und Bahar Al Amood, Mitglied einer libanesischen Großfamilie in Berlin, hatten im Internet eine sich an idiotischen Kleinigkeiten entzündende Feindschaft aufgebaut und schließlich zu einem »Fantreffen« an den Berliner Alexanderplatz geladen. Die verfeindeten Gruppen, rund vierhundert vorwiegend arabischstämmige Männer, waren aneinandergeraten und mit Faustschlägen, Fußtritten und mit Pfefferspray aufeinander losgegangen; die Polizei hatte einen massiven Einsatz fahren müssen (über hundert Beamte, Festnahmen). Die Meldung traf ziemlich genau den Geschmack der Kleinstadt – sie vereinte alle Zutaten, die eine gute Ressentiment-Geschichte im Osten Deutschlands brauchte: Berlin als brandgefährlicher, nahezu unbewohnbarer Moloch, in dem alle Probleme der spätkapitalistischen Gesellschaft kulminierten, der Alex als Kriminalitätsschwerpunkt, der Islam als Religion heißblütiger, arabischer junger Männer (gewaltbereit), Westdeutschland (das weit weg gelegene Stuttgart) als Hinterraum für eine dekadente Kultur (Rap, YouTube), die Polizei, die für sinnlose Gewaltexzesse ihren Kopf hinhalten musste (Verschwendung von Steuergeldern).

Und noch mal ein finsteres Erlebnis im Regionalexpress, irgendwo hinter der Station Nassenheide. Der Reporter irrte durch den Zug, am Fahrscheinautomaten und an den komfortablen neuen Toiletten mit der großen Schiebetür vorbei, die merkwürdigen Trepplein des zweistöckigen Zuges hinauf und wieder hinunter, auf der Suche nach diesen unausdenkbaren Regionalexpress-Figuren.

Was ich sah: viel Langhaar-Fusselbart-*Herr-der-Ringe*-Mittelalter-Festspiele-Filzgaloschen-Posthippie-Esoterik-Freaks (Sweatshirt »Plastic is over«). Viele rasierte Nacken, Nationalsozialismus made in 2019.

Am Automaten dann erblickte ich einen Finsterling mit verschränkten Armen und einem Runenschrift-T-Shirt. Ich blieb, solange das möglich war, in seiner Nähe stehen, konnte die Schrift auf seinem T-Shirt aber immer noch nicht entziffern – schließlich trat ich zu dem Finsterling hin, beugte mich vor, sagte mit freundlich-interessiertem Blick, als sei das Freundlich-interessiert-Fragen-Stellen im Regionalexpress von Oranienburg weiter keine große Sache, die dämlichen Sätze: »Geiles T-Shirt. Ist das ein Rammstein-Tour-T-Shirt?«

Der Junge bekam in Sekundenschnelle einen roten Kopf, sagte nichts, blieb weiter so, schweigend und mit verschränkten Armen und Blick aus dem Fenster, sitzen. Der Reporter aber tat seinen Reporterjob, ein Herr auf der Nachbarbank guckte schon, ob dies eine der Situationen sei, in denen man Zivilcourage zeigen und Hilfe leisten musste. Der Reporter: »Ich wüsste wirklich gerne, was da auf deinem T-Shirt steht. Darf ich mal lesen?« Der Junge, so genötigt, öffnete seine Arme, zog den Saum des T-Shirts nach unten – da stand, in Runenschrift auf schwarzem Grund: »Ich bin und bleibe / Bis ans Ende der Zeit / Ein Kind aus dem Hinterwald.« Um Himmels willen.

Raul saß entweder in seinem Lkw und belieferte Tankstellen in der Prignitz, oder er pennte aus, oder er traf umständliche Sauf-Verabredungen mit seinen Jungs, den Holzgewehren (für eine Verabredung zum Athen-Teller beim Griechen mit vier Holzgewehren brauchte es um die dreißig Sprachnachrichten).

Von Eric bekam ich mit, wie gut ihm das Familienleben tat, ich traf ihn nun öfter in seinem T4-Bus an (was dafür sprach, dass er sich, Stadtrunden drehend, für die zufälligen Begegnungen zur Verfügung hielt). Er fuhr dann immer gerade einen Sack Hundefutter nach Hause, schaute nach »Muttern und Vattern« oder holte seine Tochter vom Kindergarten ab. An Eric war toll, dass er sich, anders als sein Bruder Raul, unentwegt Gedanken darüber machte, welche Hits die Kleinstadt dem Buchautor bieten konnte. So schlug Eric vor, dass ich mit seiner Frau Tessa und ihrem Bäckerbus einmal eine Tour über die Dörfer unternahm; Erics Hitprogramm beinhaltete zum Beispiel auch die Besichtigung der ehemaligen russischen Militärstadt und heutigen Geisterkaserne in Vogelsang, einem Ortsteil Zehdenicks in der Schorfheide (hier waren bis zu ihrem Abzug im Jahr 1994 auf England und Frankreich gerichtete SS-20-Raketen und an die 15 000 Soldaten der sowjetischen Streitkräfte stationiert gewesen).

Das Saunaholz-Farbene meines Hotelzimmers. Am Hotel Lorenz gab es nun wirklich überhaupt nichts auszusetzen (noch einmal, für alle, die das damals missverstanden hatten: Das alte Haus Heimat und die Wirtsleute Wilfried und Bertha Finster hatte ich ja auch schon sehr gemocht). Die Zimmer im Lorenz hatten Blumennamen, mein Zimmer, im ersten Stock des Wirtschaftsgebäudes gelegen, war das Veilchen. Praktisch alle Zimmer waren von Arbeitern belegt, die auf Baustellen in der Region oder bei den zwei, drei größeren Firmen in der Kleinstadt (einem Schuhhersteller, einem Metall- und Kunststofffertiger) beschäftigt waren. Die Möbel sahen nach Landpension im Chiemgau aus (Eiche). Groß geblümte Frottee-Bettwäsche. Klar, für Sauberkeitsneurotiker war der beige Zimmerteppich natürlich eine Herausforderung. Ich ließ mir einen Schreibtisch ins Zimmer stellen. Zwei Fenster. Der Blick aus dem rechten Fenster, vor dem ich tippend saß, ging auf einen rot gefliesten Hof hinaus, eine Kratzputzfassade, ein Wellblechdach, ein mit Moos bewachsenes Ziegeldach, Schornsteine, Regentonne, Wäscheständer.

Hey, hey, super Germany, hey, hey, hey.

Ich lernte, dass ich den Lichtschalter an der Badtür besser nicht benutzte, damit die Lüftung, die sich erst nach zehn Minuten abschaltete, gar nicht erst ansprang (stattdessen besser den Schalter am Badspiegel betätigen). Schaute ich die Kratzputzwand im Hof gegenüber länger als zwanzig Sekunden an, ohne dass ich in meinem Inneren eine extrem robuste, optimistische, menschenfreundliche Gegenerzählung dazu aufgebaut hatte, bekam ich auf der Stelle einen Panikanfall (mit komplettem Schweißausbruch und allem, was dazugehörte). Ich schickte Fotos von meinem Bett mit der groß geblümten Bettwäsche an die vier, fünf Frauen in Berlin, die ich toll fand, schrieb: »Guckt mal, mein Hotel in Brandenburg, eine Stunde von Berlin-Mitte entfernt.« Keine Antwort.

Kathrin vom Hotel Lorenz kümmerte sich rührend um mich. Beim Aushändigen der Schlüssel sprach sie ihren Gast stets in der dritten Person an (»Wann will er

Frühstück haben?«) – einmal, ich hatte einen irgendwie nicht ganz einfachen Wunsch geäußert, sprach sie, diese erste und eloquenteste Hotelfrau der Kleinstadt: »Du sagst, was du brauchst, Moritz, wir machen es möglich.«

Beim Frühstück (helle Brötchen, 1-a-Rühreier, 1-a-Wurstteller mit Paprikaschnitzen) saß der Reporter bei elektrischem Licht. Hinter den auf Mittelalter machenden Butzenscheiben mussten der Friseur Kamm Inn und die Hauptstraße liegen. Ach, überhaupt das Schmiedeeiserne, Eichenholzige, Cordsamtige und Gelblichtige des Frühstücksraums im Hotel Lorenz. An den Tischen des Nebenraums rumorten die Arbeiter. Das Radio spielte Robin Gibbs *Juliet*, das Leben war wüst und sinnlos, und ich kämpfte mit den Tränen.

Wie schon vor zehn Jahren spielte dem Reporter der Faktor Zeit in die Hände (das begeisterte mich regelrecht, dass das immer noch funktionierte), konkret: Ich betrat einen dieser spezifischen Orte der Kleinstadt, die sich unauffällig und vollkommen gewöhnlich ausnahmen (den Kaiser's-Parkplatz, den Brunnen oben in den Neubauten, die große Postkreuzung). Dann kehrte ich zurück, zum zweiten, dritten und zum zehnten Mal, und der Ort fing an zu sprechen – es ging eine Geschichte los, deren Verlauf sich nicht absehen ließ. Auf die Wendung ins Unabsehbare war Verlass.

Zwischendrin hatte ich die Schnapsidee (Reporter-Streber-Anfall), einen Aushilfsjob, irgendeine nur symbolisch bezahlte Arbeit in der Kleinstadt anzunehmen.

Ich beriet mich mit dem alten Bürgermeister, dem Pfarrer und mit Frau Mischke von der Zehdenicker Tafel (Eric verzog das Gesicht, dass ich bei den Frauen der Tafel vorstellig geworden war: »Der Typ, der im Grill Royal Steaks frisst, verteilt Schrippen bei der Tafel? Finde ich komisch«). Raul riet mir, mich an einen sogenannten Hermann zu wenden (so konnte man heutzutage noch heißen?), den Typen vom Spätkauf – vielleicht würde der mir ein paar Stunden von seinem Job abgeben (»Eine ehrliche Haut, kein Lügner, Spinner, Scheiße-Erzähler, der Hermann, ein Ur-Zehdenicker, eine Koryphäe, in der ganzen Stadt bekannt, Ex-Knacki, geschätzte Ende fünfzig, seit der Wende viel arbeitslos gewesen, jetzt hat er seinen Job, immer montags bis donnerstags von zwölf Uhr mittags bis Mitternacht verkauft er Alkohol und Süßigkeiten im Späti«). Aber ich merkte, Raul glaubte selber nicht daran, dass Hermann mir einen Teil von seinem Job abgab.

Boxtraining bei Maik Brunner. Im vergangenen Jahrzehnt hatte der Trainer, so konnte man das sagen, ganze Aufbauarbeit geleistet. Als der Reporter vor zehn Jahren zum ersten Mal in den Saal des Fitnessstudios gekommen war, hatte schon ein engagiertes Training stattgefunden, der Verein hatte aber noch an keinem Wettkampf teilgenommen. Seit der Landesmeisterschaft 2012 stand der Boxring Zehdenick im Boxsport des Landes Brandenburg wieder auf der Karte.

Maik Brunner, der große Blonde mit der schwarzen Trainingsjacke. Brunner war an die Grundschule der Kleinstadt gegangen. Wie in vielen deutschen Städten waren in den letzten Jahren auch in seiner Box-AG Kinder von Flüchtlingen gelandet, und der Trainer hatte sie systematisch gefördert. Heute waren von zwanzig Jungs, die regelmäßig am Training teilnahmen, etwa acht Flüchtlingskinder – sie kamen aus Syrien, Pakistan, Afghanistan, Ghana, Russland und Tschetschenien, sie hießen Abdul Malik, Seladin, Samihullah, Akbar, Bislan, Hassan und Walid.

Der Star des Trainings, wenn auch, naturgemäß, ein kleiner Star, war der aus Pakistan stammende Imran (Kadetten, 48 Kilo). Mit seinen zwölf Jahren hatte er es bereits zum zweifachen Brandenburger Landesmeister und zum Brandenburger Vizemeister gebracht und zu einer auf den ersten Blick vielleicht nur mäßig stark aussehenden Kampfbilanz: 25 Kämpfe, davon acht Siege, vier Unentschieden und dreizehn Niederlagen (er hatte allerdings, und das war bei den Funktionären in Boxsportkreisen entscheidend, fast immer nur starke und ältere Gegner geboxt). Für das Ende des Sommers stand Imrans Wechsel an die Sportschule in Frankfurt (Oder) an. Im Umgang mit seinem Hochbegabten konnte man bei Maik eine besondere Hinwendung beobachten – aber auch bei seinen anderen Schützlingen, ganz gleich, ob sie aus Deutschland, Syrien oder dem Irak stammten, sah man bei Trainer Brunner einen pädagogischen Impetus, der über ein gewöhnliches Sporttraining hinausging.

Unterstützt wurde Brunner vom Mitbesitzer des Fitnessstudios und Geschäftsführer des im selben Gebäude untergebrachten Bowlingcenters David Runge (übrigens der jüngere Bruder des CDU-Bürgermeisterkandidaten Joseph Runge). Das in das Emblem der Trainingsjacken eingestickte Motto des Boxrings lautete: »Mut, Kameradschaft, Disziplin«. Das eigentliche Motto des Boxrings Zehdenick, das von Trainer Maik und seinem Co-Trainer David vertreten wurde, aber hieß: »Bei uns sind alle gleich«.

Des Trainers sehr spezielle Mischung aus Drill und Sanftmut. Er konnte sagenhaft laut brüllen. Und immer wieder kam es zwischen dem Trainer und seinen Schützlingen zu Szenen wie aus Erich-Kästner-Romanen. Einmal sah der Reporter den Trainer, am Rande der Sporthalle, mit dem winzigen Malik (28 Kilo) am Boden hocken und ihm immer wieder geduldig dieselbe Frage stellen: »Warum kommst du zu spät? Malik, sprich mit mir: Warum kommst du zu spät zum Training?«, dann: »Gut, Malik, wenn du deinen Vater zum Arzt begleitet hast, dann ist es etwas anderes« (anrührende Szene).

Einige Klassiker des Trainers, an die alle, die einmal am Training teilgenommen hatten, sich für den Rest ihres Lebens erinnern würden, lauteten:

»Hemd in die Hose!«

Und noch einmal, so ähnlich: »Quatscht nicht, Bandagen wickeln, Mundschutz rein.«

»Das Training geht um 17.30 Uhr los, keine Minute später. Wer nicht pünktlich hier ist, bleibt draußen. Habt ihr das kapiert? Ich wünsche Pünktlichkeit. Ansonsten ist die Tür irgendwann zu. Kein Zutritt mehr.«

Malik und Imran, die sich in einer Ecke auf Russisch miteinander unterhielten, bellte Maik an: »Ihr sollt Deutsch reden. Hört ihr? Ihr seid hier in Deutschland.«

Beim Training von Passgang und Diagonalgang, des Trainers ironische Ansage: »Diagonalgang ist nicht so schwer. Etwa 99 Prozent der Menschen machen ihn. Ganz automatisch.« Genervter Blick auf seinen Boxschüler Elias: »Etwa ein Prozent machen ihn nicht.« Dann Wechsel, Passgang-Training.

Nicht genug kriegen konnte der Reporter von den Ansprachen, die Trainer Brunner zu Beginn der Boxstunden hielt, immer dann, wenn am Wochenende Wettkämpfe stattgefunden hatten (Pathos! Schmerz! Selbstkritik! Alles da). Seine Schützlinge hatten sich in einer Linie vor den Spiegeln aufzustellen, der Trainer tigerte vor den Spiegeln, die Handinnenflächen aneinandergedrückt, auf und ab.

Auszüge aus der Rede des Trainers Maik: »Malik, du hast zwei klare Siege eingefahren. Kannst du stolz drauf sein. Was du dir abgewöhnen musst, ist Überheblichkeit. Fäuste runter – das will ich nicht sehen. Das bringt dich auch nicht weiter. Du bist nicht Muhammad Ali, ihr seid keine Profis, wir machen Amateurboxsport. Hörst du, Malik? Das kann dazu führen, dass du auch mal einen Kampf verlierst, weil das einem Ringrichter nicht gefällt. Du sollst lernen, drei

Runden lang die Deckung oben zu halten. (…) Imran? Ja, schade. Das war kämpferisch stark, keine Frage. Du hattest Schnelligkeitsvorteile. Aber du warst von Anfang an irgendwie verkrampft – wolltest da irgendwas, mit zu viel Kraft. Trotzdem: Kopf hoch, weiter, Erfahrung sammeln. (…) Lukas? Auch Glückwunsch. War ein unbequemer Gegner, mit dem Kopf da immer unten. Du musstest angezählt werden, hast du aber gut weggesteckt. Da kam, was ich sehen wollte, der rechte Aufwärtshaken. Klares Stück, weiter so.«

Zwischen Trainer und Reporter deutete sich an, dass wir nun bald einmal tun würden, was vor zehn Jahren absolut undenkbar gewesen wäre: irgendwo schön zusammen hinsetzen, paar Bierchen bestellen, Zigarettchen dazu und über Politik und das Leben reden und die Frage, wie man als Boxer, der Anfang der Achtzigerjahre für die Jugendmannschaft der DDR geboxt hatte, als Trainer beim Boxring Zehdenick gelandet war und einen Jungen aus Pakistan auf den Wechsel auf das Sportgymnasium in Frankfurt (Oder) vorbereitete. Ich war gespannt.

Dann wieder: ganz andere absolute Reporter-Glücksmomente.

Auf der Hauptstraße, später. Und noch mal später. Es war gegen zwei Uhr mittags an einem Freitag, als in der Kleinstadt längst Feierabend war.

Der Reporter versuchte, möglichst viel am neuen zentralen Ort der Kleinstadt, also am Istanbul-Imbiss, abzuhängen, beziehungsweise: Es war ganz unvermeidlich, dass man hier abhing.

Warum roch Döner eigentlich noch mal so nach Döner? Der Imbiss hatte den Geruch auf der Hauptstraße doch recht deutlich verändert. Es roch, schon gut hundert Meter vor dem Istanbul-Imbiss, genau: nach Döner.

Dann lernte ich Sarhan, den Chef des Istanbul-Imbisses, kennen. Er war klein, schmal, Kette rauchend, wirkte ein wenig übernächtigt, dabei mit allen Wassern gewaschen, nicht unsympathisch. Äußerlich ähnelte Sarhan Kida Ramadan, dem Gangsterpaten Toni in der Serie *4 Blocks*. Wie seine Jungs Ahmet und Ibu stammte Sarhan aus der Zwei-Millionen-Stadt Urfa im Südosten Anatoliens (wenn Raul seine Döner-Box bestellte, dann immer mit den Worten: »Auf ein freies Kurdistan«). Vor zwölf Jahren war Sarhan nach Berlin gekommen, er hatte erst im Wedding, dann in Gransee und in Eberswalde Dönerläden eröffnet, vor zwei Jahren hatte es ihn in die Kleinstadt verschlagen.

Sarhan reichte dem Reporter die Hand, lachend, er sprach: »Mir dir rede ich kein Wort.« Geil. Das war natürlich auch eine vollkommen okaye Ansage.

Sarhan telefonierte, und die folgende Szene spielte sich nun im Döner-Kebab-Imbiss der Kleinstadt ab: Mann, circa 85 Jahre alt, Typ alter Spaßvogel und uralter Rockabilly von der Zehdenicker Ziegelei, trat nach vorne, hielt einen Zettel mit einer handschriftlichen

Notiz über die Theke. Der Alte sprach, in Richtung Ahmet und Ibu, der Jungs mit den Döner-Hütchen:

»Hier, lest dit mal. Wat will ick denn?«

Dabei zwinkerte der Alte dem Reporter zu, der neben ihm an der Theke wartete, als ginge in diesem Moment eine Nummer los, an der nur Eingeweihte Spaß haben konnten. Ibu und Ahmet kamen zusammen, guckten auf den Zettel, bemüht, das Schriftliche zu entziffern – sie scheiterten, gaben den Zettel über die Theke dem Alten zurück. Der drückte jetzt dem Reporter seinen Zettel in die Hand, fragte: »Hier. Kannst du dit lesen?«

Der Reporter las nun laut, in Richtung der kurdischen Bedienungen, eine vergleichsweise gut zu entziffernde, altmodische Handschrift vor: »Ein Döner. VIEL Knoblauchsoße. Keine Zwiebeln.« Ende der Botschaft.

Und der Reporter wiederholte über die Theke, in Richtung der beiden Türken, die ihn anguckten: »Ein Döner. Viel Knoblauchsoße. Keine Zwiebeln.« Der Alte freute sich, wiederholte triumphierend, erst gegenüber dem Reporter, dann in Richtung der Kurden, die längst schon wieder am Dönerspieß beschäftigt waren: »Na! Kann doch nicht so schwer sein! Oder etwa doch? Keine Zwiebeln! Und viel Knoblauchsoße!« Jetzt stampfte das Männchen mit dem Fuß auf, lachte lustig. Die Kurden ließen sich den Zettel noch mal über die Theke reichen, in aller Ruhe, Dönerfleisch mit dem Elektromesser schneidend, den Zettel erneut studierend. Der Reporter wiederholte: »Ganz einfach:

Der Herr möchte einen Döner haben. Mit viel Knoblauch, dafür aber keine Zwiebeln.« Glücklicher Alter, dass im Döner-Imbiss so viel los war. Der Reporter fragte nun den Alten: »Lustig, wer hat den Zettel denn geschrieben? Ihre Frau?« Triumphierendes Männlein, es strahlte den Reporter an: »Na, icke hab dit jeschrieben! Verstehste? Ick mach dit immer so!« Ach so. Ja klar. Kleinstadt-Szenen.

Und die nächste unvergessliche Szene: Aus dem Hinterzimmer des Imbisses, da, wo geraucht wurde und der international gültige absteigende Dreiklang der Spielautomaten zu hören war, tauchte ein Mann auf – roter Kopf, großer Bauch unterm T-Shirt, geschätztes Alter 25. Er hielt eine brennende Zigarette, bellte in Richtung der Kurden: »Ahmet, wat kostet bei dir ein Kasten Bier?« Ahmet guckte nicht, er füllte weiter Fleischstreifen in das Fladenbrot: »Vierzig Euro.« Der Typ, er bemerkte erst jetzt den Reporter, schon wieder in Richtung der Automaten, im geilsten Brandenburger Slang: »Ich will dich nicht heiraten, Ahmet – du sollst mir sagen, wat du für einen Kasten Bier haben willst.« Abmarsch in den Hinterraum.

Und ich stand noch lange, lange auf der Hauptstraße herum und sah nur zu.

Das Weibliche

Im Schröder wetteten sie, dass Notre-Dame schneller wiederaufgebaut sein würde, als sie den Flughafen Berlin-Brandenburg endlich zur Eröffnung fertig haben würden: keine besonders riskante Wette (Heiko ging von Tisch zu Tisch und sammelte die Münzen ein, Wetteinsatz drei Euro).

Begrüßung von hinter dem Tresen:

»Moritz, hau rinn, mein Freund.«
»Rinnejeflattert.«
»Fetz rinn, Moritz.«
»Mauritius!« (Heiko).
»Hingesetzt, alter Junge« (Hansi).

Ich hatte mir die beste Zeit, die definitive Kenneruhrzeit für die rituelle Wiederbegehung der Kneipe Schröder ausgesucht: halb elf vormittags – die erste große Frühstücksrunde war schon durch (Handwerker, die Currywurst, Gulaschsuppe und Hackepeter-Brötchen zum Frühstück verspeisten), gegen elf Uhr würde der erste große Mittagessen-Schwung hereinkommen und das Tagesgericht, das draußen auf Tafeln ausgestellt war, bestellen (Linseneintopf mit Knacker, 3,30 Euro).

Das Schröder – sagte ich das schon mal? –: die beste Kneipe Deutschlands, ein Lokal, in dem, gegen alle Trends in Deutschland, ein komplett ausgelasteter und gesund wirkender Betrieb zu erleben war (ich plante, meinen nächsten runden Geburtstag hier zu feiern, falls sie mich dann hier noch haben wollten).

Der Kneipenmann Heiko (Bleistift hinterm Ohr), sein Vater Hansi: beide unverändert. Beide trugen sie das kurzärmelige weiße Kellner-Oberhemd. Bei Hansi, mittlerweile Mitte siebzig, hatte sich das lässige Schlurfen (Nichtheben der Schuhe), mit dem er die Biergläser und Kaffeetassen an die Tische brachte, vielleicht ein wenig verstärkt. Inge, die Tante von Raul und Eric, die starke Frau im Schröder – sie hatte schon vor zehn Jahren kein Hehl aus ihrer Abneigung, ja Verachtung für den Reporter gemacht und nur das Nötigste mit mir geredet –, war zwischen der Essensausgabe und den Tischen unterwegs.

Sonst irgendwelche Veränderungen? Woher denn – Heiko hatte in den letzten zehn Jahren einmal die Wände gestrichen und im vorderen Raum neue Böden verlegt (Vinylböden, eine OSB-Platte), das alte Linoleum war nach zwanzig Jahren durch gewesen. Ein neues Schild mit neuem Trinkspruch-Klassiker hinter dem Tresen – es wirkte so, als hinge es schon seit dreißig Jahren dort (»Alkohol löst keine Probleme, Milch aber auch nicht«).

Voll besetzter Stammtisch. Es war das Jahr der selbstbewussten Handwerker – sie saßen zu viert und zu fünft an den Tischen mit den karierten Stofftischdecken, rauchten, bestellten Unmengen zu essen – es war außerdem das Jahr der »Abwehrangebote«:

Dachdecker, Fliesenleger, Maurer, Installateure, Schweißer, Anlagenmechaniker wurden händeringend gesucht (sie schrieben vorsätzlich überteuerte Kostenvoranschläge, die ihre Kunden dazu bringen sollten, ihre Aufträge zurückzuziehen), und dieses neue Selbstbewusstsein war überall, auch im Gastraum der Kneipe Schröder, zu spüren.

Tarzan sah überraschend stark und fit aus (es kursierte die Geschichte, dass er wegen Trunkenheit auf dem Fahrrad und einiger nicht bezahlter Bußzettel ein paar Monate im Knast verbracht und seither nicht das Trinken, wohl aber das Fahrradfahren aufgegeben hatte). Er stand, wie er das schon seit Jahrzehnten getan hatte, gleich links am Tresen, Molle und Kümmerling am Ellenbogen, und brüllte quer durch das Lokal: »Stark jeblieben! Rinnejehauen! An die Gewehre! Immer bis zum letzten Mann!«

Trank er hier immer noch jeden Vormittag sein Bier? »Fast jeden Tag«, so der stolze Tarzan.

»Das wäre schön, wenn du mal nicht kämst«, brummte Inge kopfschüttelnd im Vorübergehen.

Da beging jemand die Unvorsichtigkeit, um elf Uhr vormittags in der Kneipe Schröder ein alkoholfreies Bier zu bestellen. Hansi brachte den Klassiker: »Mit Honig?« (Ja, Entschuldigung, der Reporter musste etwa zehn Minuten lang über diesen Gag lachen). Der Seniorchef kümmerte sich jetzt um einen Greis, der allein am Tisch saß (Backenbärte, keine Zähne mehr im

Mund) – er legte ihm einen Kümmerling auf den Tisch: »So Schmidtchen, Freund Schmidt, alter Panzerfahrer, jetzt trinkst du dein Bier aus, dann geht's ab ins Bett.«

Die Selbstverständlichkeit, mit der hier vor elf Uhr morgens Schnäpse und Biere weggehauen wurden, war immer wieder wunderbar. Etwa die Hälfte des täglichen Alkoholkonsums, das musste man sich klarmachen, wurde bei Schröder vor 13 Uhr erledigt.

Ach, schön, und Finger war auch da. Er lehnte am Tresen, mit seiner grandios langen Nase und seinen grandiosen Fettsträhnen in der Stirn, bekam von Hansi seine Kümmerlinge und seine schönen Mollen hingestellt und sah, hier im Betrieb der Kneipe Schröder gegen elf Uhr vormittags, wie die Werbung seiner selbst, wie ein würdevoller Mensch und wie ein saucooler Hund, aus.

Großes Thema war heute die Hausdurchsuchung bei einem 59-jährigen Ex-Polizisten, bei dem die Beamten ein Waffenlager ausgehoben hatten (unter den Waffen war auch ein Sturmgewehr Zastava M70 gewesen). Über die Tische wurden die Namen von Ex-Polizisten gerufen, so viele gab es da in Zehdenick ja nicht.

»Kann ich zwei halbe Hacke haben, Hansi?«
»Du kannst auch zehn halbe Hacke haben, Moritz.«

Sitzen und weiter sitzen bleiben im Schröder.

Des Reporters tägliche Lektüre: *Bild*-Zeitung, *Märkische Allgemeine*, *Gransee-Zeitung*.

Erst war eine Stunde, dann waren schon wieder fast zwei Stunden vergangen. Ich nickte Heiko und Hansi noch einmal zu, mit beiden hatte ich ja schon so unendlich viel geredet – was übrig blieb, war wirklich nur noch nicken, lächeln, noch einen bestellen. Ich bestellte noch einen Kaffee, nickte weiter. Ich war an einem der besten, einem der zentralen Orte in Europa, der Kneipe Schröder in Zehdenick, Landkreis Oberhavel. Hier konnte ich alles sehen, hier nahm buchstäblich die ganze Welt Gestalt an (Gruß an Peter Handke).

Hansi erzählte nun plötzlich, Bier zapfend, an seinem Stammposten hinter der alten DDR-Sperrholztheke, wo er seit 1979, als er die Kneipe von seinem Vater übernommen hatte, stand und Bier zapfte – so eine Erzählung konnte im Schröder jederzeit losgehen –, Hansi erzählte also, wie er, noch zu tiefsten DDR-Zeiten, gesagt hatte: »Ich möchte einmal die Alpen sehen.« Und sein Vater, 1979 verstorben, hatte geantwortet: »Hansi, das wirst du noch schaffen.« Hansi hatte seinem Vater entgegnet: »Als Rentner, mit einem Umtausch von eins zu fünf, ja! Aber das wird zu teuer.« Gleich nach der Wende war Hansi dann mit seiner Frau Renate ins Salzburger Land gefahren, die Reise war von der Metro angeboten worden. Seither, seit jenem Sommer 1990, war Hansi fast jedes Jahr in die Alpen gereist, mal im Sommer, mal im Winter. Noch als über Sechzigjähriger hatte er das Skifahren gelernt.

Finger trat nun einen Meter näher an den Zapfhahn heran. Er hatte gehört, dass das Gespräch um früher, um das Jahr 1979 und um alte DDR-Zeiten, ging.

Finger meldete, und seine Hand mit dem Bierglas beschrieb einen großen Bogen durchs Lokal: »Damals – ich meine mich ganz genau zu erinnern –, also damals, da hat hier noch eine Wand gestanden. Ist dit richtig? Ich meine: Habe ich dit richti' in meinem Kopp drin, Hansi?« Hansi, am Bierzapfhahn, in Zeitlupe nickend: »Das erinnerst du goldrichtig, Gerd. Damals war da noch eine Wand.«

Und Hansi zeigte, Bier zapfend, auf den Tisch rechts der Küchenausgabe: »Und hier, Gerd, das erinnerst du vielleicht auch, stand der Kachelofen.« Finger haute mit der geballten Faust auf den Tresen, dass die Kümmerling-Fläschchen klingelten, und schmatzte mit seinem zahnlosen Mund: »Da stand der Kachelofen, Hansi. *Da stand der Kachelofen.* Und wie ich mich erinnere.«

Wir waren bei einer der Lieblings-Sportarten im Schröder angelangt: daran erinnern, wie der Gastraum früher einmal eingerichtet gewesen war und wo welche Wände gestanden hatten. Bei diesen Gesprächen – so hatte das der Reporter hier immer wieder erlebt – konnte es sein, dass bis zu zehn erwachsene Männer zusammenkamen und mit kindischer Aufregung darüber debattierten, wo exakt die Wände der Kneipe Schröder in den Jahren 1975, 1979, 1980 und 1985 verlaufen waren. Die Freude war dann jedes Mal übergroß, wenn es gelang, Einigkeit in der Erinnerung der Männer zu erzielen (ich meine: Die Welt konnte auseinanderfliegen – Putin, Trump, geisteskranker Brexit, Klimakatastrophe –, und diese Männer freuten sich daran, dass sie wussten, wo in der spätstalinistischen Phase der DDR die Trockenbauwände in der Kneipe Schröder gestanden hatten).

Vor Schröder, gegen halb zehn, hatte ich den Tag an einem der Stehtische in der Bäckerei Kuhn begonnen (jeder andere wäre in die Bäckerei Türcke an der Berliner Straße oder die Bäckerei Jahn in der Marktstraße gegangen, ich hatte mir, aus nicht weiter klaren Gründen, die ein wenig abseits gelegene Bäckerei Kuhn oben an der Postkreuzung ausgesucht).

Schönes, dabei auf eine liebenswürdige Art arm und ostig aussehendes Angebot: Die hellen, ohne Treibstoffe gebackenen Brötchen – im dritten Jahrzehnt der Einheit war die Ost-Nostalgie, zumindest in Bäckereien, offenbar ein Geschäftsmodell –, sie hießen Ossis und Knüppel (was war das bitte für ein eisenhartes Land gewesen, in dem es Knüppel zum Frühstück gegeben hatte). In den Vitrinen lagen außerdem die Ost-Spezialität Melonen (Sandkuchenmasse, ohne Füllung, mit Schokolade überzogen), Bahnschiene (ein Marzipangebäck) und der unkaputtbare Fünfzigerjahre-Ost-Hit Frankfurter Kranz.

Auf meinen Wegen durch die Kleinstadt war mir schlagartig ein eklatanter Mangel an Frauenstimmen, Frauengesichtern, Frauenhaaren, Frauenschultern, Frauenlogik, Frauenklugkeit aufgefallen: Exakt, das Weibliche fehlte in meiner Nähe. Zwischen den Frauen der Kleinstadt und dem Reporter – das begriff ich jetzt erst, darüber fing ich jetzt gerade erst so langsam an nachzudenken – hatte es schon vor zehn Jahren Vorbehalte gegeben, es hatte an guten Gelegenheiten, es hatte an Zutrauen, an Leichtigkeit, an *Swing* gefehlt.

Durch das Schaufenster konnte ich die in ein flashendes Kirschrot gefärbten, hochgesteckten Haare der Bäckereibedienung sehen. Sie war eine schöne Frau, mit hohen Wangenknochen und einem klaren und harten Profil – sie trug einen Kittel und eine Strickjacke darüber (wie eine Bäckersfrau auf einem Schwarz-Weiß-Foto aus den 1920er-Jahren). Sie war im besten Bäckerinnen-Alter (geschätzt Anfang vierzig). Die Frische und Energie ihrer Bewegungen fuhren rein.

»Mal wieder im Lande?« Ob da ein neuer Film entstand?

Der Reporter stutzte, weil die Bäckersfrau einen so bellend lauten, komisch überakzentuierten Ton anlegte (als sei die Bäckerei keine Bäckerei, sondern eine Baustelle oder eine Krankenstation). Sie hatte offenbar viel mit alten Menschen und Schwerhörigen zu tun. Genau, so die schöne Bäckersfrau, dieser Betrieb begreife sich als Alternative zu den Billig-Backshops. Sie erzählte dann – alles in dem nicht leicht wegzusteckenden Schwerhörigen-Ton und während sie, sehr geschäftig und resolut, die Flächen mit einem Lappen abwischte –, dass sie sich gut daran erinnere, ja noch bildlich vor sich habe, dass hier vor dreißig Jahren, im leer stehenden Ladenlokal gegenüber, der HO-Konsum gewesen war: »Jawohl, ich bin ein richtiger Ossi.«

Sie stemmte nun beide Hände in die Hüften, setzte ein prächtiges Lächeln unter ihrer rot gefärbten Haartolle auf – das Standbild einer stolzen, sich ganz mit sich im Reinen befindenden Bäckersfrau – und hielt ihre Hand über die Theke:

»Also, noch mal einen guten Tag gewünscht: Katharina.«

Katharina, so erfuhr der Reporter, indem er vom Stehtisch, aus gut drei Meter Entfernung, die für eine Bäckersfrau sicher nicht ganz alltäglichen Fragen stellte, war seit zwanzig Jahren mit dem Vater ihrer Kinder zusammen (»Ist billiger, Heirat kostet Geld, Scheidung auch«), ihr Mann arbeitete im Opel-Haus oben auf der Castrop-Rauxel-Allee, ihre Kinder, Zwillinge von neunzehn Jahren, waren schon aus dem Haus. Sie lachte, wischte, schob Brothälften in den Auslagen hin und her, erklärte: »Na, du stellst ja Fragen.«

War das nun flirten auf Kleinstädtisch, was hier stattfand? Ich konnte diesen oder einen ähnlichen Vorgang beim besten Willen nicht klar erkennen.

Für einen Moment fand ich, es war ein fragwürdiges Unterfangen, mit Frauen in der Kleinstadt zu reden, wenn diese beim Plaudern den beinharten Umgangston von Handwerkern an den Tag legten.

Minute zehn meines Bäckereibesuchs: Der Reporter bemerkte, dass Katharina soeben, mitten im Kennenlernen und Auskunftgeben, beschlossen hatte, einen

Schritt zurück- und für heute erst einmal auf Distanz zu gehen – mein Schwung und meine Direktheit waren ihr, für mich auch nachvollziehbar, suspekt.

Sie reichte einem Handwerker einen Coffee-to-go-Becher über die Theke: »Soll ich dir ein Schnüffelstück auf den Kaffee machen?« Hinter der Bäckereischeibe lief ein Schwarzer mit fetten Kopfhörern auf den Ohren vorbei, langsam, gemessenen Schrittes, er guckte vor sich auf den Bürgersteig. Und sie haute – ansatzlos, ganz beiläufig und alltäglich, der Handwerker war schon halb zur Tür hinaus, eine schöne Frau in ihrer schönen Bäckerei – ihren Spruch über die Kuchentheke: »Was da draußen schon wieder für ein Gesindel unterwegs ist, wa?« Der Reporter guckte. Katharina: »Ja, stimmt doch. Ich erkenne mein Land bald nicht mehr wieder.« Und nun streckte sie sich, die Fäuste vor sich auf die Glasvitrine gelegt, bereit, jedem, der da ihren Laden betrat, ihre Meinung zu pauken: »Is' so!« Abwinkender Handwerker. Die Bäckersfrau: »Schönen Abend gewünscht.«

Schmutz (das Rechte)

Marcin, der King der Aral-Tankstelle, nach wie vor Kindergärtner und nach wie vor kaum etwas anderes als Autos im Kopf (Spreewaldring, Sachsenring, jedes zweite Wochenende als Fahrtrainer am Nürburgring) – er kam mit einem grau lackierten Audi RS3 vorgefahren (»der leistungsstärkste R3, drei Jahre alt, 39 000 Kilometer runter, mit 27 ist er inseriert, 25 möchte ich dafür haben«) und überredete den Reporter, ihm einen Kleinwagen abzukaufen, den er zwischendrin mal irgendwo geschossen hatte und der, so Marcins Worte, »absolut null Macken und absolut null Aussage« hatte (ein schwarzer VW Polo, getönte Scheiben, sonst keine Extras).

Das Argument von Marcin: »Du brauchst ein Auto. Ich kann mir das nicht länger anschauen, wie du hier als Fußgänger über die Bürgersteige krebst.«

Der Reporter schlug ein, auch weil ihm der Polo gut prollig vorkam (und weil ihm Autos, leider, generell ein wenig gleichgültig waren). Noch am selben Nachmittag wurde der Wagen vorgefahren. Gütiger Zuschlag des grinsenden, so wunderbar vertrauten Auto-Dealers mit den schwarzen Ohrsteckern und der Nebelkind-Kappe mit Abbildung des Berliner U-Bahn-Netzes auf dem Schirm – wir standen am alten Raucherstammplatz der Aral-Gang, also vor dem hellblauen Leuchtkasten mit der Aufschrift »Super Wash«:

»Da spritze ich dir noch das VW-Zeichen am Kühler vorne mattschwarz – sieht sportlicher aus.«

Marcin führte, weil ich mir das mit der schnell entschlossenen Kaufentscheidung offenbar verdient hatte, noch rasch einen YouTube-Film vor – der Clip zeigte seinen Kumpel Peter, wie der einen 30 000-Euro-BMW E46 M3 auf der Nordschleife zu Schrott fuhr: »Zack. *Und da geht's in die Wand.* Er hat den Anfängerfehler gemacht, das Lenkrad in der Kurve zu öffnen, es also nicht in Geradeausstellung zu halten.«

Kurz meldete Marcin, er sei am Nürburgring natürlich andauernder Lebensgefahr ausgesetzt, das gehöre zu seiner Arbeit, gerade letzte Woche wieder: »Ich wäre fast hopsgegangen.« Grinsen: »Aber weeßte, dann wär es so gewesen.« Starke Autos, nicht mehr ganz junge Männer, Lenkmanöver, Zigaretten am »Super Wash«-Zeichen auf der Aral-Tankstelle (Riesenthema Älterwerden).

Und weiter: reden, reden, mit den Kleinstädtern zusammentreffen und Gespräche führen. Der Reporter bemerkte, wie es Woche um Woche so viele Begegnungen wurden, dass sich der interessante Effekt einstellte, dass mir die Fragen allmählich ausgingen (gut!) und ich nur noch zuzugucken und mitzuschneiden brauchte, was da an Text, an Plaudereien, an Ansagen, den politischen und den weniger offenkundig politischen, kam. Es war die Phase, in der ich mit vielen sprach, mit diesen vielen aber oft noch kein zweites Mal.

Auf der Denunziationsseite »Bist du ein echter Zehdenicker? Dann rein hier!« wurde das nächtliche Demolieren von fünf Autos in der Marianne-Grunthal-Straße gemeldet, angeblich durch einen Trupp von Ausländern (der Facebook-Autor hatte nachts aus dem Fenster gespannt, war aber besser im Haus geblieben). Auf der Facebook-Seite wurden Schwarze nicht als Schwarze, Farbige, Afrikaner oder, wie im rassistischen Kontext üblich, als Neger bezeichnet, sondern – ich erschrak über diesen mir in seiner drastischen Bösheit bisher noch nicht bekannten Ausdruck – als Schwarzgebrannte. Anders als ich anfangs angenommen hatte, war die Seite nicht von rechts unterwandert (warum mühsam unterwandern?) – hier tobte einfach der ganz gewöhnliche rechte Volkszorn seine alltägliche Ausländerfeindlichkeit aus.

Der feine Fahrrad-Polizist von Zehdenick kam mit einer Ledertasche auf dem Gepäckträger vorbeigeradelt. Der Arme, ihm stand nicht eins der schicken neuen E-Bikes der Großstadt-Polizisten zur Verfügung, sondern er musste mit einem gewöhnlichen Herrenrad auskommen.

Interessant, man sah in diesem Jahr so viele Trabis wie seit den frühen Neunzigerjahren nicht mehr (wie das Simson-Moped hatte der Trabi seine Auferstehung als DDR-Relikt und teuer gehandeltes Kultobjekt erfahren).

Die Spuren des Deutschseins und des gesteigerten Deutschseins – eines rechten Chauvinismus – in der Kleinstadt in der ersten Hälfte des Jahres 2019:

Ein goldener 3er-BMW mit Oberhavler Nummernschild, einem Totenkopf auf der Heckscheibe und der Aufschrift »Leipzig, Kämpfen und Siegen«. Natürlich, die Sachsen waren beim rechten Mainstream der Kleinstadt Idole, weil sie sich trauten, noch offener unsympathisch, böse, widerlich und rechtsradikal zu sein (interessant war auch, dass dieser BMW-Fahrer aus der als links oder liberal geltenden sächsischen Großstadt Leipzig kam).

Hinter der Zugbrücke, in der Straße des Fitnessstudios, hatte ein schwarzer Jeep geparkt, vorne auf dem Armaturenbrett lag ein Metallschild mit der Aufschrift »Seppel«, auf der Heckscheibe waren die Aufkleber »Opel Gang Germany e. V.«, »Schleich dich, Zettelpuppe« angebracht und der DIN-A4-große Aufkleber: »Achtung, weibliche Mitfahrer werden angehalten, einen ausreichend stabilisierenden Büstenhalter aufgrund der sportlichen Fahrwerksabstimmung zu tragen. Falls kein passender Büstenhalter zur Hand ist, findet sich im Bordwerkzeug ein Spanngurt.« Oben rechts auf der Heckscheibe klebte ein schielendes Mainzelmännchen, das eine Faust ballte: »Schönen Gruß aus dem Osten«.

In der Kampstraße, der Straße der niedrigen, selten über fünf Meter hohen Einfamilienhäuser – von der Straße ging über die volle Länge von einem Kilometer keine Querstraße ab –, wehte in einem Vorgarten die Fahne der Deutschen Demokratischen Republik. Irgendwie auch ein Hammer, mit welcher Unverdrucktheit hier jemand zum allseits verfemten und pleitegegangenen Staat stand: schon wieder cool.

Die schwarz-rot-goldene Fahne über dem frisch gedeckten Dach des Hauses Nr. 18 am Kirchplatz. Für mich, einen vor 49 Jahren in Köln geborenen, in Westberliner Altbauwohnungen aufgewachsenen Deutschen, löste dieser Anblick – hier würde unter den Männern der Kleinstadt jetzt ein Irrsinns-Geheule anheben (»Was ist denn mit *dir* los, du Öko, du Prenzlberg-Bewohner!«) – immer noch Beklemmungen aus.

Man musste ihn nicht lange suchen: Der Schmutz war überall.

Mitten in der Innenstadt, in Nähe des stattlichen Amtsgerichtsgebäudes, hinter einem drei Meter hohen Wellblechzaun, wehte eine schwarz-rote Fahne mit Schwert, gekreuzten Wikinger-Äxten und der Kampfansage »Fight for Glory / See you in Valhalla«.

Am Mäuerchen vor dem Nähmaschinen-Pavillon kam mir ein auf Anhieb nicht unsympathischer, äußerlich erst mal nicht in die Kleinstadt gehörender Typ entgegen – er hatte rötliche Haare, ein angenehm verknautschtes, freundliches Gesicht, einen sportlich-dynamisch wirkenden Körper und trug ein Ziegenbärtchen am Kinn. Er hielt mir die Hand entgegen, sprach auf Hochdeutsch, mit fast hannoveranisch sauberer Dialektlosigkeit: »Ach ja, wir wollten uns doch auch mal kennenlernen.« Und setzte sich neben mich auf das Pavillon-Mäuerchen. Zigarettchen raus, übereinandergeschlagene Beine, das höher liegende Bein fing an zu wippen. Los ging's.

Er heiße Marco Rixx, unterhalte etwas außerhalb, auf der Templiner Chaussee, einen Laden, in dem er unter anderem Hanf-Matratzen verkaufe. Richtig, der Pfarrer des Ortes hatte mir von diesem, wie er sich ausgedrückt hatte, »schrägen Typen« erzählt, ich hatte ihm über Facebook eine Nachricht hinterlassen und erklärt, dass ich an einem zweiten Buch recherchierte, und vorgeschlagen, dass man sich mal traf und über dies und das unterhielt.

Auf seiner Facebook-Seite führte Rixx eine Art Privatkrieg gegen die Pharmaindustrie, die er als einen der größten Feinde der Menschheit ausgemacht hatte. Es waren vor Sendungsbewusstsein bebende Texte (»Produkte aus Hanf können so vielen Menschen helfen, ein besseres und gesünderes Leben zu führen (…) Vielleicht stehe ich alleine da, aber ich habe es mir zur Aufgabe gemacht, Menschen Lebensqualität zurückzugeben, Türen zu öffnen zur Lebensqualität. Der Kampf gegen die Verbrecher der Pharmaindustrie hat begonnen. (…) Schweigen? War noch nie mein Ding. Aufstehen gegen diese Verbrecher, das ist mein Denken und Handeln, gemeinsam gegen die Verbrecher der Pharmaindustrie. Nur, wenn wir gemeinsam laut werden, kann man was erreichen«).

Er sprach nun schnell, dabei aber geordnet und klar akzentuiert, das Aufnahmegerät zeichnete alles auf, ich hatte den Matratzen-Unternehmer, der offensichtlich nicht aus der brandenburgischen Kleinstadt stammte, um seine Lebensgeschichte gebeten.

Seine Geschichte war: Geboren in Detmold (östliches Nordrhein-Westfalen), aufgewachsen am Bodensee, mehrere Berufe, Kfz-Mechaniker, Kaufmann im Einzelhandel, zwischendrin ein paar Monate obdachlos, er hatte in Berlin am Bahnhof Zoo und am Ostbahnhof auf der Straße gelebt, vor fünf Jahren war er aus privaten Gründen nach Zehdenick gekommen, eine Zeit lang hatte er als Pfleger gearbeitet, ein Jahr lang war er im christlichen Seniorenheim der Stadt beschäftigt gewesen, den Job hatte er wegen eines Bandscheibenvorfalls aufgeben müssen.

Rixx nannte nun sein neues Lebensmotto, es klang ein bisschen wie ein Talkshowthema im Privatfernsehen der Neunzigerjahre: »Da war für mich: Kopf aus, Leben an.« Er habe nie Probleme mit Alkohol, Drogen, Medikamenten gehabt, die Obdachlosigkeit sei für ihn keine verlorene Zeit gewesen – deshalb spreche er auch offen über dieses Lebenskapitel: »Es war eine lehrreiche Erfahrung.« Er engagiere sich heute für Menschen, die auf der Straße lebten, fahre regelmäßig mit dem Transporter nach Berlin, verteile Lebensmittel und Spenden. Alle Achtung, da engagierte sich mal einer – wie das doch überall gefordert wurde – für die Allgemeinheit. Und, alle Achtung, wie viel Geschichte konnte ein einzelner Mensch haben!

Und weiter in der Abenteuergeschichte seines Lebens: Vor einigen Jahren sei dann bei ihm das politische Bewusstsein erwacht, auf seinem YouTube-Kanal habe er politische Videos veröffentlicht mit Titeln wie »Lüge, alles Lüge«, »Bild dir deine eigene Meinung« und »Was die Flüchtlingspolitik mit Deutschland macht«. Im Flüchtlingsjahr 2015 sei er dann der AfD beigetreten, sei dort heute aber nicht mehr sonderlich aktiv. Die Videos könne man sich leider nicht mehr angucken, er sei von YouTube gesperrt worden, »auf Lebzeiten«. Warum denn, um Himmels willen, gesperrt auf Lebenszeit? Erstaunt guckender Mann auf dem Kleinstadt-Mäuerchen: »Na, weil ich meine Meinung vertreten habe.« Und in einer plötzlich neuen Stimmung: »Ich habe in meinen Videos immer gesagt, dass Gewalt keine Lösung ist. Gewalt gehört nicht in mein Weltbild.«

Noch mal, vielleicht eine Spur langsamer: Was war der Auslöser für seinen politischen Aktionismus gewesen? Rixx erzählte in seiner so lebhaft, freundlich und zugewandt wirkenden Art: »Ein gewaltsamer Angriff auf einen Freund von einer Horde von Flüchtlingen, am Alexanderplatz in Berlin. Fünf Syrer sind auf ihn los und haben auf ihn eingeschlagen. Das hat mich sauer gemacht.«

Und der Hanf-Matratzen-Verkäufer haute nun einen Satz nach dem anderen heraus, Aussprüche, die auf eine merkwürdige Art nicht nach ihm und nicht nach seinem Leben klangen. Es war, ziemlich wortwörtlich, das Einmaleins der Menschen im Osten, das die Fernsehsender und Preisgewinner-Reporter seit Jahren immer wieder »aus dem Land da draußen« mitbrachten:

»Wir haben in diesem Land keine Demokratie, keine Meinungsfreiheit. Wenn du etwas sagst, dann wirst du gleich als Nazi hingestellt.«

In Deutschland gebe es nur Gummiparagrafen: »Jeder kann machen, was er will.«

»Politik schafft es auch ohne Gewalt, das Volk fertigzumachen.«

»Die Politiker, die heute an der Macht sind, das sind die wahren Nazis des 21. Jahrhunderts.«

»Du kannst alle Parteien in einen Sack sperren, draufschlagen und triffst immer den Richtigen.«

»Du hast bei jeder Partei Verbrecher und schwarze Schafe. Bei den Grünen sind es die Pädophilen, bei der CDU die Steuerhinterzieher.«

Die letzte Politik in diesem Land, die wirklich noch für die Menschen gemacht worden sei, sei lange, lange her – das sei noch unter Helmut Schmidt gewesen.

Zwischenfazit des Weltenerklärers Marco Rixx: »Hat jemand Geld, kommt er gut durch. Hat er kein Geld, kommt er in den Knast. Das ist Deutschland.«

Eine, oh Mann, unmittelbar bleierne Müdigkeit setzte beim Reporter ein. Nicht weil er sich langweilte (nicht die Spur). Sondern weil es schlechterdings unmöglich war, auf diese Behauptungen, die auf so viele Tatsachen und tatsächliche Abläufe und Zusammenhänge wenig Rücksicht nahmen, etwas Sinnvolles und Teilnahmvolles zu entgegnen. Die viel zitierte gespaltene Gesellschaft gab sich am Mäuerchen gegenüber vom

Eiscafé ein Stelldichein: Der Reporter war von der Vehemenz und offensichtlichen Unwidersprechbarkeit der Ansagen überfordert, er staunte. Das musste hier erst einmal alles so stehen bleiben.

Sah er sich als rechts? Wie aus der Pistole geschossen noch einmal der empörte Blick – Rixx guckte so, als sei seine Lebensgeschichte beim Reporter vielleicht doch nicht gut aufgehoben: »Nein. Definitiv nicht.« Nachgereichte Erklärung: »Ich halte von Adolf Hitler gar nichts. Das war für mich kein Mensch.«

Natürlich sprach aus der Erzählung des Mannes auf der Kleinstadt-Mauer eine – drückten wir es vorsichtig aus – etwas klischeehafte Bewältigung von Lebenskrisen (Sinnsuche nach Exzess, Läuterung durch ein hartes, entbehrungsreiches Leben auf der Straße, politische Radikalisierung nach persönlichen Niederlagen und der Erfahrung des Sich-ausgegrenzt-Fühlens, über all dem die Erzählung »Westdeutscher findet Einkehr in der ostdeutschen Provinz«), aber das alles war nicht entscheidend: Rixx war kein Wutbürger, er wirkte nicht sonderlich wütend – getrieben, natürlich, dabei aber auch ziemlich vergnügt (wie jemand, der mit dem Leben noch mal davongekommen war und sich vorgenommen hatte, es sich nun gut gehen zu lassen und mit seiner zweiten Lebenshälfte etwas Sinnvolles anzufangen, irgendwie auch etwas Spektakuläres, von dem sich gut auf Kleinstadt-Mauern berichten ließ). Weil eine sinnfällige und eigenständige Erklärung für sein bisheriges Leben offenbar nicht nahelag, hatte er, so kam es dem Reporter vor, die Tiraden, Erklärmuster und Schlagwörter der Populisten übernommen. Ich spürte eine Sympathie für den trotz seines rhetorischen Talents irgendwie unerlöst wirkenden Philosophen und Redenschwinger auf der Kleinstadt-Mauer, ich konnte, ich wollte mich nicht über ihn erheben.

Der Kurze kam nun wieder auf seinem fliederfarbenen Fahrrad angegurkt – es war ja schon wie die Nummer in einem Witzfilm. Der kurze blonde Killer auf seinem Damenfahrrad, er stand da, auf gut zwanzig Meter Abstand, und gestikulierte: »Du weißt aber schon, dass du da mit einem von der AfD redest?« Rixx winkte ab, lachend, auch der Kurze winkte ab, das Damenfahrrad mit den NVA-Satteltaschen kurvte weiter.

Dann holte ich mir eine dunkelschwarze, noch mal ganz anders kickende, nicht depressive, sondern auf eine verquere Art gute Laune machende Schimpfkanonade von Hermann, dem Mann am Späti, ab.

Im Späti lag eine mit Brandflecken übersäte Teppichauslegeware. Eine Wand mit Kühlschränken auf der einen Seite, Bierflaschenstapel auf der anderen. Kaffeemaschine und Aschenbecher hinterm Tresen. Im erstaunlich großen Hinterraum standen drei Metalltische, daran, rauchend, Kaffee, Schnaps und Bier trinkend, fünf, sechs verlorene Figuren, das Prekariat der Kleinstadt, Männer und Frauen, die wie Männer aussahen (beide, Männer und Frauen, trugen Trainingshosen, Sandalen, Motto-T-Shirts, auf GI-Länge gestutzte Haare, Armeejacken). Ersterbende Gespräche, als der Reporter den Laden betrat, der Hinterraum guckte.

Am Tresen, die ganze Szenerie kontrollierend: Hermann, großer Mann, nicht weiter auffälliges Äußeres, kurze Haare, T-Shirt, Lesebrille. Und doch, eine Besonderheit: Es lagen keine Spuren des Alkohols in seinem Gesicht, wahrscheinlich trank er gar nicht. Fester Blick, starke Hände, aufrechte Haltung, er hatte offenkundig schon einige toughe Situationen in seinem Leben gemeistert. Hermann holte gerade eine Palette des »Kleinen Partyklopfers« aus der Pappverpackung (Geschmacksrichtungen Mango, Jamaika Melone, Mexican Sunrise, Sunny Orange, Tropical Blue). »Schnauze«, sagte Hermann in den Hinterraum, aus dem jetzt irgendein Grölen und Jaulen kam. Zum Reporter: »Wie kann ich dienen?«

Und gleich ein spöttischer Gesichtsausdruck bei Hermann. Dieser Reporterfigur, die da ihr Aufnahmegerät nach oben hielt, der zeigte der Späti-Mann es jetzt mal.

Hermanns Gestus war klassisch Prekariat, er sagte: Du lieber Freund, Zartweicher, Hemd in der Landschaft, ich habe garantiert schlechtere Laune als du, wir Killer aus der Kleinstadt haben bisher noch jeden geschafft. Du, Tourist aus der Großstadt, willst uns einen vom Mond erzählen? Da haben wir hier schon ganz andere gehabt. Ich bin der Härtere, ich fühle praktisch nichts mehr, komm her: Ich bums dich um, lass dir die Luft ab, werfe dich auf den Grill, stinke dich an die Wand – wenn wir jetzt Arschgeigen-Wettbewerb machen wollen, dann stehst du ganz, ganz hinten in der Schlange.

Er trat auf den Gehweg – Blick rechts die Hauptstraße hinauf und links die Hauptstraße hinunter, er klopfte sich auf die Brusttasche, Zigarette raus, und erzählte erst mal aus der Realität und Praxis des Späti-in-der-Kleinstadt-Betreibens: »Mich kennen sie hier alle.« Erste Regel: Er nehme hier nicht jeden bei sich auf – die vom Getränkemarkt Brunck, der anderen großen Sozialstation auf der Hauptstraße, schicke er gleich wieder zurück, dorthin, wo sie herkamen. Zweite Regel: Er bleibe immer freundlich, aber vollquatschen lasse er sich von niemandem. »Was ich hier alles höre! Wollte ich mir das alles merken, ich bräuchte einen Kopf, so groß wie ein Haus.«

Ein Mann mit »Ich bin Schweißer / Was ist deine Superkraft?«-Sweatshirt trat jetzt über die Späti-Schwelle: schönen Gruß vom Chef. Einer mit Rollator, unschätzbares Alter – er guckte nun schon seit einer halben Ewigkeit, seit etwa zehn Minuten, reglos, mit offenem Mund, zum Laden hinüber. Hermann: »Mit so welchen habe ich kein Mitleid. Wenn der umfällt, ick lasse ihn da liegen. Da bin ick Schwein.«

Der Reporter spürte, dass es jetzt mal wieder ganz gezielt darum ging, keine Frage zu stellen und gleichzeitig nicht die Stellung zu räumen.

Er war Jahrgang 1964, gebürtiger Zehdenicker (»Und ich gehe hier auch nie weg, außer eins achtzig tief in der Kiste«). Mit achtzehn hatten sie ihn ins Zuchthaus gesperrt, in die Jugend-Umerziehungsanstalt in Halle: »Gleich weg.« Er sei nicht gehorsam gewesen, habe nicht zu allem Ja und Amen gesagt: »Ich war kein Engel. Na und? Wen kennst du, der sein ganzes Leben lang Engel war?«

Moment, was war der offizielle Grund für seine Zuchthausstrafe gewesen? »Asoziales Verhalten. In der DDR bist du schneller in den Knast gekommen, als du gucken konntest.« Nachts habe er stundenlang ohne Kleidung im Regen stehen müssen, er habe auf der Streckbank gelegen, seine Knochen seien kaputt. Zu DDR-Zeiten hatte er noch für ein paar Jahre in der Ziegelei gearbeitet, dann war die Wende gekommen: »Du konntest zusehen, wie sie alle umfielen, wie Dominosteine – alle wurden sie arbeitslos, und ich war dabei.«

Stehen, gucken, rauchen, ausatmen mit dem Späti-Mann auf der Berliner Straße. Die Erinnerung tat weh, o ja, das Erinnern war ein ekelhaftes Geschäft. Großes Räuspern. Große Erinnerungs-Zigarette auf der Hauptstraße.

Der Staat sei heute nicht besser als früher: »Aber die heute lassen mich in Ruhe.« Moment, Hermann, Moment, Moment, Moment! Der Reporter wurde ungeduldig, vielleicht auch deshalb, weil er sich bisher so zurückgehalten hatte, ganz sicher aber auch wegen Hermanns so beiläufig abfälliger, die ganze Gegenwart in der Mülltonne entsorgender Bemerkung. Der Staat, so sagte er das, war heute nicht besser als der früher in der DDR? Deutliche Antwort: »Nee! Nee!«

Und Hermann sprach die furchtbaren Sätze: »Ich hasse den Westen. *Ich würde den Westen vernichten.* Da bin ich ganz klar.« Tief aus dem Späti, hinten aus dem Säuferraum, kamen Husten, Heulen und die Geräusche von Stühlerücken, Handgreiflichkeiten und Zankereien. Ein Tisch fiel um, Glas ging zu Bruch. Die Patienten, die Schnaps und Bier tranken, drehten ab und verlangten nach ihrem Chef. »Ich komme ja gleich«, rief Hermann von draußen, und noch mal, leiser, wegnuschelnd, wie zu sich selber: »Komme ja gleich.«

Und weiter im Hardcore-Text, weiter mit der Abrissbirne gegen Staat, Politik, Demokratie, Institutionen, Volksvertreter. O-Ton: »Die Mauer sollen sie wieder hochziehen, aber zehn Meter höher. Mit einem Unterschied: Wer reisen will, den sollen sie reisen lassen.« Die Mauer also nicht wie zu DDR-Zeiten zur Fluchtverhinderung, sondern dieses Mal wirklich, wie es in der DDR-Propaganda ja immer geheißen hatte, als antiwestlicher, antikapitalistischer, antifaschistischer Schutzwall? »Genau so.«

»Ich bin auch nicht mehr stolz, Deutscher zu sein«, sagte Hermann, er klang jetzt fast ein wenig traurig. »Ich schäme mich schon.« Mann! Das wollte man natürlich auch nicht, dass dieser große, gerade Mann sich schämte. Wegen was, verdammt noch mal, schämte er sich denn? »Na, wegen der ganzen Ungerechtigkeit!« Deutschland, so Hermann, habe eine Zwei-Klassen-Demokratie, die Geldsäcke und die armen Hunde, »die Klasse, zu der du auch gehörst, lieber Moritz. Denn: Hättest du Geld, du würdest hier nicht vor der Tür stehen und mit mir die Tage stehlen. Da geht es dir nicht anders wie mir.«

Die Politiker, so viel war ja auch klar, seien alles Vollpfosten, Marionetten, Arschlöcher hoch zehn. Alles klar. Warum war das noch mal so, dass Politiker alle Arschlöcher waren? »Aus dem einen Grund: So, wie die wollen, können die ja gar nicht. Durch die Industriellen! Die Industriellen bestimmen über unser Leben und über das, was die Politiker wollen.« Verdammte Industrielle. Der Reporter wollte jetzt, in Hermanns heiliger Wut, wenigstens in einem Punkt widersprechen. Hermann guckte, ob beim Reporter aber sonst noch alles klar war im Oberstübchen: Dass die Industriellen die wahrhaft Mächtigen im Staat waren, das war dir, dem Typen mit dem Aufnahmegerät, neu? »Du willst mir nicht weismachen, dass du das nicht wusstest.«

»Jetzt nichts Blödes über die Flüchtlinge sagen, Hermann, *come on*, ich kann nicht mehr.«

Er guckte. Gar nicht unamüsiert. Nein, er habe nichts gegen Ausländer. Wie könne er überhaupt etwas gegen Ausländer haben, wenn sein Chef, der Kurde Sarhan vom Istanbul-Imbiss, und seine Kollegen Ibu und Ahmet Ausländer waren? Nette Jungs, bei ihnen hole er jeden Tag das Wechselgeld, und auf Sarhan lasse er sowieso nichts kommen (»Fairer Chef, fairer Kollege, da kann ich überhaupt nichts sagen«). Nee, mit den Ausländern habe er so viele gute und schlechte Erfahrungen gemacht wie mit den Deutschen.

Aber plötzlich ging es doch voll ab, genau in die entgegengesetzte Richtung: »Die Arschlöcher kommen hierher und stoßen sich gesund. Und darüber soll ich mich freuen? Nee! Das sind unsere Steuergelder!« Oben am Bahnhofskiosk gebe es nur noch Tofu, in den Schulen in der Kleinstadt komme bald kein Schweinefleisch mehr auf den Tisch – der Einzige, der die Fahne der gutbürgerlichen deutschen Küche hochhalte, sei Heiko von der Kneipe Schröder. Hermann, finster entschlossen, er deutete schimpfend die Hauptstraße hinunter: »Ich gebe dir Brief und Siegel: In fünfzig Jahren singen wir alle Allahu Akbar und lesen von rechts nach links.«

Noch eine fast kläglich kleine Frage des Reporters – ich kam mir plötzlich so winzig vor angesichts der Härten, Schmerzen, Erschütterungen, die so einer, der im Späti der Kleinstadt die Stellung hielt, weggesteckt hatte. Würde Hermann am 26. Mai zur Wahl gehen? »Klar gehe ich wählen. Das ist mein gutes Recht, das nehme ich wahr.« Hier aber bitte auch keine Missverständnisse, er gehe zur Kommunal- und Bürgermeisterwahl, den Stimmzettel zur Europawahl werde er mit zwei Kreuzen ungültig machen. »Ich kann mit gutem Gewissen sagen: Ich habe noch nie eine rechte Partei gewählt, die Arschlöcher von DVU und NPD oder wie sie alle heißen, haben mich nie gekriegt.«

Wirkte Hermann so, als ob er seinen Laden nicht im Griff hatte? Das Gegenteil war der Fall. Alleine durch seine aufrechte Körperhaltung und durch seine Stimme hielt er den Hühnerstall im Hinterzimmer im

Zaum – es waren seine physische Präsenz und seine stadtbekannte Lebensgeschichte (der Typ, der im DDR-Knast gebrochen werden sollte und der heute nach wie vor wie eine Eins auf den Beinen stand), die ihn zu einem Prominenten in der Kleinstadt machten und ihn zum souveränen Umgang mit allen Kleinstädtern, den Kaputten, Kranken, aber auch den ganz normalen Kunden, berechtigten. Mit der Laufkundschaft schlug er einen ruhigen, zuvorkommenden Ton an. Richtig, Hermann trank so gut wie nie Alkohol: »Vielleicht mal an schönen Geburtstagen, aber das Kaputttrinken, das führt zu nichts.« Wir standen da noch ein bisschen.

Kurz vor Ladenschluss, gegen fünf, guckte ich noch einmal bei Katharina vorbei. Ich lehnte am Stehtisch, ein wenig ruhebedürftig, und betrachtete das laufende Geschäft. Die jetzt, am späten Nachmittag, rege den Laden betretende Kundschaft fragte allesamt nach Brot und Kuchen zum halben Preis, und Katharina erklärte geduldig jedem Kunden noch einmal von vorne, dass es das Brot, anders als bisher, ab sofort nicht mehr ab halb fünf nachmittags zum halben Preis gebe – die Regelung hatte nicht funktioniert, weil kein Mensch das frische Brot gekauft und sich der Laden erst in der letzten halben Stunde vor Feierabend gefüllt hatte.

Man merkte der Bäckersfrau an, dass ich mit dem Noch-mal-Vorbeikommen ruhig noch ein paar Tage hätte warten können. Sie nahm die Brot- und Kuchenreste von den Blechen und legte sie in Plastikwannen, die auf dem Bäckerei-Fußboden bereitstanden – es tat ihr offenkundig gut, sich kurz vor Feierabend noch einmal richtig aufzuregen: »Das geht alles an die Tafel … und weeßte was? Das schnappen sich alles die Flüchtlinge, und die werfen das Brot dann in die Havel.« In die Havel? Die Flüchtlinge warfen gutes Brot aus der Bäckerei Kuhn in die Havel?

Wie vorhin schon vor Hermanns Späti kam der Reporter sich für einen Moment ein wenig blöde und hilflos vor – ich guckte, suchte einen passenden Satz. Katharina schimpfte vor sich hin.

Interessanter Vorgang: Dem Drive der Bäckersfrau war der Reporter nicht gewachsen (was wusste ich, vielleicht stimmte es, dass Brot, von Flüchtlingshänden in die Havel geworfen, schon einmal auf der Havel geschwommen hatte) – ich wollte, was meine Position als Kunde und als Fragensteller schwächte, dass Katharina mich mochte und mit mir lachte, ich wollte, dass es einen heiteren und leichten Umgang zwischen uns gab und dass das Flirt-Ding, das es eventuell ja nie gegeben hatte, noch für ein paar Momente weiterlief.

Gerne hätte ich von Katharina, lieber an einem ganz anderen Ort, gehört, was sie – haha – so hart gemacht hatte.

Sie sagte: »Lass gut sein, Moritz. Die Tage.«

Ich trat auf die Hauptstraße. Anlehnen an eine der Eisenstangen auf der Berliner Straße, irgendwo vor dem Bräunungsstudio Sunline.

Frage an Raul: Würde er auch sagen, dass die Kleinstadt rechter geworden war in den letzten Jahren? Anders gefragt: Stimmte er dem Reporter in dessen Einschätzung zu, dass rechtes Gedankengut (wie rechte Haudrauf-Sätze ja immer gerne genannt wurden) heute präsenter war, also selbstverständlicher ausgesprochen und verbreitet wurde als noch vor zwei oder drei Jahren?

Ja. Das sage er auch. Klar.

Ich überlegte, ob er das später noch mal korrigieren würde, was er soeben so klar gesagt hatte. Nicht die Spur. Raul hatte nicht eine Sekunde überlegen müssen. Er hatte eine Selbstverständlichkeit ausgesprochen: Natürlich, die Kleinstadt war rechter geworden in den letzten Jahren.

Runde mit dem neuen Polo. Aber erst mal ging ich hin und führte noch schnell das sinnloseste Interview, das je ein Reporter mit gleich vier AfD-Politikern geführt hatte.

AfD

Zwölf Uhr mittags. Wir saßen in der irren, irrlichternden Mai-Sonne am Rathausplatz, vor dem Imbiss 44. Den Treffpunkt hatten die Leute von der AfD bestimmt. Man konnte an so einem schönen Frühlingstag praktisch keinen öffentlicheren Ort in der Kleinstadt wählen – offenbar war es den AfD-Politikern recht, dass man sie hier, auf den Stühlen, von denen die Blicke hundert Meter weit über den Rathausmarkt bis zu der Laden- und Wohnhauszeile reichten, mit dem Reporter und Autor der angesehenen Wochenzeitung sah.

Begrüßung: Schon das erste Händeschütteln am Markt kam mir so vor, als beobachteten uns Scharfschützen oder als würden wir heimlich gefilmt. Paranoia. Ich hatte das Interview als *Deutschboden*-Autor angefragt, mich außerdem als Reporter der Hamburger Wochenzeitung in Erinnerung gerufen und umgehend die Zusage erhalten. Da saßen: Andreas G., Vorsitzender der AfD Oberhavel, Anfang fünfzig, gebürtig aus Spandau; die Bürgermeisterkandidatin Sabine B., Mitte fünfzig, die einzige Ostdeutsche der Runde, gebürtig aus Sachsen-Anhalt, Versicherungsmaklerin; der AfD-Mann Roger F., auch um die fünfzig, gebürtig aus Nordrhein-Westfalen, Ex-Malermeister, jetzt Frührentner; schließlich die AfD-Frau Hertha L., auch in ihren Fünfzigern, eine Dame von einer gewissen, prekär wirkenden Eleganz, aus Köln stammend, Studium der Betriebswirtschaft, sie bildete heute Personalfachkaufleute aus.

Puh. Es war eine brutal nach Deutschland aussehende, eine irgendwie wirre und eine zusammengewürfelte Runde.

Der Reporter, jovial: »Erst mal gut, dass wir hier so alle sitzen!«

Die vier guckten sich – nachvollziehbar irritiert über den forciert fröhlichen Ton – an.

Ich hatte null Themen, eigentlich auch keine Fragen an die AfD-Leute. Ja, stimmte schon, ein bisschen doof. *Sorry.*

Was die AfD so als ihre Agenda raushaute – Schließung der Grenzen, raschere Abschiebungen, Aufhebung des Diesel-Fahrverbots, Leugnung des menschengemachten Klimawandels, Festhalten an der Förderung von Braunkohle, Abschaffung der gleichgeschlechtlichen Ehe, Abwicklung des öffentlich-rechtlichen Rundfunks, Umbau von Theatern und Museen in Richtung einer angeblich ideologiefreien, entpolitisierten Kunst –, das waren ja, bei näherem Hinsehen, alles keine Themen. Eher so etwas wie ein deutschnationales Hysterie-Programm. Sorry, kein Gesprächsbedarf. *I gave a fuck.*

Herr F. rutschte tief in seinen Stuhl hinein, aus seiner Jacketttasche brachte er ein Silberetui hervor, entnahm der Dose eine gestopfte Zigarette. Frau L., Handtasche auf dem Schoß, hatte jetzt irgendetwas mit einem Tempo-Taschentuch zu schaffen – in ihrer

Schusselige-Tanten-Haftigkeit erinnerte sie mich an eine entfernte adlige Verwandte, die zwischen meinem fünften und neunten Lebensjahr an Sonntagnachmittagen bei uns zu Hause zum Tee gekommen war.

Ich fragte erst überhaupt nichts. Dann stellte ich so eine pseudomäßig harte, *Monitor*-Magazin-hafte Frage: Hatten die vier AfD-Leute eigentlich ganz automatisch und alltäglich mit den Funktionären der NPD zu tun?

Dem sei natürlich nicht so, antwortete Andreas G. betont sachlich und kühl. Zur NPD gebe es keinerlei Kontakte, er kenne diese Leute nur als stumme Zuhörer bei Veranstaltungen.

An alle: Was war denn das heutzutage überhaupt, so eine richtig schön rechte Politik?

Andreas G., vorsichtig – er formulierte ironisch, indem er die Sprachmelodie am Ende des Satzes wie bei einer Frage nach oben führte: »… dass wir uns hauptsächlich schon wieder ein *bisschen mehr* auf die Nation konzentrieren? So wie das in anderen europäischen Ländern ja auch gang und gäbe ist?« Nachsatz Herr G.: »Wir sind nicht nationalistisch. Man könnte das als patriotisch bezeichnen.«

Und noch eine Frage bekam ich zustande: Wo die vier Politiker Missstände in der Kleinstadt sähen, die es zu beseitigen gelte, wollte der Reporter wissen. Frau B. widerholte langsam die Frage: »Wo sehe ich Missstände?« Antwort: »Dass die Region beim Thema Gasbohren vor vollendete Tatsachen gestellt wurde.« Frau L. beklagte, der Friedhof im Stadtteil Burgwall sähe ungepflegt aus. Herr F. sagte jetzt auch etwas – er sprach einen schönen rheinischen Dialekt, als ob gleich die Pappkulissen im Willy-Millowitsch-Theater umfielen. Er erzählte aus seinem Zehdenicker Stadtteil Marienthal und beklagte sich über den dortigen Sanierungs-Rückstau: »Da kommen Sie sich teilweise zurückversetzt vor in die DDR! Wir haben keinen Bürgersteig, die Badestelle ist komplett zugewuchert.« Das war ja unerhört! Eine zugewucherte Badestelle im Stadtteil Marienthal!

Zu ihrem Programm, erklärte die Bürgermeisterkandidatin Frau B., könne sie derzeit noch wenig Genaues sagen: »… da wir in der Stadtpolitik noch nicht aktiv waren. Ich werde entscheiden, wenn die Akten auf dem Tisch liegen.«

Die Kandidatin Sabine B. erklärte nun, sie wolle vor allem als Frau für Zehdenick antreten. Ganz richtig gehört – als starke Frau fühle sie sich förmlich dazu berufen, etwas für die Belange der Frauen zu tun (das war ja allerhand, dass jetzt auch AfD-Politikerinnen starke Frauen sein wollten). Frau L. hielt einen Vortrag, der weniger nach einem politischen Statement, schon eher nach einer schlechtlaunigen Rundum-Beschwerde bei der Nachbarin im Hausflur oder beim morgendlichen Brötchenholen an der Rewe-Theke klang. Ihren Vortrag schloss die sich in Fahrt geredete Hertha L. mit einem Satz von Frank-Walter Steinmeier, der ihr gut gefallen habe: »Es braucht patriotische Leidenschaft, um die Demokratie zu schützen.«

Es ging weiter um nichts. Und plötzlich – wie extrapeinlich – war es zwischendrin, für etwa eine Minute, sogar ein ganz nettes Zusammensitzen, einfach deshalb, weil nichts besonders Schlimmes gesagt wurde und weil auf dem Rathausmarkt die Sonne schien.

Das waren keine komplett unsympathischen Menschen, woher auch – es ließen sich, jetzt, in Minute zehn des Gesprächs, so ganz grob etwa die vier folgenden Typen erkennen: die den Herausforderungen der Gegenwart intellektuell nicht einmal ansatzweise gewachsene Hausfrau (Sabine B.); die ebenfalls nicht besonders hell wirkende Halbintellektuelle (Hertha L.), die von einer irgendwie elitären und tiefsinnig wabernden »Früher war alles besser«-Ideologie angetrieben schien; der Technokrat (Andreas G.), der sich wider alle Fakten immer wieder zu extremen Ansichten und zu Pauschalisierungen verstieg; der Zyniker (Roger F.), der wirkte wie einer, der wegen einer persönlichen Kränkung auf die ganze Welt sauer war und der dem gefühlt Krisenhaften der eigenen Existenz einen Sinn zu verleihen versuchte, indem er gleich das ganze Vaterland im Niedergang wähnte.

Einen Rechtsruck in der Kleinstadt konnten alle vier nicht ausmachen. Herr F., mit wegwerfender Geste: »Also, überhaupt nicht!« Ein rechtes Grundrauschen in Zehdenick? Nein, gebe es nicht. Roger F.: In Nordrhein-Westfalen sei die rechte Szene viel aktiver als in Zehdenick.

Alle vier klagten, dass sie sich als AfD-Leute besonders oft aufgefordert fühlten, sich gegen Klischees zu verteidigen (Frau L., zum Beispiel, hatte auch Repressalien im Freundeskreis erdulden müssen, das sei gleich losgegangen, als sie sich vor wenigen Jahren zur Mitarbeit bei der Partei entschlossen habe).

Mir fiel jetzt erst ein, dass die vier Politiker sich offensichtlich abgesprochen hatten, bevor sie den Interviewer zum Gespräch empfangen hatten. Gab es das eigentlich, ein PR- und Öffentlichkeitstraining für Politiker der neurechten Parteien (Kurs »Pressetraining I und II, Teilnahme wird empfohlen: Das Frage-Antwort-Interview mit Vertretern der Systempresse«)?

Auffällig bei unserer Unterhaltung war, dass keiner der vier die toten Themen und hässlichen Formulierungen aus dem AfD-Giftschrank auf den Tisch brachte (Asylbewerber-Bashing, offene Ausländerfeindlichkeit, zu offenkundige Russland-Sympathie, der weinerliche Appell an die deutsche Nation à la Björn Höcke). Gut kam bei Journalisten auch immer nicht an – auch das wussten die vier Strategen –, wenn Politiker komplett die Maske fallen ließen und offen zum bewaffneten Widerstand, zum Systemsturz oder zu einer Revolution aufriefen.

Wenn kluge Leute s3ich taktisch aufführten: trostlos, eventuell aber gefährlich und deshalb interessant.

Wenn mittelkluge Leute sich taktisch und verlogen aufführten: supertrostlos, superuninteressant.

Dann gab es wieder herrlich lange Gesprächspausen: vier rechte Politiker aus der Provinz, die mit Blick auf den Interviewer vergeblich auf die nächste »toughe« Frage warteten und auf jenen hohen, gleichzeitig siegesgewiss anklagenden und selbstgerechten Fragensteller-Ton, der so kolossal nerven konnte und der von Vertretern der Qualitätspresse – wenn sich einer von denen denn überhaupt mal zu einem Interview mit den AfD-Leuten herabließ – so zuverlässig angeschlagen wurde.

Und plötzlich, im Angesicht der vier Lokalpolitiker, verstand der Reporter den Kurs, den er bei diesem Interview, das es so gar nicht brachte, natürlich einschlagen musste: Argumente vortragen, sich gar auf eine Diskussion mit der AfD einlassen – falsch. Nicht argumentieren, sich stattdessen dumm, unkonzentriert, indifferent und ein wenig fahrig verhalten, das Gespräch von der Straße herunter und in den Acker lenken und irgendwo stecken bleiben: super. Ein wenig absurd war es, auf dieser Übung bei einem Interview zu bestehen, das der Reporter selber veranlasst hatte, aber: Hier sollte sie tatsächlich einmal stattfinden, die gesellschaftliche Ächtung und Ausgrenzung der AfD, über die sich diese Partei, die doch stets die Opferrolle für sich beanspruchte, immer so gerne beschwerte.

Herr F. durchschaute als Erster, was hier gespielt wurde – er rutschte, stinksauer, noch tiefer in seinen Stuhl hinein.

Hatte ich denn nicht irgendeine interessante Frage?

Hier war noch eine – ich stellte diese Frage nicht auf dem Rathausmarkt in Anwesenheit der vier AfD-Politiker, ich sprach sie mir nach unserem Zusammenkommen als Notiz in das Aufnahmegerät: Wer brauchte vier ganz nette und voll okaye AfD-Lokalpolitiker, die (erste Möglichkeit) zum Richtig-böse-Sein zu lasch und zu doof waren oder (zweite Möglichkeit) ihre Tarnung erfolgreich hochhielten und ihre eigene Bösheit kaschierten – wer brauchte eine rechte Partei, die nicht mehr offen an niedrige Instinkte appellierte, nicht mehr vereinfachte, hetzte, Stimmung machte gegen Minderheiten, Juden, Ausländer, Flüchtlinge, Transsexuelle, eine Partei, die sich stattdessen – in unfassbar dreister und infamer Weise – an die Wende-Verlierer heranwanzte und sich zum Vollender der 1989er-Revolution (Wahlplakate) stilisierte? Anders gefragt: Was war mit den vier AfD-Politikern los, dass sie hier auf dem Rathausmarkt nicht so richtig in die Gänge kamen?

Gut, auf dem Niveau brauchten wir uns nicht weiter zu unterhalten – das stimmte natürlich auch wieder. Ich ging, schönes Manöver, stattdessen noch ein paar Stufen weiter runter. Der Reporter hatte ja einen Ruf, unter anderem als Niveau-Unterbieter, zu verteidigen.

Die vier AfD-Politiker sahen den Reporter an, der seinen Aufnahmestift in der Hand hielt.

Und den Reporter überkam, auch deshalb, weil ich meine Zeit verschwendete mit den vier Lokalpolitikern, eine unfassbare Abgeturntheit (natürlich, das war keine originelle Regung und auch kein Gefühl, auf das ich stolz sein konnte – überhaupt war auch das eine scheußliche und infame Seite der Blödmann-Partei AfD, dass die Gegnerschaft zu dieser Partei ja praktisch eine Selbstverständlichkeit darstellte: Kein Mensch konnte sich etwas darauf einbilden, diese Partei von A bis Z abzulehnen).

Und hier ein kleines Gedicht, das der Reporter ganz im Stillen – ohne dass die vier AfD-Leute ein Wort davon mitbekamen – für sich aufsagte:

Ihr Lieben, Süßen.
Ihr Niedlichen.
Ihr Supersympathischen.
Ihr Volksvertreter.
Systemkritiker.
Vaterlandsgetreuen.
Ihr Anwälte der kleinen Leute.

Ihr Angstlappen.
Jammerlappen.
Weichen Birnen.
Schlaffen Gurken.
Klemmspießer.
Müden Krieger.
Miesen kleinen Krämer.

Ihr guten Deutschen.

Ihr bekamt nichts von meinem schönen Gehirn.

Wir standen auf, gaben uns die Hand, gingen auseinander.

Am nächsten Tag denunzierte mich Roger F., nicht ungeschickt, auf der Facebook-Seite »Bist du ein echter Zehdenicker? Dann rein hier!«.

Anlässlich seiner Kandidatur für das Stadtparlament habe ihn ein Journalist einer »renommierten Wochenzeitung« auf dem Rathausmarkt interviewt. Der Journalist habe – neben Fragen zu stadtrelevanten Themen – wissen wollen, was er, der Kandidat Herr F., über eine organisierte Drogenkriminalität in der Kleinstadt wisse und erzählen könne.

Der Coup war platt gesetzt, brachte mich aber in eine blöde Lage. Ganz gleich, ob und in wie großem Stil in der Kleinstadt mit Rauschgift gedealt wurde (und ich hatte keinen Anlass, zu glauben, dass dies die einzige Kleinstadt in Deutschland sei, in der illegale Stoffe keine Rolle spielten): Mich langweilten Drogen, ich hielt sie für einen undramatischen Stoff – für meine Geschichte war die Professionalität der Drogenszene unerheblich.

Gleichzeitig wollte ich unbedingt weiter mit den windigen, den dunklen, den gefährdeten Gestalten der Kleinstadt zu tun haben, es zog mich zu ihnen hin. Und wenn mich meine Leute – ganz gleich, woher der Verdacht kam und wie abstrus an den Haaren herbeigezogen er auch war – für einen Schnüffler oder Drogenspürhund hielten: nicht gut.

Auf einen Schlag war es für den Reporter in der Kleinstadt einen Zacken gefährlicher geworden.

Schleusner-Ranch

Auf die Straße vor dem Hotel Lorenz hatten Kinder mit Kreide einen zwei Meter großen Penis und das Wort »Sex« gekritzelt. Endlich mal wieder eine durchweg optimistische und lebensbejahende Ansage!

Das Boxtraining war brutal anstrengend (bei Trainer Maik hieß es: »Du bist zu fett«). Es wurde Zeit, an mein altes *Deutschboden* anzuknüpfen, es wurde Zeit für ein paar gute alte Raul-und-Eric-Vibes.

Aus Berlin-Mitte hatte ich Raul eins dieser Espresso-Schraubkännchen für den Herd mitgebracht, und es war gleich klar, dass ich mir dieses Geschenk hätte sparen können (Raul mochte keinen Scheißespresso – sein Kaffee, den er sich täglich holte und der auch den Vorteil hatte, dass man hierfür extra eine Autofahrt antreten musste, war der Karamell-Macchiato im Kaffeeautomaten bei Lidl).

Exakt einen Besuch in diesem Frühjahr und Sommer hatte Raul dem Reporter in seinen vier Wänden, seiner Wohnung in der Schleusner-Ranch, gewährt: Es war dieser Besuch zu keinem Zeitpunkt als großes Ding deklariert worden (»Bist immer willkommen«), aber de facto war er etwas Besonderes.

Wie üblich schaute man als Gast nicht ganz so offensichtlich hin, aber eben doch sehr genau – es war, immerhin, das Zuhause meines Buchhelden Raul, des regierenden Königs von Hardrockhausen.

Rauls Wohnung sah überraschenderweise nach eleganten Fünfzigerjahren in der DDR aus (das hatte man bisher nicht gewusst, dass es so etwas wie Eleganz in der DDR überhaupt mal gegeben hatte): holzgetäfelte Wände, Dielenböden, Panoramafenster, Schiebetüren, Wandschränke. Überhaupt, eine geräumige Wohnung (»Ich habe gerne Platz, weeßte, falls man zu Hause mal Fahrrad fahren möchte«).

Gleich im Flur unten hatte der Hausherr eine recht drastische Geschmacks- und Einrichtungs-Note gesetzt: Da lagen, auf einer Holzbank, ein Raketenwerfer (»Marke Heckler & Koch, bei der Ausbildung bei der Bundeswehr genutzt«) und ein Sturmgewehr (»eine AK 47, Baujahr 1990, im Kosovokrieg eingesetzt«). Beide Waffen, so Raul, seien Leihgaben eines guten Freundes: »Die waren beide mal ein Verstoß gegen das Kriegswaffenkontrollgesetz, sogar ein eklatanter. Aber jetzt sind es stumpf gemachte Modelle.«

Treppe in den ersten Stock. Angenehme Junggesellen-Vibes: In der Küche, so sah der Besucher, wurde nur Instantkaffee gekocht. Eine dunkelblaue Polizeijacke über dem Stuhl am Esstisch. In der Besenkammer, hinter dem Wäscheständer: eine Soft-Air-Waffen-Sammlung. Im Wohnzimmer eine Liegelandschaft (Sofa), ein Kamin mit schmiedeeisernen Gittern, ein maximal großer Fernsehschirm (55 Zoll), die Virtual-Reality-Brille, eine amtliche Schnapsflaschensammlung im Wandschrank, ein Schlagzeug-Set. Raul: »Bevor du noch weiter dokumentierst, wie es hier im Einzelnen aussieht: Meine Freundin will hier alles – wirklich alles – grundüberholen. Tapete, Böden, Möbel, alles. Sie hält meine Einrichtung für komplett *outdated.*«

Eine Frage an Raul, letztlich eine philosophische Frage an das Leben, die uns alle betraf: Ließ sich Deko, ließen sich Tüllgardinen, Tischsets, Duftkerzen, Strohsterne, Kürbisse, vergoldete Ananas, Hydropflanzen, Flusskiesel in Glasvasen, der ganze Plunder also, der leere Wohnungen voll aussehen ließ, verhindern? Wohl eher nicht. Wer eine Freundin hatte, der hatte früher oder später Deko zu Hause.

Wir gingen nun, auf der Eckcouch liegend, wie vereinbart Rauls Medienverhalten durch. Spät hatte der Reporter kapiert, dass in der Kleinstadt ja nicht weniger elektronische Medien genutzt wurden als in der Großstadt – um sich allen Irrsinn der Welt reinzuschaufeln und an allen erdenklichen Chats, Diskussionen, Weltverschwörungstheorien und Videogame-Premieren teilzunehmen –, sondern eher noch mehr. Mit »Medienverhalten« meinte ich: Der Reporter wollte noch mal im Einzelnen nachvollziehen, wie Raul, dieser *Wizard* der Kommunikation, sein Smartphone nutzte.

Festzustellen war: Ins Handy guckend war Raul in erster Linie ein lesender, kein Filme guckender Nutzer. Er sei viel auf Reddit, viel auf Twitter (»Die beiden machen achtzig Prozent meiner Zeit auf dem Smartphone aus«), auf beiden Seiten sei er ein passiver Follower, er like, aber er schreibe, retweete und kommentiere nie. Sein Ding sei natürlich, dass er möglichst breit folge, er schaue sich Feind und Freund an, also Politiker, Journalisten, »die ganzen grauenhaften Feministen«, Filmschaffende, Moderatoren, das ganze Medien-Pack. Tagsüber, im Lastwagen, von früh um vier Uhr bis mittags, höre er seinen Lieblingsradiosender, den Deutschlandfunk, am liebsten die politischen Kommentare und die internationale Presseschau (sorry, aber das begeisterte den Reporter, dass ein Lkw fahrender Punk aus der Kleinstadt den Deutschlandfunk als Lieblingssender nannte).

Ein paar Verschwörungstheoretiker auf YouTube musste er sich auch reintun, den Kanal KenFM des ehemaligen RBB-Moderators und rechten Verschwörungstheoretikers Ken Jebsen (»so richtig schlimm«), gerne schaute er sich weltpolitische Themen auch mal auf *Russia Today Deutsch* an, als intellektuelles Manöver gewissermaßen. Er studiere dort, mit wachsendem Schaudern, wie eine semantische Umdeutung der Nachrichten stattfinde: Für *Russia Today* sei es nicht die »Annexion« der Krim gewesen, sondern die »Wiedervereinigung«, es gebe auch nicht den »Machthaber«, nur den »Präsidenten« Assad.

Und selbst die müdeste Frage unserer Zeit (der klassische Gesprächsstoff bei Teenagern in aller Welt) war bei Raul noch vergleichsweise kurzweilig zu beantworten: Auf welchen Smartphone-Hersteller schwor er derzeit, auf Samsung, Huawei oder Apple?

Ganz falsch, ganz anders – Raul wurde jetzt richtig wach, er legte einen Zeigefinger auf das Smartphone, das neben Aschenbecher und Zigaretten auf dem Couchtisch lag –, das Telefon seines Vertrauens sei das Caterpillar S60, das Telefon der Baggerfirma, ein Bauarbeiter-Smartphone: Dieses Gerät sei, sagte Raul und strich über das Display, ein James-Bond-Telefon, nach militärischen Standards gebaut, wasserdicht, stoßfest, der Akku halte tagelang. Er führte die Caterpillar-Funktion Infrarot vor, eine Wärmebildkamera: »Damit kannst du den Nachthimmel über mehrere Hundert Meter Entfernung auf Hubschrauber hin ableuchten – du siehst Wild im Wald, die Heizungsrohre hinter der Wand, du siehst, ob ein Auto schon lange da steht oder gerade erst den Motor ausgemacht hat, du findest die warmen Brötchen im Korb bei Rewe.« Was für ein gleichzeitig sensationeller und extrem konkreter und lebensnaher Raul-Vortrag.

Konnte Raul noch mal kurz die gängigsten Verschwörungstheorien aufsagen, die in der Kleinstadt ja keine extremen und abgefahrenen Spinnerpositionen darstellten, sondern Standard waren unter gewöhnlichen, nicht weiter auffälligen, einer geregelten Arbeit nachgehenden Bürgern? Es machte immer so einen Spaß.

Raul legte jetzt Wert darauf, dass dies bitte nicht seine eigenen Theorien waren (natürlich nicht), sondern eben die der Leute, über die er sich selber oft nur kaputtlachen konnte: Die gängigsten Typen unter den Verschwörungstheoretikern, das waren natürlich die Alumützen, die Flat-Earther und die Reptiloiden.

Die Flat-Earther? Reptiloide? »Na, Flat-Earther, das sind die, die daran glauben, dass wir seit Galilei alle verarscht werden – die Erde ist natürlich eine Scheibe.« Ach so. Ja klar. »Reptiloide, das sind Echsenmenschen, die unter der Erde wohnen und in Reptilien-Gestalt auftauchen, um uns zu kontrollieren. Noch nie gehört?« Noch nie gehört, nein. »Man sagt ja immer, die Queen, Angela Merkel und Mark Zuckerberg, das sind die bekanntesten Reptiloiden.«

Ein gewisser Paul Mittenzweig (»Auch so ein Spinner, am rechten Rand mitgemischt, auch mal bei der AfD, dann nach Templin gezogen«) war der Einzige, den Raul kannte, der wirklich mal einen Aluhut getragen hatte.

Einen Aluhut? Die These war, dass die Regierung Geheimprojekte verfolgte und, zur Kontrolle der Menschen und um ihre Geheimprojekte durchzusetzen, mit Strahlen aus dem Weltraum in die Köpfe ihrer Bürger guckte. Die Strahlen der Überwachungs-Satelliten ließen sich nur stoppen beziehungsweise dadurch abblocken, dass der Eingeweihte mit einer mit Alufolie ausgelegten Mütze oder Baseballkappe durch die Gegend lief: »Dann kann die Regierung einem nicht in den Kopf reingucken.«

Wow, und diesen doch sehr speziellen Unsinn, den bildeten sich in der Kleinstadt nicht nur ein paar hoffnungslose Spinner ein, das dachten tatsächlich viele? »Der Trick mit dem Aluhut war in den frühen Nullerjahren ein weitverbreitetes, ein wirklich großes Ding.«

Der Reporter erinnerte Raul nun daran – ein Streit über Sinn und Unsinn von Verschwörungstheorien war damals an der Aral-Tankstelle entbrannt –, dass er, Raul, vor zehn Jahren selbst Zweifel gehegt hatte an der offiziellen Version der 9/11-Anschläge. »Langsam«, hielt Raul nun dagegen, ein Vorgang sei immer noch nicht abschließend geklärt: Das World Trade Center 7, das Verwaltungsgebäude der beiden Türme, habe bekanntlich einige Straßenblocks von den Zwillingstürmen entfernt gestanden, sei aber trotzdem im freien Fall eingestürzt. Die offizielle Version hatte damals gelautet, das Gebäude sei von Trümmern des World Trade Center 1 getroffen worden, bis heute gebe es aber namhafte Ingenieure und Professoren, die Zweifel an dieser Darstellung hegten. Raul: »Mit der Einschränkung, dass mir hier entscheidende Informationen fehlen: Ich tippe eher auf eine kontrollierte Sprengung.«

Wir hingen am Couchtisch in Rauls Wohnzimmer, der Blick ging auf die Schrebergärten der Kleinstadt – zwischen dem Reporter und Raul zog ein Moment der Unsicherheit ein, wie er immer mal wieder aufkommen konnte, weil einer von uns beiden (es war eher nicht Raul), wiederum auch nur für einen Moment, nicht vor sich hatte, worauf dieser Nachmittag, mehr noch: worauf der ganze Aufenthalt des Reporters in dieser zweiten Runde hinauslaufen sollte. Jetzt redeten wir also, was im Deutschland des Jahres 2019 ja tatsächlich fortgesetzt ein Riesenthema war, noch einmal über Verschwörungstheorien. Wir konnten uns jetzt dummerweise nicht, was gut gewesen wäre, drei, vier Bier reinhauen, weil Raul in dieser Woche Nachtschicht fuhr (das bedeutete: um halb sechs abends rauf auf den Lkw, nach Großbeeren im Süden von Berlin, Ware aufladen, gegen Mitternacht zurück in der Kleinstadt. Hatte Raul Nachtschicht, trank er aus Prinzip keinen Schluck).

»Das sah schlimm aus, wie du da mit den Leuten von der AfD zusammengesessen hast«, erklärte Raul nun. Er selber habe uns nicht gesehen, es hatten ihn aber mindestens fünf Sprachnachrichten erreicht mit der Frage, was ich mit den zwei dicken Männern aus dem Westen und den zwei Frauen, die in der Kleinstadt kaum jemand kannte, auf dem Rathausmarkt zu schaffen hatte.

Den Post auf der »Bist du ein echter Zehdenicker?«-Seite, den er selbstverständlich gleich gesehen hatte, schätzte Raul als wenig Erfolg versprechend ein: »Ein Handwerker aus Nordrhein-Westfalen, der bei uns seinen Lebensherbst genießt und uns erzählen möchte, wie wir leben sollen? Nee. Haben wir hier nicht so gerne.«

»Du musst jetzt endlich mal mit saufen kommen«, entfuhr es Raul – er kompensierte damit offenkundig die Tatsache, dass ja nun gleich seine Lkw-Tour anstand und er, wenn überhaupt, erst zur späten Nachtstunde in seinen geliebten Scheißladen würde einkehren können.

Auf den Tischen, die hinter einem Jägerzaun auf dem Trottoir vor Schröder standen, ließen wir uns von der stets grandios genervten, dabei aber auf ihre Art stets korrekt und tadellos bedienenden Inge zwei Fleischgerichte mit Bratkartoffeln bringen. Saß der Reporter mit am Tisch, vermied es Inge, mich direkt wegen meines Bestellungswunsches anzusprechen, sie fragte stattdessen lieber Raul oder Eric: »Was will er?« Spitznamen, die der Reporter bei Inge weghatte, lauteten: Nappel, Bleppo, Dussel oder Lappen (Raul: »Sie findet dich schon *richtig* scheiße – lustig«).

Die Kleinstadt machte Raul, der vor der Kneipe Schröder seinen Guten-Abend-Kaffee trank, ihre Aufwartung – es gab die Autos, deren Fahrer nur hupend, winkend, Zwischengas gebend vorbeizogen, und es gab die Fahrer, die vor unserem Tisch anhielten und bei laufendem Motor die Hand herausreichten und vom Autolenkrad aus einen Plausch über den Gartenzaun anfingen.

Auf dem Bordstein gegenüber, vor dem Bräunungsstudio Sunline, stellte nun das Mitglied einer Motorradgang, wie es im Buche stand (Lederkluft, Iro, Vollbart, hundertzwanzig Kilogramm Muskeln), seine schwere Maschine ab. Er trat an den Tisch, schüttelte Raul und mir die Hand, sagte, in Richtung der Eingangstür des Schröder zeigend, »Bockwurscht fressen«, riss die Tür auf und verschwand im Lokal. Raul, mit der ernsten Raul-Stimme: »Das war Rick. Wenn Rick keinen Bock hat, dann kann niemand etwas für dich tun – auch ich nicht. Im Zweifelsfall: Besser einfach auf den Boden gucken, wenn Rick reinkommt.«

Raul erklärte, dass er persönlich nie Probleme mit Rick gehabt habe und er ihn für einen vollkommen coolen und korrekten Typen halte (es wurde – alte Kleinstadt-Regel – immer ein wenig gefährlich, wenn einer die »Ich persönlich habe mit XY nie Probleme gehabt«-Formulierung verwendete. Aus ganz anderen Quellen würde ich später erfahren, dass Rick – natürlich – eine deutlich rechte Gesinnung hatte und mit denen aus dem Westen Deutschlands gerne mal eine Auseinandersetzung anfing). Nachsatz Raul: »Immerhin, das war ein gutes Zeichen, dass er dir die Hand gegeben hat. Rick gibt bei Weitem nicht jedem die Hand.« Raul verabschiedete sich zur Nachtschicht, und schon zwei Stunden später, es war gegen acht Uhr abends, trat ich durch die offen stehende Glastür in den Scheißladen.

Scheißladen (Pretty Baby)

Es war natürlich eine abstrus frühe Zeit für diese Bar. Die Erinnerung an Franky's Place, wo wir vor zehn Jahren bei vielen, vielen Mollen und einigen widerlichen Schnäpsen übermütige und lustige, teils auch schockierende Gespräche geführt hatten, war sofort wieder da (es war zum Beispiel darum gegangen, wie Rampa und sein Bruder in den Neunzigerjahren, praktisch Abend für Abend, die ganze Stadt zusammen »langgemacht«, das hieß, jedem, der bei drei nicht auf dem Baum war, die Fresse eingeschlagen hatten).

Kaum Licht, die Rollläden zur Straße waren runtergelassen. Über dem Billardtisch hing das klassischste aller Bar-Bilder: James Dean, Marilyn Monroe, Elvis Presley und Humphrey Bogart gingen zusammen einen trinken, jeder für sich in einer anderen melancholischen Stimmung. Im Kühlschrank Astra Rakete, das mit Zitrus-Wodka aromatisierte Bier. Hinter der Bar lief, Gott sei Dank leise, die vielleicht entsetzlichste jemals in Europa produzierte Popnummer, die Country-Fiedel-Billig-Disco-Nummer *Cotton Eye Joe* von Rednex. O Gott, der Laden sah so massiv nach Abkacken in der deutschen Provinz aus, dass der Regisseur auf dem Set eines *Tatorts* zu seinem Setdesigner gesagt hätte: »Stopp. Müssen wir neu bauen, den Laden. Das hier glaubt uns keiner.«

Der einzige Gast: Am Billardtisch machte sich ein arabisch aussehender Jugendlicher, schätzungsweise aus Syrien oder aus dem Irak – er trug enge Hochwasserhosen – an Queue und Kugel zu schaffen. Ganz hinten bei den Klos, am vierten von vier Couchtischen mit Ledersesseln davor, saß Sarhan, wie immer kurdische Befehle in sein Handy sprechend, ihm gegenüber ein auf den ersten Blick gleich hochinteressantes Nachtleben-Geschöpf, weiblich, mit leuchtend bunt gefärbten Haaren. Sie saß da, über den Tisch gebeugt, tunkte Paprikascheiben in eine Plastikpackung mit Frühlingsquark.

»Willst du mir wieder Fragen stellen?«, sagte Sarhan, er nahm das Handy vom Ohr, grinste, hielt mir über die Schulter die Hand zum Abklatschen hin. »Ich kann nichts sagen – ich habe doch schon alle Fragen beantwortet.«

Sarhan erhob sich, um noch lauter und nachdrücklicher mit seinen Geschäftspartnern zu telefonieren. Das Girl am Tisch legte seine Paprikascheibe in den Quark, stand auf und schlurfte betont gemächlich und zeitaufwendig hinter die Bar, um die Bestellung aufzunehmen.

»Ein frisch gezapftes Bier, bitte.«
»Alles?«
Überraschende Frage.

»Ja, ich trinke erst mal das Bier. Vielen Dank.«

Sie grinste – so, als könnten da noch ein paar Sprüche kommen beziehungsweise als könnte sie mit dem Sprücheklopfen erst noch richtig loslegen. Sie war offensichtlich eine, die sich mit Kommunikation in Bars und, wichtiger, mit den Grenzen von Kommunikation in Bars auskannte. Das Bierglas füllte sich, und der Reporter ließ die zehn Minuten verstreichen, in denen man als in einer Bar noch nicht eingeführter Trinker besser keinen Quatsch erzählte, um der Bier zapfenden Bevölkerung nicht auf die Nerven zu gehen.

Sie war klein, vielleicht ein Meter sechzig groß, trug Shorts aus weißem Satinstoff, eine rosa Trainingsjacke, darunter einen schwarzen Spitzen-BH (Pop-Referenz: die frühe Britney Spears, die Richtung), Hals, Dekolleté, Schultern und Arme waren mit unzähligen Schriftzeichen und Bildern übersät. Ihr Gesicht sah niedlich aus, ihre Augen strahlten in einem unnatürlich hellen Blau (Kontaktlinsen?), Nasenpiercing und Piercingstecker rechts und links unter der Unterlippe. Auch wegen des sehr effektvoll gesetzten Kajals und Lidstrichs erinnerte sie an eine Figur aus einem japanischen Manga-Comic. Ganz platt: Ich fand, dass sie absolut toll und fremdartig aussah, wie eine Mischung aus Chantal (aus den *Fack-ju-Göhte*-Filmen) und der Heldin aus einem Film, der hierzulande leider nicht finanziert werden konnte. Ihr Gestaltungswille, der Wunsch also, etwas aus ihrem Typ zu machen, war bei ihr offenbar stark ausgeprägt.

Nein, das sei natürlich nicht ihre Augenfarbe, sie trage Kontaktlinsen: »Ich habe zwar blaue Augen, aber nicht so blaue.« Die Linsen kämen von der Firma LuxDelux, es gebe sie mit und ohne Dioptrien und in einer breiten Farbpalette (spätere Recherchen des Reporters ergaben: Die erhältlichen Farben der Firma LuxDelux trugen die Namen Misty Blue, Shasha Green, Leopard Grey und Miso Brown).

Leichte Irritation, natürlich, weil der Reporter das mit den Kontaktlinsen-Farben genau erklärt bekommen wollte. Sie hieß Pretty, ihr voller Name, zumindest der, den sie jetzt nannte, lautete Pretty Baby.

Wow, also wirklich »Pretty Baby«, so wie »pretty«, englisch für voll süß und niedlich? Sie zögerte, Bier zapfend, setzte ein vieldeutiges Gesicht auf: »Na ja, Pretty, weil mir die Leute immer sagen, dass ich ganz niedlich aussehe.«

Ich trank das zweite Bier. Sarhan war telefonierend vor dem Lokal unterwegs, der Afghane hielt den Queue und guckte vom Billardtisch rüber. Pretty hatte neben dem Bierzapfen die Beschallung der Bar übernommen, sie ballerte jetzt deutschen Hip-Hop aus den überraschend starken Boxen. Frage des Reporters, um weiter irgendwie im Gespräch zu bleiben: Was hörten wir da? »Na, dit sind doch SDP, die Jungs aus Spandau, kennst du nicht?« Mit Unterhaltungen, bei denen man gegen die Musik anschreien musste, hatte ich, etwa in Technoklubs während der Neunzigerjahre, schon immer gute Erfahrungen gemacht (man beschränkte sich aufs Nötigste, jeder Satz musste sitzen).

Sie stammte aus Templin, war mit 18 Jahren nach Zehdenick gekommen, hatte drei Kinder, alle unter zehn Jahre alt. Sie arbeitete normalerweise von acht Uhr abends bis Mitternacht in der Café Lounge Bar (auf Basis eines Geringverdiener-Jobs, zu Hartz IV kämen also noch ein paar Hundert Euro dazu), manchmal gehe es aber auch bis sechs Uhr früh. Gerade passe ein Freund auf die Kinder auf. Die Beziehung zum Vater des Kindes habe sie gerade aufgelöst, sie habe sich schwer damit getan, aber es sei einfach nicht mehr gegangen.

»Man weiß, dass es genug ist, wenn man durch eine geschlossene Glasscheibe fliegt.«

Sie, die sich Pretty Baby nannte, hatte eine grandios klare und unsentimentale Art, die Dinge beim Namen zu nennen. Blitzende Kontaktlinsen-Augen.

Wo würde sie das Gespräch jetzt hinlenken?

Sie sei, verdammt noch mal, eine hart arbeitende Frau und eine verantwortungsvolle und gute Mutter: »Die Kinder kommen bei mir an allerallererster Stelle.« Nachsatz, noch einmal ganz unmissverständlich: »Den Kindern ging es immer gut.« Sie habe oft nachts durchgearbeitet – und am nächsten Tag habe trotzdem immer ein Frühstück auf dem Tisch gestanden, und sie, die Mutter, habe immer alle drei Kinder in die Kita und in die Grundschule gebracht. Der nächste Mann, falls sie noch mal einen nehme, müsse nicht nur sie, sondern auch alle drei Kinder wollen: »Sonst sage ich gleich Auf Wiedersehen.«

Was sie bisher gearbeitet habe? Sie habe drei Ausbildungen begonnen und alle drei Ausbildungen abgebrochen, weil sie schwanger geworden war.

Früher-Abend-Gespräche mit Pretty Baby zum Billige-Lyrics-Pumpen des deutschen Hip-Hops von SDP. Der Reporter bat die Frau hinterm Tresen – diese Frage zu stellen war inzwischen möglich –, sich ein wenig nach vorne zu beugen, damit er den tätowierten Schriftzug auf ihrem Dekolleté lesen konnte. Da stand, in schwungvoller Schreibschrift eine Ansage zwischen ihren schwarzen BH-Trägern: »Kämpferherz«.

Pretty hielt jetzt ein Glas Pfeffi in der Hand, den traditionsreichen Pfefferminzlikör, der zu Ost-Zeiten nicht nur einer der populärsten Schnäpse, sondern im alltäglichen Zahlungsverkehr eine harte Währung gewesen war (für sechs Flaschen in Plastik eingeschweißten Pfeffi hatte es beispielsweise eine nagelneue Simson S50 gegeben). Und mir fiel noch mal ein, was für eine Armut es war, dass wir bei uns in der Großstadt praktisch keine Trinksprüche mehr kannten.

Als ich vor die Bar trat, standen vor dem nächsten Eingang, dem Istanbul-Imbiss, ein paar von der schönsten Sorte Skinheads, die mit den glatt rasierten und eingecremten Körpern und den weißen Kapuzenpullovern, die nach den Waschmitteln und den Weichspülern ihrer Mütter rochen – ein paar von ihnen kannte ich von früher von der Aral-Tankstelle. Sie waren in Party-Laune, hielten Döner in ihren Händen, traten unruhig auf dem Bürgersteig auf und ab.

»Wat is' los, Ahmet?«, rief einer. Der am Dönerspieß schaute raus, arbeitete weiter. Dann sehr laut, in den Imbiss hineinrufend: »Nee, sag mal: Hast du *Bitches* in deinem Laden? Hast du ein paar Ziegen oder Esel in deinem Laden, die wir ficken können?« Ahmet, Dönerfleisch schneidend. Kein Kommentar.

Abendrunde durch die Kleinstadt, bis zur Postkreuzung. Der Reporter schaute auf die heruntergelassenen Rollläden der Bäckerei Kuhn. In einem Hinterhof, der nicht ganz weit entfernt lag, hörte jemand Elton Johns *Rocket Man*, die wunderbar schwule, für die Kleinstadt ganz und gar unwahrscheinliche Hymne vom Weltraum-Mann mit den Plateausohlen-Schuhen. Und in Sekunden, während der Song mit den Worten »And I think it's gonna be a long, long time …« in die letzten Runden ging, färbte sich die ganze Kleinstadt lila und fing an zu leuchten.

SMS an Raul. Antwort wie immer per Sprachnachricht: Er schlug vor, gegen Mitternacht noch einen Absacker im Scheißladen zu nehmen – allein, der Reporter war, wie sooft, zu schwach für einen Absacker. Raul: »Pretty, ja, eine ganz Süße und Liebe, eine unserer allerbesten Frauen.«

Ein Zehdenicker Bürger

Gleich nach meiner Rückkehr in die Kleinstadt war mir Speedy begegnet, er winkte aus einem Kleinwagen heraus, rief: »Wir beide sehen uns aber mal, oder?«

Speedy, mittlerweile auch schon dreißig Jahre alt, war in Zehdenick immer eine Berühmtheit gewesen, weil er für lange Zeit – über die ganzen Nullerjahre – einer der wenigen dunkelhäutigen Menschen, wenn nicht der einzige Schwarze in der Kleinstadt gewesen war (Vater Vertragsarbeiter aus Mosambik, Mutter aus Zehdenick). Wenn einer in der Kleinstadt alle Sorten von Schimpfwörtern, Abreibungen und Erniedrigungen durchgestanden und vor allem gelernt hatte, trotzdem nicht die Hoffnung und den Mut zu verlieren, dann war es Speedy (ging es gut für ihn, war er der Quotenneger, sollte es ein wenig härter und böser zur Sache gehen, dann war er der Nigger, der Schwarzgebrannte oder einfach Dreck).

Schon vor zehn Jahren gab es das Phänomen, dass Speedy einerseits gequält und erniedrigt, andererseits aber von den allermeisten wirklich gemocht wurde – der Rassismus wurde gewissermaßen automatisch und ein wenig formelhaft abgespult, bevor man zum eigentlichen Programm, dem Unter-Kumpels-Sein und gemeinsamen Fußballspielen, Biertrinken und Witzemachen, übergehen konnte.

Und Speedy hatte sich – eigentlich unmöglich – trotz eines maximal asozialen rassistischen Dauer-Tremolos, das über Jahre angehalten hatte, erfolgreich geweigert, die Opferrolle einzunehmen. Im ersten Teil meiner Reportage hatte ich drei Anläufe gebraucht, um eine Begegnung mit ihm herzustellen, die über das freundliche Vom-Fahrrad-Zuwinken hinausging; schließlich hatten wir vor den ehemaligen Arbeiterhäusern, den halb verfallenen Backsteinbauten in den Stichen, gesessen, wo es kaum fließend Wasser und elektrisches Licht gab und wo Speedys Stiefvater und diejenigen untergekommen waren, für die es in der Kleinstadt keinen Platz gab. Speedy war hin- und hergerissen worden zwischen Depression und Trotz, er hatte sich weit weg von der Kleinstadt gewünscht und gleichzeitig Angst gehabt vor der großen Welt und der großen Stadt Berlin. Für das, was er an täglichem Rassismus erlebte, hatte er eher beschwichtigende, relativierende Worte gefunden. In einer Huckleberry-Finn-artigen Ahnung, in der Wut und eine tiefe Traurigkeit zusammenkamen, hatte er plötzlich ausgestoßen: »Ich werde hier verrotten.«

Nun saßen wir in seiner Zweizimmerwohnung, sein Haus lag an einem Umgehungs-Highway, über den die Lastwagen donnerten. Speedy trug eine Sporthose und einen angedeuteten Iro. Seine kleine, schmale, drahtige Gestalt. Er rieb sich, wie ich das von ihm kannte, immer wieder die Hände, so als könnte er schwer stillhalten und als wollte er jeden Moment einen Sack Zement hochreißen oder mit dem Spachteln einer Mauer beginnen. Eine Hantelbank neben dem Sofa, polnische Zigaretten auf dem Sofatisch.

Wie waren die letzten Jahre bei ihm gelaufen, Speedy? »Bei mir Bombe, muss ich ganz ehrlich sagen.« Das hörte man jetzt aber gerne. Im Film *Deutschboden* hatte er gesagt: »Ich will den Baumaschinenschein haben, ich will meinen Führerschein wiederhaben, und ich will eine feste Arbeit.« Blick auf den Speedy, der neben der Hantelbank saß: »Mission erfüllt. Alle drei Dinge habe ich geschafft.«

Derzeit sei er bei einem Garten- und Landschaftsbau-Unternehmen angestellt. Für Kumpels übernehme er neben der Arbeit noch Maurer- und Verputzer-Tätigkeiten, er habe immer gut zu tun. Stiefvater und Mutter gehe es soweit okay, beide lebten noch von Hartz IV (der Stiefvater wohnte mittlerweile in den Neubauten, in den Baracken der Ziegelei war der Schimmel in den Wänden nicht mehr getrocknet). Speedy hatte weder Frau noch Kind, aber eine Freundin.

Jeder in der Kleinstadt – auf den Straßen, in den Kneipen, in den Wohnzimmern – kannte Speedy: »O ja. Ich bin bekannt wie ein bunter Hund.« Aber anders als früher war er heute – mit den Flüchtlingen, die seit 2015 dazugekommen waren – ja längst nicht mehr der einzige Dunkelhäutige in der Kleinstadt. War das schön, endlich nicht mehr der einzige Schwarze in der Stadt zu sein?

Leicht verschämtes Lachen beim Jungen auf der Hantelbank. Sein hellhäutiger Stiefvater, erklärte der lachende Speedy, habe altersbedingt eine Sehschwäche entwickelt: »Wenn heute ein Schwarzer an ihm vorbeiläuft, grüßt er immer, weil er denkt, das bin doch ich.«

Interessant, schon vor zehn Jahren hatten wir nicht lange herumgeredet, waren stattdessen gleich vorne im Gespräch auf die entscheidenden Fragen gekommen. *Crystal clear talking:* Speedys Sache. Jetzt war das wieder so.

Mit dem Rassismus sei das heute so: Seine Freunde, überhaupt die Leute, mit denen er abhänge, drückten ihm natürlich noch Sprüche rein, von wegen Neger, Nigger, Scheiß-Asylanten-Pack, das sei in der Stadt einfach der gängige Umgangston. Aber sie nähmen ihn, wenn sie so über die Ausländer sprächen, dabei oft dezidiert aus, nach dem Motto: »Du bist nicht gemeint, Speedy. Wir wissen, dass du Deutscher bist. Du gehörst hierhin.«

Hatte er, der Speedy aus dem Film und der Speedy, der in der Mitte der Gesellschaft von Zehdenick angekommen war, auch eine politisch rechte Seite?

Junge mit Iro, lachend, große Rauchwolke aus dem Mund ausstoßend – diese sehr direkte Frage genierte ihn jetzt doch: »Ach, ich weiß das gar nicht … Ich sage auch mal: ›Warum fällt der Bimbo mir jetzt direkt vor die Ampel?‹ Oder: ›Warum geht mir der Neger da jetzt nicht aus dem Weg?‹ Ich meine das spaßmäßig, natürlich, aber ein bisschen Ernst ist auch dabei.«

Mein alter Freund Speedy erklärte mir dann, dass er sich auf gar keinen Fall zu den »nur lieben Menschen« zähle. Wie meinte er das? Wer exakt waren diese »nur lieben Menschen«?

Na ja, so Speedy: Einen Flüchtling könne er nicht alleine dafür gernhaben, dass er Flüchtling sei. Er habe auch schon Scheiße mit den Asylanten erlebt: »Wenn die Flüchtlinge respektlos zu uns Deutschen sind – das muss ich ganz ehrlich sagen: Dann bin ich auch Rassist.«

»Verdammt noch mal«, sprach nun Speedy. Er nahm die halb volle Zigarettenpackung hoch und schüttelte sie, wie eine Rassel, hin und her: »Ich brauche mich vor niemandem zu rechtfertigen. Dass die Flüchtlinge einem auch mal auf den Sack gehen, das ist doch das Normalste auf der Welt.« Sagen wir so: Er, Speedy – Angestellter bei einer Gartenbaufirma, ausgebuchter Handwerker, Ex-Boxer beim Boxring Zehdenick, Fußballer beim FC Klein-Mutz, stadtbekannter, allseits respektierter Spaßmacher und Sprücheklopfer, der seinen Weg in der Kleinstadt gemacht hatte –, er musste sich vor mir, dem Reporter, sowieso für gar nichts rechtfertigen.

Speedy sprang auf, nur um seine Trainingshose am Saum hoch- und an den Beinen wieder runterzuziehen. Und setzte sich gleich wieder hin. Die Feuerzeugflamme an seine Zigarette haltend: »Ich habe nüscht gegen Ausländer. Das sollte klar sein.« Und er sprach sein Fazit zum Thema: »Der Staat will die Flüchtlinge. Wir müssen das hinnehmen – ändern können wir kleinen Leute das ja sowieso nicht. Bevor ich mich da weiter drüber aufrege *und meine Gedanken kaputt mache*, da kümmere ich mich lieber um meinen eigenen Garten.«

Im Rückblick: Konnte er dem Reporter jetzt noch mal erklären, wie sich der damals zwanzigjährige Hartz-IVler und Lehrabbrecher, den ich vor zehn Jahren gekannt hatte, seinen Erfolg und den allseitigen Respekt, den er heute genoss, erkämpft hatte?

Also gut, das Boxtraining von Trainer Maik Brunner, bei dem wir uns damals kennengelernt hatten, das habe er schon ein paarmal anwenden müssen: »Ich musste ein paar Nasen und Kiefer plattmachen, dadurch habe ich nicht ein so glattes Führungszeugnis, da bin ich ehrlich.« Insgesamt drei Vorstrafen wegen Körperverletzung habe er über die Jahre kassiert: »Beim Feiern ist da ein bisschen was schiefgelaufen, ich lasse mir so was auch einfach nicht gefallen.« Bei manchen Arbeitgebern seien Vorstrafen ein Problem, beim jetzigen eben gar nicht: »Den interessiert, ob ich einen Führerschein habe und ob ich hart arbeiten kann und arbeiten möchte.«

Wir sprachen noch mal davon, dass sich der Arbeitsmarkt in der Kleinstadt wohl wirklich entspannt hatte: kein Vergleich zu vor zehn Jahren. Interessantes Phänomen, so Speedy: Diejenigen, die vor zehn Jahren schon nicht arbeiten wollten, die arbeiteten immer noch nicht – die stünden vor Getränke Brunck, vor dem Späti, im Schröder und erzählten den lieben langen Tag ihren Unsinn durch die Gegend. Die ewigen Jammerer, die Loser nervten ihn, so Speedy: »Jeder ist für sich selber verantwortlich. Man kann nicht den ganzen Tag rumrennen und sich aufregen, dass man kein Geld hat, und dann gleichzeitig nicht arbeiten gehen wollen.«

Riesenthema Älterwerden: Tat Älterwerden weh, Speedy? Wir standen an seiner Wohnungstür. Die Freundin schickte Sprachnachrichten, er sollte sie irgendwo hinkutschieren. Anders als früher hatte der Zehdenicker Bürger Speedy ja längst nicht mehr ewig Zeit. »Es macht sich bemerkbar. Der Rücken.«

Mein Freund Blocky

Und endlich: das Wiedersehen mit ihm, dem Urgestein, dem Ureinwohner, der guten Seele von *Deutschboden*, der (nach dem Ex-Bürgermeister Arno Lobenstein) vielleicht bekanntesten öffentlichen Figur der Kleinstadt – von allen Blocky genannt, mit vollem Namen hieß er Jürgen Block. Im April vor zehn Jahren hatte er mich am Tresen der Kneipe Schröder angesprochen (»Ich kenne alle hier, dich kenne ich nicht, wer bist du?«) und den ganzen Ort für mich aufgeschlossen. Im Film *Deutschboden* hatte er die Riesenszene gehabt, in der er mit einem käferfarbenen Trabant-Kübelwagen winkend und in Zeitlupe durchs Bild gefahren war.

Über die Jahre hatte Blocky den Kontakt gehalten, auf eine beiläufige, leichte und ironische und immer wieder – Nervensäge war eben auch ein Teil seiner Existenz – auf eine leicht übergriffige Art. Legendär waren die Anreden, die er für den Reporter gefunden hatte, er nannte mich, was ich für einen superlustigen Spitznamen hielt, Vogelweide (nach Walther von der Vogelweide, dem neben Goethe dritten ihm namentlich bekannten Dichter mit einem »von«). Andere Anreden waren »mein Popliterat«, Blaublüter, Dichterfürst, Hofdichter und, echt lustig, Schreibstift, er selber grüßte mit »Deine literarische Muse«.

Nachricht von Blocky: »Grüße von Jürgen von Goethe. Du simpler Schmierfink!«

Gab es nichts zu berichten, was ja oft der Fall war, schickte Blocky Bildwitze per WhatsApp – mit den Jahren hatten sich etwa fünf Gruppen von Witzen herausgebildet: Bier-Witze, Nackedei-Witze (blonde Bikini-Frauen und begriffsstutzige Männer), Witze über behämmerte Berliner, Witze über Uli Hoeneß und den FC Bayern, Witze, die mit fremdenfeindlichen Stereotypen und Vorurteilen spielten.

Vor ein paar Jahren schickte Blocky ein Filmchen von einem Araber im Kaftan, der auf einem Skateboard einen Bürgersteig hinunterfuhr (schon der Anblick des skateboardenden Kaftan-Manns war superlustig). Das Skateboard blieb irgendwo am Bürgersteig hängen, der Skateboarder stürzte auf den Bauch, der Sprengstoffgürtel unter dem Kaftan explodierte. Botschaft: Obacht vor Skateboard fahrenden Muftis im Straßenverkehr! Ein Textwitz in der zweiten Aprilwoche dieses Jahres, als das Thermometer über dreißig Grad stieg – von der *Roughness* dieser Witze konnte der Reporter nicht genug kriegen: »Bei der Hitze bitte nicht duschen oder Auto waschen. Die Brauereien brauchen das Wasser dringender.« Und noch ein Blocky-Bildwitz per WhatsApp, einmal mehr aus unser aller Leben: »Supereinfaches Smoothie-Rezept: 150 Gramm Ananas, 80 Gramm Spinat, 10 Gramm Wirsing, 1 Stück Ingwer. Alles wegkippen, Bier aufmachen, fertig!« Hahaha! Ging es lustiger? Ich fand, kaum.

Von Blocky gab es gleich zwei gute Nachrichten: Er hatte Arbeit, und zwar eine sichere und solide (seit Mitte letzten Jahres war er im Vertrieb einer in

Krewelin angesiedelten Firma tätig); und er hatte es geschafft, das Häuschen seiner Kindheit – einst von seinen Eltern geerbt und oben im Sandweg, in der Fünfzigerjahre-Einfamilienhaus-Siedlung der Kleinstadt gelegen – trotz seiner finanziell oft angespannten Situation zu halten.

Die Dynamik zwischen uns, dem ungleichen Paar, bestand darin, dass Blocky gegenüber dem Reporter gerne eine genervte, kopfschüttelnde Angespanntheit an den Tag legte und den Reporter – mal mehr, mal weniger offensichtlich – bestenfalls für weltfremd, viel öfter aber einfach für komplett bescheuert hielt. Ich wiederum schätzte an Blocky seine Pointen-Sicherheit und Aggressivität (mit Blocky zu reden, bedeutete, sich praktisch unentwegt von Sprüchen einseifen zu lassen), seine soziale Intelligenz und seine Kompetenz, was die ostdeutsche Seele anging: Statt mit den viel zitierten »Menschen da draußen« zu reden, hätten Politiker in Ost und West, so meine Meinung, sich auch einfach mit Blocky zusammensetzen können.

Im Polo tauchte ich durch das endlos grüne und schimmernde Brandenburg zum Sandweg – ich bekam einen Freudenanfall, dass ich, im Gegensatz zu vielen anderen, die ich kannte, einen Blocky hatte und aus Berlin rausfahren und ihn besuchen durfte.

Er begrüßte mich im Türrahmen (da stand, wie schön, noch immer der grasgrüne Stein-Laubfrosch neben der Fußmatte), er trug ein XXL-T-Shirt mit der Yoda-Figur aus *Star Wars* und der Aufschrift »Mir nicht auf den Sack gehen du sollst«. Ja, schon in Ordnung, wesentlich dünner war er nicht geworden.

Natürlich, Blocky brüllte noch gerne durch die Gegend, manchmal auch ohne erkennbaren Anlass, immer mit dem wirklich ohrenbetäubend metallenen, dem sonoren, über viele Hundert Meter weit tragenden Blocky-Bariton. Blocky, brüllend: »Nimm die iPhone-Stöpsel aus dem Ohr, das sieht ja schon wieder so scheiße aus!«

Ich streifte durchs Haus, dann durch den Garten. Der Pavillon mit der in das Holz gefrästen Aufschrift »Blockhütte«. Blockys vierflammiger Gasgrill, der Broilmaster (zwölf Kilowatt, Extra-Kochstelle, made in China). Der Mast mit der Deutschlandfahne hinten am Maschendrahtzaun lag im Gras, ihn hatte der Sturm abgeknickt (man erinnere sich: Vor zehn Jahren hatten wir die Fahne bei einer Grillparty eingeweiht, mit einem Schuss aus einer eigens herbeigeschafften Pulverkanone und der deutschen Nationalhymne, vom Nachbarjungen auf der Trompete dargeboten).

Wir waren zum Mittagessen verabredet, es sollte Blockys Kartoffelpüree geben mit Steaks, die der Reporter aus Berlin mitgebracht hatte. Er saß da, am Glastisch in seinem Wohnzimmer, mit dem Schälmesser in der Hand, ließ die Kartoffeln in den Wassertopf zwischen seinen Beinen plumpsen. Richtig, mein Freund Blocky war ein guter Koch. Kochend sagte Blocky an sich selbst gerichtet den Satz: »Mmmmmh, Jürgen. Ich will dich heiraten.«

Man hatte andauernd das Gefühl, dass der Mann im Sandweg, der so viel zu sagen hatte, einem auch viel Schönes über Deutschland erklären konnte, Dinge, die verloren gegangen waren, Dinge, die in zwanzig Jahren vielleicht niemand mehr wissen würde. Warum hieß das Hausmannskost, lieber Blocky? »Na, Hausmannskost ist gutes deutsches Essen, das Essen, mit dem man groß geworden ist.« Er brüllte, jetzt mit einem Mal wieder voll auf Anschlag: »Fertigpizza und Fertigbaguette sind keine Hausmannskost, Stadtmensch!«

Es fiel jetzt der Begriff Einkellerungskartoffeln.

Wie? Was? Einkellerungskartoffeln?

Er guckte schon wieder, als ob ich sie leider nicht alle auf der Reihe hätte – schon wieder eine ziemlich lustige Szene: »Ja, die hießen so – früher gab es schöne Einlagerungs- oder Einkellerungskartoffeln. Das waren die Kartoffeln, die man im Keller, am besten auf Holzregalen, gelagert hat.« Und warum gab's die heute nicht mehr, die schönen Einlagerungskartoffeln? Wie lange hielten die sich denn, die blöden Kellerkartoffeln, nur ein Jahr oder gleich ein ganzes Jahrzehnt?

Natürlich interessierten sie mich schon lange nicht mehr, die Einlagerungskartoffeln, aber ich wollte Blocky über sie reden hören, weil ich wusste, dass dabei ein eigenwilliger, ein typischer Blocky-Text entstand.

Blocky unterbrach das Kartoffelschälen, er guckte mich an, zwei Sekunden, volle drei Sekunden lang. Und brüllte: »Die halten ein halbes Jahr! Oder noch länger!« Er pausierte, sprach jetzt – wieder mal mit Sinn für dramatische Effekte – betont leise weiter: »Man muss da aufpassen, dass kein Licht an die Kartoffeln kommt, weil die sonst keimen. Da gibt's auch Keimstopp-Pulver, das man draufstreuen kann.« Genug von der uralten, urdeutschen Kellerkartoffel-Praxis.

Blocky sagte: »Manchmal weiß ich nicht, ob du dich unterhalten möchtest oder ob du recherchierst.«

Und: Übergang zu den ernsteren Themen. Was den Arbeitsmarkt anging, bestätigte Blocky das, was Raul und Speedy schon bemerkt hatten: Die Arbeitslosigkeit sei in den letzten Jahren geradezu dramatisch gesunken (»Die suchen ja überall und finden keine Leute«), vor zehn Jahren hatte die Quote der Erwerbslosen in der Kleinstadt bei 18 Prozent gelegen, heute stand sie bei zehn Prozent (und damit noch deutlich über dem brandenburgischen Schnitt von rund fünf Prozent). Auch wenn es dem Land Brandenburg in Zahlen gut ging, für den Arbeitsmarkt blieb die Kleinstadt ein schwieriges Areal – sie hatte keinen Autobahnanschluss, sie lag gut dreißig Kilometer hinter dem boomenden Speckgürtel nördlich von Berlin.

Wie hatte er es zuletzt immer wieder gepackt, die Raten für sein Haus abzuzahlen? »Durch befristete Arbeit.« Blocky, ein Mann der vielen Jobs – das musste man ja auch mal sehen: Insgesamt hatte er in den letzten zehn Jahren weit öfter gearbeitet als Arbeitslosengeld vom Staat kassiert.

Kurzer Abriss seiner Beschäftigungen: 2010 hatte er auf Kaufmann für Groß- und Außenhandel umgelernt. Ein Jahr lang im Altenheim in der Tagespflege; ein Jahr lang Taxi gefahren; eine Zeit lang Nachtconcierge im Hotel Schloss Liebenberg. Der Job als Gästeführer im Ziegeleipark hatte ihm vergleichsweise gut gefallen.

Wie lautete das Fazit seiner nun doch seit zehn Jahren angespannten Arbeitssituation? Wie kam der Mensch zu einer vernünftigen Arbeit? »Da gibt's kein Fazit«, brummte Blocky. Nach seinem Umlernen habe er über dreihundert Bewerbungen geschrieben. »Man muss sich kümmern. Ich hätte auch aufgeben, ich hätte auch resignieren können.«

Wir kamen, natürlich, auf das Flüchtlingsheim in Zehdenick und die anstehenden Wahlen zu sprechen. »Von den Flüchtlingen kriegt doch kein Mensch etwas mit«, erklärte Blocky. Meinte er damit, man hätte genauso gut übersehen können, dass Zehdenick heute eine Flüchtlingsstadt war? Ich hielt dagegen: Im Gegenteil, die Flüchtlinge waren im Alltag der Kleinstadt doch überall deutlich sichtbar, auf der Straße, an den Ampelkreuzungen, in Supermärkten. Im Scheißladen standen sie am Billardtisch herum, nur in Heiko Schröders Kneipe hatten sie sich bisher nicht blicken lassen. Die Wahrheit war: Das Stadtbild hatte sich, auch durch die Flüchtlinge, verändert. »Richtig«, entgegnete Blocky und gab dem Gespräch damit eine Wendung, die ich nicht hatte kommen sehen: »Aber wen stören sie denn?«

Blocky sprach: »Es gibt gute Menschen, und es gibt Arschlöcher, in allen Farben« (vor zehn Jahren hatte dieser Blocky-Humanismus, den ich mit Freude zitiert hatte, noch geheißen: »Ob schwarz, ob weiß, ob gelb, wir sitzen alle rückwärts auf dem Lokus«). Er erzählte nun, wieder superlustig, nicht von den alten und den neuen, sondern von den »alten und den gebrauchten Bundesländern«. Und hielt plötzlich die Hand auf: »Hier, macht 15 Euro pro Gag.«

Der erklärte Gegner der AfD, er ließ sich nun über die Parteienlandschaft aus. Man könne mit ihm über fast jede Partei reden, die CDU, Lindners FDP, die traurige SPD, die supertraurige Linke, bloß nicht über die Grünen. Die Grünen, das sei die rundweg unwählbare Partei – die Ideologen, die Wirtschaftsfeinde, die Windräder-im-Wald-Verbrecher, die Partei der Porsche-Cayenne-Fahrer und der Besserverdienenden vom Prenzlauer Berg, der Feind des ostdeutschen Mannes, genauso, auch das fiel Blocky jetzt noch ein, die Partei des ehemaligen Steinewerfers und fünffach geschiedenen Ehemanns Joschka Fischer (Moment, Blocky, war das nicht das ein wenig antiquierte Grünen-Feindbild von vor zwanzig Jahren?). Besonders die Sprachpolizisten unter den Grünen gingen Blocky auf die Nerven. Den Negerkuss, so der tapfere Freund, den wolle er auch in Zukunft so nennen dürfen:

»Ein Negerkuss ist ein Negerkuss – und kein Schaumgebäck mit Migrationshintergrund. Es wird bei mir – entschuldigt, liebe Leute – auch nie ein Sinti-und-Roma-Schnitzel geben.«

Blocky, feixend, mit triumphierendem Gesichtsausdruck und, gleich hinterher, mit einem entschuldigenden Augenzwinkern: Jaaa … Er wusste ja auch, dass sein Humor jetzt ein bisschen arg auf Pointe ging – wie das Kabarett, das nach 23 Uhr im Ersten Deutschen Fernsehen kam.

Ganz so superlustig und unterhaltsam wollte ich ihn nun auch nicht wegkommen lassen.

Erkundigung bei Blocky, vor den abgegessenen Steaktellern, wie er die Neue Rechte im Alltag erlebte – am Arbeitsplatz, bei den Nachbarn hier oben am Sandweg und an langen Wochenenden, wenn er sich zu einem Stadtfest in der Umgebung aufmachte, nach Templin oder nach Falkensee.

Frage an Blocky: Oder war das alles Unsinn, dass sich in Brandenburg ein neuer Rechten-Sound etabliert hatte? War das tatsächlich nur eine Journalisten-Idee, dass sich mit jenen irren drei Tagen im September 2015, die schon bald – und in der *Bild*-Zeitung bis heute – als die »Grenzöffnung von Angela Merkel« bezeichnet wurden, ein neuer Nationalismus Bahn gebrochen hatte, ein leider gar nicht so neues Deutschtum, das sich in dieser altbekannten Mischung aus brutaler Dummheit, Biederkeit, Menschenverachtung und grauenhafter soldatischer Härte ausdrückte und in einem offenen Rassismus, wie ihn diese Bundesrepublik seit ihrer Gründung vor siebzig Jahren nicht erlebt hatte?

Blocky schüttelte heftig den Kopf. Er hielt sich jetzt, um sein Unbehagen auszudrücken, sogar die Ohren zu.

Ich vertraute Blocky, ich hielt ihn für einen klugen, vernünftigen und unhysterischen Beobachter der Zeitläufte, ich wollte wirklich wissen, ob sich für ihn und bei seinen Leuten etwas verändert hatte. Gleichzeitig sah ich natürlich, dass ich in ihm nur einen begrenzt objektiven Gutachter hatte, weil er seiner Heimat immer loyal gegenüberstehen würde und weil er seine Heimatstadt nie länger als zwei Wochen am Stück verlassen hatte.

Blocky schlug vor, dass ich mich einmal mit einem seiner engsten und langjährigsten Kumpel zusammensetzte, einem Handwerker und Steinmetzen, dem Chef des verbrieftermaßen ältesten Handwerksbetriebs der Kleinstadt, landauf, landab bekannt als Picker Landwehr: In vierter Generation führte dieser Landwehr seinen Familienbetrieb (1862 gegründet). »Das ist ein bodenständiger Typ. Der quatscht nicht rum. Wenn der sich aufregt, weeßte, dann verstehst du auch, warum.« Ich war sofort interessiert.

Es musste jetzt unbedingt noch – es war zu erwarten gewesen – dem zentralen Kulturereignis des Jahres unsere volle Aufmerksamkeit gewidmet werden: Auf

Blockys Flatscreen, an vier 1200-Watt-Boxen angeschlossen, lief *Deutschland*, das neue Video, die erste Singleauskopplung des neuen Rammstein-Albums.

Alles, was an Deutschlands erfolgreichster Band schon immer anstrengend und natürlich auch *big*, also größer, gigantischer, total vermessener und aufgeblasener Super-Pop war, kam hier, in einer gekonnten und *campyesken* Kopie seiner selbst, noch einmal zusammen: der Brecher-Sound; die verspulte Theaterstimme des Sängers Till Lindemann; die graubraun-rostig-matschig-dunklen Rammstein-Farben; die neunmalkluge, natürlich ironisch gebrochene Totalitarismus-Verehrung; die Provokations-Logik; der hässliche »Dicker Macho-Schweißer mit HJ-Frisur malt sich Lidstrich um die blutunterlaufenen Augen«-Bullshit; überhaupt der ganze DDR-Gothic-Ostblock-New-Wave-Superkitsch. Die von der Band Rammstein ausgeübte Disziplin des Alles-Weghauens, Alle-Rekorde-Brechens, des »Allen zeigen, wer die Größten, Stärksten und Brutalsten sind«, des »Wir wollen von allen missverstanden, gehasst und, wenn möglich, verboten werden« griff hier noch mal voll durch.

In fünf Minuten und 23 Sekunden wurden in dem Video die viel zitierten zweitausend Jahre deutsche Geschichte durchgenommen (Germanicus-Feldzüge, Hexenverbrennung, Reformation, Kolonialismus, Hyperinflation in der Weimarer Republik, Bücherverbrennung, RAF, SED-Politbüro, alles drin). In der Logik der Band war natürlich der Skandal, auch wenn er noch so brav herbeiprovoziert worden war, ein

Qualitätsmerkmal: Der Zentralrat der Juden hatte sich über die Sequenz, in der die Bandmitglieder als KZ-Insassen am Galgen baumelten, beschwert. Aber, so Blocky: Zeigte die Liedzeile »Deutschland, meine Liebe kann ich dir nicht geben« nicht ganz unmissverständlich, auf welcher Seite Rammstein standen?

Der neue Song und das Video jedenfalls hatten Blocky – bisher hatte er sich eher unter den halben Rammstein-Fans eingeordnet – voll erwischt: »Das ist das größte Filmkunstwerk, *das meine Augen je erblicken durften.*« Es machte ihn maßlos wütend, dass der Band noch nicht von allen Feuilletons des Landes – aber doch recht einstimmig in den Lobeshymnen in *Süddeutsche*, *FAZ*, *taz* und *ZEIT?* – der Status und die Ehre des wichtigsten Hochkultur-Ereignisses des Jahres 2019 zuerkannt worden waren.

Ratlosigkeit bei Blocky, weil der Reporter das Hochkulturelle der Rammstein-Kunst in diesem Maße nicht anerkennen wollte: »Dit sind *Denktexte*, Vogelweide!«

Natürlich – das konnte ja auch gesagt werden – hatte der Reporter auch eine Riesenfreude daran, dass es den Rockstar-Stinkern aus Rostock und aus Deutschlands Nordosten noch einmal gelungen war, mit ihrem »Huhu, hier kommen die glamourösen Nazi-Dompteure!« den ganzen Planeten durchzuschütteln.

Lustige Nervfrage: War es eventuell nicht *irgendwie* doch möglich, zu behaupten, dass das Rammstein-Video eine reinrassig nationalsozialistische Ästhetik hatte?

Ernsthaft empörter Blocky, brüllend: »Ach, überhaupt nicht … du Zecke.«

Jetzt hatte er schon wieder so krass recht (und ich eben leider gar nicht). Für Rammstein musste man sich freuen, dass diese Band Fans wie Blocky aus der Kleinstadt Zehdenick hatte.

Ich musste weiterforschen, musste, um Himmels willen, noch viel mehr Kleinstädter, noch mehr gute Deutsche, mehr Punks, mehr Irre treffen. Ich würde gar nichts kapieren – ich würde, so verstand ich plötzlich, furchtbaren Unsinn schreiben und den Unterschied zwischen knapp richtig und leider ganz daneben nicht zu fassen kriegen, wenn ich mir nicht immer wieder die Augen rieb und sehr, sehr genau hinsah.

Gasbohren

Für meinen Nach-Schröder-Kaffee entdeckte ich die Bäckerei Türcke, an der Kreuzung vom Haus Neue Heimat gelegen. Hier gab es dasselbe schöne Ost-Angebot wie oben bei Katharina an der Postkreuzung in der Bäckerei Kuhn (Ossis, Knüppel, Frankfurter Kranz). Die auf ihre Art ebenfalls enorm frische, freundliche, lebensfrohe Yvonne bediente (man konnte mit Yvonne, wie mit Katharina, wunderbar gelenk über alles und über nichts plaudern – dazu, wie schön, ihre blonden, hochgesteckten Haare). Zehdenick, Ort der tollen Bäckersfrauen.

Mein Autokumpel Marcin rief an, um mich auf eine Aktion bei Rewe aufmerksam zu machen: Der Kunde, der den Preis einiger ausgesuchter Artikel – Salzstangen, Aufbackbrötchen, Dreikorn-Toastbrot – erriet, bekam den Artikel umsonst (Marcin hatte natürlich gleich mitgemacht, aber dreimal falsch geraten – kein Problem, die Aufbackbrötchen bekam er trotzdem).

Blocky meldete, dass das Rammstein-Album eine Woche nach Erscheinen in 14 Ländern der Welt auf Platz eins der Charts stand: »Dit is' deutscher Weltrekord.« Rammstein hatten – das, verdammt noch mal, bedeutete schon etwas für einen Bewohner der neuen Bundesländer – die Scorpions geschlagen.

Von einem Bundesministerium in Berlin erreichte den Reporter eine ausnehmend erfreuliche Nachricht: Katarina Barley, Bundesjustizministerin, in diesen Wochen aber vor allem SPD-Spitzenkandidatin für das EU-Parlament, hatte sich bereit erklärt, neun Tage vor der Europawahl vom 26. Mai, an einem Freitagabend – obwohl dieser Besuch für sie ja nun wirklich nicht wahlentscheidend sein konnte –, die Kleinstadt Zehdenick für eine Bürgersprechstunde zu besuchen.

Die Idee war, hier etwas ganz anderes als ihre sonstigen Wahlkampftermine stattfinden zu lassen – also kein Marktplatz, keine große Bühne. Der Reporter würde eine sehr überschaubare Runde von Zehdenicker Bürgerinnen und Bürgern zusammenstellen, nicht mehr als zwanzig Diskussionsteilnehmer. Wir würden uns ins Hinterzimmer des Hotels Lorenz setzen: eine Stunde Zeit, keine Mikrofone, keine Presse, keine Fotos für Instagram und Facebook, dafür Buletten, belegte Brote, Mineralwasser, Bier, kein Vortrag, keine Einleitung, dafür die roughen Fragen meiner Zehdenicker Freunde und Katarina Barleys Antworten und Gegenfragen – Schlagabtausch, Diskussion, Auseinandersetzung, Missverständnisse, los ging's.

Ich hatte Katarina Barley während eines Abends beim Schauspieler Clemens Schick in Berlin zur sogenannten Seite genommen und gefragt, ob sie sich ein Gespräch vorstellen könne, das eben nicht von fünf superschlauen Kommunikationsprofis und Framing-Spezialisten vorab einmal durchgespielt und abgesichert worden war, sondern eine echte Bürgersprechstunde, ein Zusammentreffen mit den Helden meines

Buchs *Deutschboden* und einer klassischen SPD-Basis, den Wählern einer brandenburgischen Ex-Arbeiterstadt. Einen Abend also, dessen Verlauf und Ausgang auf enorm kickende und aufregende Art von niemandem vorherzusagen und auszurechnen wäre (natürlich würde ich als Moderator der Veranstaltung eine ordnende Hand über die Diskussion halten). Und sie hatte, mit dem Wasserglas in der Hand in der Wohnung Clemens Schicks stehend, geantwortet: »Das möchte ich unbedingt machen. Mein Büro meldet sich.« Jetzt also die nicht weniger als sensationelle Zusage.

Sofort fing ich an, mir zu überlegen, wer um Himmels willen eine Stunde seines freitäglichen Feierabends für ein Bürgergespräch mit der Europa-Kandidatin der SPD hergeben würde, das waren eventuell doch gar nicht so viele (es sollten ja auf einmal auch nicht nur die braven Zehdenicker Bürger kommen – es mussten schon meine superlustigen, auf die beste Art verqueren und furchtlosen Kleinstadt-Helden sein, die kein Blatt vor den Mund nahmen und von denen ich der SPD-Spitzenkandidatin vorgeschwärmt hatte).

Kleiner Test bei Hermann, dem Mann vom Späti, der mir zuletzt so Eindruck gemacht hatte, weil er auf vielleicht brutale, eben auch wunderbare klare und direkte Art seinen Frust über die Politik und über die politische Klasse zum Ausdruck gebracht hatte. Einen Hermann wollte ich, zum Beispiel, unbedingt dabeihaben, wenn Barley die Basis in Zehdenick kennenlernte. Konnte er sich vorstellen, an jenem Freitag im Mai im Hinterzimmer des Hotels Lorenz aufzutauchen, um mit der SPD-Spitzenkandidatin über Europa, Rechtsruck in Europa, über Bürokratie, Lobbyismus, Steueroasen, Mindestlohn und die europäische Flüchtlingspolitik zu streiten?

»Sieh zu, dass du aus meinem Laden rauskommst«, dröhnte Hermann, »sonst helfe ich dir höchstpersönlich zum Ausgang.« Dann, draußen auf dem Bürgersteig, seine Anwandlung für eine Zigarettenpause nutzend – er sprach mit gedämpfter Lautstärke, eher mit sich selber oder mit dem Bürgersteig als mit dem Reporter: »Die sollen wegbleiben, die Politiker, das Kroppzeug, Viehzeug, die Menschenschinder, Verbrecher. Als ob ich mich mit so einer an den Tisch setzen würde … niemals. Niemals.«

Die Lokalpolitik hatte der Reporter doch im Blick behalten wollen. Was war interessant gewesen bei meinen letzten Treffen mit den Bürgermeisterkandidaten?

Dem CDU-Kandidaten Joseph Runge war drei Wochen vor der Wahl eine gewisse Entspannung anzumerken: Er würde, so die gefühlten Umfragen, in die Stichwahl kommen. Aber zum Bürgermeister – und das war ihm, sofern mich mein Eindruck nicht täuschte, möglicherweise ganz recht – würde es für ihn aller Voraussicht nach nicht reichen. Ja klar, die jungen Familien mit Kindern, die alle Gemeinden in Brandenburg als Neubürger haben wollten, die wollte auch er in die Kleinstadt kriegen: »Wir wollen die für uns gewinnen, die ihre Kinder nicht in Neukölln in die Schule schicken wollen.« Runge sagte den wirklich extremen und bedrohlich klingenden Satz: »Ich möchte aus Zehdenick einen Wohlfühl-Ort machen.«

Mein Freund, der SPD-Bürgermeisterkandidat? Ach ja. Wir saßen im Eiscafé und guckten auf die traurige Auslage mit den alten Nähmaschinen. Zu DDR-Zeiten, so fiel dem alten DDR-Bürger nun ein, sei in dem traurigen Pavillon ein Konsum-Möbelladen gewesen. Seit der Wende habe sich für das Geschäft kein vernünftiger Mieter mehr gefunden.

Den Parteilosen Fred Sonnenkranz hatte ich in einem Café in Prenzlauer Berg ums Eck seines Büros für Landschaftsgestaltung getroffen. Ohne Abstriche: supersympathischer Mann. Er fing in diesen Tagen, gut drei Wochen vor der Wahl, gerade damit an, sich an den Gedanken zu gewöhnen, dass er die Wahl tatsächlich gewinnen könnte (lustiger Anblick). Weil zuletzt genervt hatte, dass ihm auf öffentlichen Veranstaltungen, nicht anders als seinen Mitbewerbern, so überhaupt keine mitreißende Idee eingefallen war, bat ich ihn darum, noch einmal den großen Motor anzuwerfen und ganz groß zu denken: Herr Sonnenkranz, wie sähe Ihr Coup, wie sieht Ihre Utopie für die Havelstadt Zehdenick aus?

Der parteilose Kandidat sprach davon, dass er das potenzielle Zentrum der Stadt im Hafen an der Schleuse, dem Wasserbecken zwischen Mühle und Stadtgarten, sehe. Hier liege identitätsstiftendes Potenzial. Er plädiere für eine mutige Gestaltung einschließlich einer Bebauung und eines Fußwegs am Wasser. Weiter gedrängt, einmal radikale Lösungsvorschläge zu formulieren, sagte der Parteilose: Der Leerstand in der Innenstadt müsse kreativ genutzt werden. Für einen Sommer sollten regionale Künstler in den leer stehenden Ladenlokalen der Berliner Straße ausstellen. Galerienstadt Zehdenick, am besten schon im Sommer 2020 (natürlich auch fies, seinen Vorschlag gleich so abzutun, aber mir kam das Galerienkonzept des Herrn Sonnenkranz auf Anhieb wenig überzeugend, ja, auch ein wenig denkfaul und oberflächlich vor – was so einem Prenzlberger Bürger eben für eine Kleinstadt einfiel: Die braven Zehdenicker, die Kunst aus Brandenburg in den leer stehenden Ladenlokalen auf der Berliner Straße anguckten, das war eine traurige Vorstellung).

Das verdammte Gasbohren hielt die Kleinstadt weiter in Atem. Die Bürgerinitiative lud die Zehdenicker Bürger zu einem Informationsabend in das Sportlerheim, die Gastronomie unten am Fußballplatz, ein. Es wurde eine im besten Sinne demokratische Veranstaltung, vom ganzen Spektrum der Kleinstadt-Bevölkerung besucht, ein Show-Abend wie in einem Schwarz-Weiß-Western, bei dem man den Ostdeutschen beim Denken, Kämpfen und Protestieren zugucken konnte.

Das Transparent »Wir sind das Volk 1989 plus 30«. Der ökologiebewegte Bürger sah in der Kleinstadt nicht spießiger aus als in der Großstadt, eher genauso spießig. Der Diakon und seine Frau. Auch Rick, der Bikerchef, war mit drei, vier Rockerbrüdern – die Gang in schwarzen Lederwesten gekleidet –

gekommen, hinten an der Bar hielten er und seine Jungs still Wache.

Viele bekannte Gesichter, der Reporter schüttelte viele Hände. So ein Bürgerprotest hatte irgendwie auch etwas Anrührendes – er setzte die Leute in Bewegung, er mobilisierte, er trieb die Kleinstädter aus ihren Häusern heraus und brachte sie dazu, sich mal wieder in einem Lokal zu versammeln. Der bewährte Inhaber des Sportlerheims brachte kräftig Bier, Currywürste und Buletten unter die Leute. Man konnte nicht sagen, dass die Kleinstädter wegen des bisschen Gasbohrens, das als Gefahr über ihrer Region schwebte, ihren Humor verloren hatten: Ein herrlicher Ost-Cowboy (riesiger Bauch) trug den Slogan »Die Würde des Mannes ist unten tastbar« auf dem T-Shirt.

Wechselnde Redner. Das gut wahrzunehmende Bemühen der Veranstalter, nicht nur Slogans und eine Beschwörung der Gefahrenlage, sondern auch die sogenannten Fakten zu liefern (Diaprojektor mit Schaubildern). Ein großer, sportlich aussehender und jugendlich wirkender Mann von Anfang fünfzig, mit Fleecejacke, kurzen Haaren und freundlichen Augen – er sprach breites Brandenburgisch, federte da vorne auf der Bühne herum –, hielt die Veranstaltung am Laufen. Wer war das? Das war doch Hannes Borkenwalde, der Vorsitzende der Bürgerinitiative gegen das Gasbohren. Im Stadtbild war er eine der von jeher bekannten Figuren, hinter der Zugbrücke führte er schon immer (exakt seit 1990, also gleich nach der Wende) den ersten und besten Fahrradladen am Ort. Ach so.

Das brutale deutsche Wort »Verpressbohrung« fiel.

Interessant und gleichzeitig noch mal anders abturnend, dass der Talk der Umweltaktivisten sich immer auch einer christlich anmutenden Rhetorik bediente: »Wir wollen verhindern, dass aus unserem schönen Landstrich *ein verlorenes Stück Erde* wird, wie es schon so viele auf der Welt gibt.«

Borkenwalde führte den Abend jetzt mit einer Ansage im Sponti-Stil der Achtzigerjahre und mit seiner sportlich-energischen Art dem Ende entgegen: »Infomaterial mitnehmen. Wir sehen uns alle auf der großen Protestkundgebung am Rathausmarkt.«

Hinten an der Bar des Sportlerheims, wo die Bikerkutten Schulter an Schulter standen, kam mir die Idee, einmal nicht meinen Reporter-Instinkten zu folgen (mein professioneller Instinkt hatte immer gesagt: Die mit den normalen Berufen waren für die Erzählung nur mäßig interessant) und stattdessen den Fahrradhändler noch einmal zum Interview zu treffen und mir anzuhören, was er, über die Bürgerinitiative hinaus, so zu sagen hatte.

Wir trafen uns zum Feierabend, gegen 18 Uhr im Hof seines Fahrradladens. Borkenwalde war im Nebenhaus geboren, er hatte das Alhambra-Kino, das alte, in den Zwanzigerjahren erbaute Lichtspieltheater, spektakulär zu seiner Werkstatt und zur Ausstellungsfläche seiner Fahrräder umgebaut. Abendsonne: Mann, was war denn das jetzt gleich von Minute eins an für ein stimmungsvoller, ja seelenvoller Abend? Wir saßen auf Korbmöbeln vor der alten Kinofassade. Des Ehepaars großer grauer Hund, ein Bearded Collie. Borkenwaldes Frau Regina kam dazu, sie brachte ein Tablett mit Bier und Wasser. Der Fahrradhändler streckte seine langen Sportlerbeine in den Korbmöbeln aus. Seine Hände trugen Spuren von Schmieröl und sahen nach handwerklicher Arbeit an Ketten, Speichen und Schaltungen aus.

Der Reporter hatte sich nach dem Fahrradhändler erkundigt: Er war, ganz gleich, wo man fragte, ein populärer Mann – man bedauerte, dass sich Borkenwalde nicht zum Bürgermeisterkandidaten hatte aufstellen lassen. Borkenwalde galt außerdem, ohne dass dies offenbar einen gravierenden Punktabzug darstellte, als rote Socke: Als junger Mann war Hannes Borkenwalde SED-Parteisekretär im Betrieb der Ziegelei gewesen, ein Posten, den im Staat der DDR für gewöhnlich ältere Herren innehatten. Vor der Wende dann hatte er den an der Postkreuzung gelegenen Jugendklub Scheune geleitet. Raul über den Fahrradhändler – es war so ein typischer Raul-Kommentar, der lustig klang, den man aber nicht wirklich entschlüsseln konnte: »Netter Typ, ja. Aber natürlich auch so ein Turnbeutel-Träger.«

Der Fahrradhändler erzählte jetzt erst einmal ein wenig von der Bürgerinitiative: Man habe ihn gefragt, ob er das nicht machen könne – die politische Verantwortung sei, wie das sein ganzes Leben stets gewesen sei, zu ihm gekommen, ohne dass er sich besonders darum bemüht oder gar darum beworben hätte. Die Kommunalpolitik – das sei ein großer Erfolg, den er seinen Mitstreitern und natürlich auch ein wenig seiner eigenen Beharrlichkeit anrechne – stehe mittlerweile hinter der Bürgerinitiative.

Bisschen abschweifen, weil abschweifen immer guttat: Der letzte Film, der zu DDR-Zeiten im Alhambra-Kino gelaufen war, so erinnerte sich Borkenwalde, war der Patrick-Swayze-Smasher *Dirty Dancing*. Und nun ging eine Unruhe durch den großen Körper des Fahrradhändlers, er streckte sich, seine Hand rieb über den Kopf mit den kurz geschnittenen Haaren: Die Geschichte, die dieser Mann in sich trug, wollte hinaus.

Schon sein Vater war Mitglied der SED gewesen, aber nie sonderlich engagiert (Zwischenfrage von Borkenwaldes Frau Regina: »Ach, wirklich?«). Vierzehnjährig, im Jahr 1977, hatte Borkenwalde als FDJ-Mitglied mit zwanzig Mitschülern eine Jugendreise in die Bundesrepublik angetreten, eine Rundreise durchs Rheinland (»Wir waren shoppen. Ich kaufte mir einen Radiowecker. Ich merkte gleich: Ich werde kein BRD-Fan«). Grundwehrdienst als Grenzsoldat (Borkenwalde hatte in einer Wiese in Thüringen gelegen, hinter der Grenze die angestrahlten Mauern der Veste Coburg). Schlosserlehre. Schon während seiner Ausbildung war die Politik auf ihn zugekommen, man hatte ihm ein Fachhochschulstudium der Staatswissenschaften angeboten, dafür hatte er, so die Bedingung, der Partei beitreten müssen. Der Rat des Kreises (heutiger Kreisrat) hatte ihm in Aussicht gestellt, dass er, als gerade

Zwanzigjähriger, Bürgermeister würde, irgendwo auf dem Dorf oder in einer Kleinstadt im Kreis Gransee.

Nach einem Jahr war Borkenwalde exmatrikuliert worden (»Ich war in Ungnade gefallen, bis heute weiß ich nicht genau, warum«), andere einflussreiche Kräfte der Partei hatten ihn gefördert (auch hier war ihm bis heute nicht klar geworden, weshalb die Partei ihn erst fallen gelassen und ihm dann wieder neue Möglichkeiten eröffnet hatte), er war zum Parteisekretär aufgebaut worden. Borkenwalde hatte einen dreimonatigen Lehrgang bei der Bezirksparteischule absolviert, mit 23 Jahren war er zum Parteisekretär im Ziegeleibetrieb ernannt worden. Als Sekretär hatte er die politischen Fäden gezogen; in einem Betrieb, in dem zweitausend Arbeiter beschäftigt waren, hatte er nach dem Betriebsleiter die Position des zweitwichtigsten Funktionärs innegehabt. Dem jungen Mann hatte eine glänzende politische Karriere in Aussicht gestanden.

In der Parteischule, so der Fahrradhändler, hatte er auch das Argumentieren gelernt, zum Beispiel in Rollenspielen. Borkenwalde hatte immer den Part des Wessis übernehmen dürfen (»Ich kann mich nicht entsinnen, dass ich jemals argumentativ verloren hätte, auch nicht als Klassenfeind«). Der Parteischüler hatte verinnerlichen sollen, dass die Politik im Westen für die Wirtschaft gemacht wurde, im Osten dagegen Partei und Politik dem Menschen dienten. Die SED-Veranstaltungen aber hatten einen skurrilen Eindruck auf ihn gemacht: »Man empfand die als weltfremd, als abgehoben. Ich hatte immer das Gefühl: Man lebte in einer unwirklichen Welt. Eigentlich war deren Zeit schon abgelaufen.« Zu einem parteitreuen Blick auf die Gesellschaft habe er sich nie verleiten lassen, die Probleme des sozialistischen deutschen Staates hätten ihm immer deutlich vor Augen gestanden: »Natürlich hatte man Idealismus. Ich hatte den Spleen im Kopf, ich könnte den Staat von innen heraus verändern.«

Im Rückblick – in den Korbmöbeln im Hof vor seinem stattlichen Fahrradladen sitzend – schilderte sich Borkenwalde, und er klang dabei in jedem Moment glaubwürdig, als wilder, idealistischer und unangepasster junger Mann. Wann hatte man das schon mal, dass einer anschaulich und aus freien Stücken erzählte, was das genau bedeutet hatte, ein Hoffnungsträger der SED zu sein? Es gab bei ihm, so hörte sich das heute an, einerseits das Erstaunen über sich selbst und die leichte Befangenheit darüber, wie gut er im Räderwerk von Staat und Partei funktioniert hatte, andererseits die Sicherheit, dass ihm zur Karriere im SED-Staat so ziemlich alles gefehlt hatte – genau genommen waren das: die Borniertheit, Kälte, Abgebrühtheit. Sätze aus des Fahrradhändlers Borkenwalde Lebensbericht:

»Ich hatte immer ein großes Maul.«

»Ich habe zwar vieles mitgemacht, aber ich war nie ein Streber.«

»Ich bin angeeckt, in allen politischen Gremien.«

Hier fand, so eine der vielen überraschenden und ansprechenden Seiten der Lebensgeschichte des Fahrradhändlers, überhaupt keine Beichte statt: Offensichtlich gab es nichts zu beichten. Das war, so verstand der Reporter, nichts Ungewöhnliches, dass ein junger Mensch das Angebot von FDJ und SED für seinen gesellschaftlichen und beruflichen Aufstieg genutzt hatte. Es redete, dreißig Jahre nach dem Ende der DDR, nur blöderweise so selten einer davon.

Die Stasi? Ja klar, mit der Stasi war er zwei- oder dreimal in Kontakt geraten, 1988 und 1989, zu Zeiten seiner Leitung des Jugendklubs – die Treffen mit den Nachrichtendienstlern, den Mitarbeitern und inoffiziellen Mitarbeitern des Ministeriums, seien ganz unvermeidlich gewesen: »Das waren so Typen, die konnte ich gar nicht ernst nehmen.« Anlass waren Konflikte im Jugendklub, Schubsereien und Hauereien mit den mosambikanischen Gastarbeitern gewesen: »Der sozialistische Bruderaustausch war so wichtig – da rief jedes Vorkommnis die Staatssicherheit auf den Plan.«

Hielten wir fest: Sein Leben war anders verlaufen, als es vor langer Zeit – damals, in den Achtzigerjahren – geplant gewesen war. Die Wende hatte eine Karriere unterbrochen.

»Ach ja.«

Ach nee?

Der lachende, auf eine Art schon sensationell unbekümmerte und auskunftsfreudige Fahrradhändler: »Ich bin Handwerker. Dieser ganze Theoriekram ist mir immer nüscht gewesen. Ich kann organisieren, aber eigentlich will ich schrauben. Ich will meine Hände benutzen.«

Und noch mal zu der Frage, die der Reporter schon vor zehn Jahren mit den Einwohnern der Kleinstadt diskutiert hatte (und die einige Monate nach unserem Gespräch, zum siebzigsten Gründungstag der DDR am 7. Oktober, wieder die Mitglieder des Bundestags von der AfD bis zur Linken erregen sollte): Hat er die DDR als Unrechtsstaat empfunden? »Nee.« Als Diktatur? Mann mit der Warsteiner-Flasche in der Hand, er rutschte da auf seinem Sessel hin und her: »Wenn es um den Rückblick auf die DDR geht, fühle ich mich mit dem Begriff der Diktatur nicht wohl.«

Tat es ihm leid um die DDR? »In Teilen auf alle Fälle.« Um was konkret? »Um so was hier zum Beispiel: dass man sich nach der Arbeit gemütlich zusammensetzt und miteinander spricht. Ich vermisse die Gemeinschaft, den Zusammenhalt. Nicht rechnen müssen, sich keinen Kopf machen, was morgen kommt: Das war gut.«

Wir versicherten uns, weil das so üblich war bei Menschen, die sich gerade erst kennenlernten und die sich, obwohl sie sich noch nicht kannten, zum Bier einluden, unserer gegenseitigen Sympathie. Auf den Korbmöbeln vor dem ehemaligen Alhambra-Kino stießen der

Fahrradhändler, die Frau des Fahrradhändlers und der Reporter mit Bierflaschen an. Jetzt einmal, bitte ganz unironisch – alles andere wäre echt bescheuert: Auf dreißig Jahre Mauerfall. Auf die deutsche Einheit. Wie schön, dass wir hier so sitzen konnten.

Rambos Reden (Scheißladen II)

Und dann – endlich – Absturz. Der Reporter hatte schon in seinem Hotelzimmer eine Flasche Pfeffi getrunken, die mir der Späti-Mann Hermann in die Hand gedrückt hatte (»Was? Du kennst unser Nationalgetränk nicht? Hier, trink«). Und dann kam, gegen 23 Uhr an einem Dienstag, der Anruf von Mecki Jessen von den Holzgewehren: »Wir sind hier unten im Scheißladen. Los. Rinnejehaun. Rinnejesoffen. Komm.«

Jessen, ein Typ mit Weitsichtigen-Brille, Mitglied der WhatsApp-Gruppe »Holzgewehre«, Kumpel von Raul, auf Anhieb einer, mit dem man sich gut verstehen konnte und das auch wollte. Er hatte vor ein paar Wochen zu einer privaten Suff-Runde zu sich nach Hause eingeladen und eine wunderbare Gastfreundschaft an den Abend gelegt (mehrfach wiederholte Einladung: »Du kannst auch gerne hier übernachten, Moritz, kein Ding«). An seiner Wohnung fiel zunächst eine überperfekte und überdefinierte Deko auf. Man merkte, dass eine Frau, eine mit Anspruch und mit Geschmack – Jessens Freundin –, in diesen Räumen wohnte und dass diese Frau unter Einrichtung mehr verstand als eine Playstation und einen Couchtisch, auf dem die Bierdosen und der Aschenbecher abgestellt werden konnten: eine Tapete mit einer Ansicht von Manhattan, mit Empire State Building, südwärts vom Rockefeller Center aus fotografiert, ein Ethanol-Kamin, Laminatböden, helle Teppiche, Häkel-Getränke-Untersetzer auf dem Couchtisch, ultramoderne metallene Teelicht-Halter an der Wand. Frage an den Gastgeber Jessen: Woher hatte er die metallenen Deko-Blumen an der Wand? Jessen: »Im Internet bestellt. Man gibt ›Deko‹ ein, dann kommt das.« Wow, man gab »Deko« ein, dann kamen diese Wandblumen.

Gastgeber Jessen: Er hatte erst den Witzen von Raul und den anderen Holzgewehren zugehört, war immer wieder für neue Whisky-Cola-Mischungen in der Küche verschwunden. Von Beruf war Jessen Soldat bei der Bundeswehr gewesen, vier Jahre als Panzergrenadier, dann hatte er eine Ausbildung bei der Polizei begonnen. Am Rosenthaler Platz in Berlin-Mitte hatte er den Linken auf den Kopf gehauen: »Helm auf, los geht's.« Heute arbeitete er als Aufzugtechniker.

Harte Gags, ein rauer Umgangston: Es ging jetzt wieder um den Zehdenicker Polizisten, bei dem das Waffenlager ausgehoben worden war (jeder kannte den Polizisten, und gleichzeitig wusste niemand seinen Namen). Dann wieder ein neuer, noch mal ganz neu und anders abstruser Gesprächsstoff: Einen Typen in der Kleinstadt, den Holzgewehren bekannt, beschäftigte ein Sorgerechtsstreit. Die Mutter des gemeinsamen Kindes hatte eine, wie gesagt wurde, unverschämt hohe Unterhaltszahlung verlangt – der Typ hatte daraufhin über einen Kumpel eine robuste Drohung aussprechen lassen: Bliebe sie, die Mutter, bei ihrer Forderung, könnte es sein, dass sich demnächst eine Schraube vom Hinterrad ihres Opel Astra löse – dann könne das Leben so einer uneinsichtigen Mutter auch mal ganz schnell vorbei sein. Scheiße! Ein Sorgerechtsstreit mit Kleinstadt-Lösung: Die alleinstehende Mutter habe sich daraufhin mit den angebotenen hundert Euro Unterhalt zufriedengegeben. Die anwesenden Frauen im Wohnzimmer von Mecki Jessen hatten geguckt, geschwiegen, weiter zugehört.

Nun, eines späteren Abends, rief dieser Jessen also an: »Scheißladen, saufen gehen, keine Diskussion.«

Ganz hinten drin im Scheißladen, im weiß gepolsterten Lounge-Separee. Da saßen außer Jessen auch noch die Holzgewehre Chris Trompete, Adrian Kugellager und René Lawinsky. Da hampelte außerdem ein kleines Männchen mit Polohemd der Marke Yakuza herum (Aufschrift »Fuck The Fucking«), ihn schien die Anwesenheit des Reporters ziemlich nervös zu machen.

Jessen war – mit einem Blick war das zu erkennen – auf die schönste Art in Richtung Blausein unterwegs. Seine Weitsichtigen-Brille saß unten auf seiner Nase, er nuschelte, hing tief in den weißen Polstern drin, je einen Arm um seine Sitznachbarn Chris Trompete und Adrian Kugellager gelegt. Heute Morgen hatte Jessen nach nur wenigen Monaten seinen Job als Aufzugtechniker gekündigt, und nun wollte er ausführlich davon berichten – sie hatten seinen Stundenlohn nicht erhöhen wollen, und die Arbeit als Aufzugtechniker, so Jessen, sei gefährlich, er riskiere jeden Tag seinen verdammten Arsch (einmal sei im Aufzug die Sperre rausgesprungen, er sei vier Etagen nach oben geknallt, bis zum Puffer – hätte er sich nicht zu Boden geworfen, er wäre heute tot). Die andere wichtige Geschichte, die jetzt ausführlich besprochen werden musste, war, dass Jessen sich von einem Asozialen im Zehdenicker Nachtleben sein Handy hatte klauen lassen – eventuell hatte er auch einfach so, ganz ohne Beteiligung eines Asozialen, sein Handy verloren. Jedenfalls war sein Handy jetzt weg.

Kugellager ging Whisky Cola für alle holen und für den Durst für jeden eine Flasche Berliner Kindl.

Jessen sagte den Satz: »Im Osten bleibt der Suff.«

Wir waren gerade im richtig schön umständlichen und breiten Unsere-Meinung-Rausblöken, was für ein kaputter Stundenlohn 11,50 Euro eigentlich, ganz gleich, für welche Arbeit, war (man sagte »*meine* Meinung« mit der Betonung auf »meine«, nicht einfach »meine Meinung«), als ein Riese von mindestens zwei Metern Größe und einer schrankwandgroßen Figur das Lounge-Separee des Scheißladens betrat und sich, mit Schwung, gleich neben den Reporter auf die Polster fallen ließ.

Die Runde begrüßte den Neuankömmling mit einem großen »Ooooooh …«, und Jessen sagte: »Rambo ist da«, dann zum Reporter: »Wenn du Rambo kennst, ist gut. Wenn du Rambo nicht kennst, ist nicht so gut.«

Der Rambo gerufene Riese – er hielt eine Bierflasche in der Hand und trug eine Red-Bull-Racing-Team-

Lederjacke, die an den Armen spannte – guckte in die Runde und grinste mich an, in seinem Grinsen fehlten mindestens zwei Zähne. Er hatte einen großen Kopf, kurze Haare, kluge Äuglein, eine irgendwie leicht rötliche, gereizte Haut. Es war bei Rambo einmal mehr nichts mehr mit Fitnessstudio – es war die rohe, harte Maurer- oder Bauarbeiterkraft.

»Rambow, Andreas«, sprach Rambo und hielt dem Reporter die Hand hin, »mit ›ow‹ am Ende. Den Rufnamen dann gerne ohne ›w‹, wie der Rambo im Film.«

»Warum lässt du dir dein Handy klauen?«, fragte Rambo Jessen und eröffnete so das Gespräch in die Runde. Er winkte ab und versprach, sich auf seine Art um den Typen, der Handys stahl, zu kümmern: »Ich rede mal mit ihm.«

Viel Alkohol in der Luft. Rambo legte nun seinerseits seinen Arm auf das Polster hinter dem Reporter – es war noch keine übergriffige Geste, aber es ging doch stark in diese Richtung. Man merkte dem Riesen an, dass er in den kommenden zwanzig oder dreißig Minuten, vielleicht auch eineinhalb Stunden einiges zu erzählen hatte – wobei es sich noch herausstellen musste, ob dieser Text den Reporter in eine brenzlige, irgendwie gefährliche Situation führen oder ob es, im Gegenteil, so ein bisschen wurschtig und überhaupt nicht gefährlich werden würde. So richtig Gas geben, so Rambo, könne er ja leider sowieso nicht mehr. Gas geben? In welche Richtung Gas geben? Viel trinken? Schnell Auto fahren?

Der Riese ließ sein schallend lautes Rambo-Lachen hören (»Hahahaha!«), für das er hier in der Runde offenbar bekannt war: »Na, Gas geben«, sagte Rambo, »du weißt doch, was ich meine. Sich einfach nichts scheißen. Einfach mit deinen Kumpels ein bisschen lustig sein.« Noch bis zum Herbst 2020 sei er wegen Körperverletzung auf Bewährung. Erklärung Rambo: »Bei mir sind es insgesamt viereinhalb Jahre. Fünf Jahre Bewährung darfst du haben – kommt bis Herbst 2020 noch ein Ding bei mir hinzu, gehe ich ab.«

Trinken. Gucken. Nicht aufstehen (obwohl einen einiges dazu bewegte, sich in Sicherheit zu bringen). Andauernd für möglich halten, dass nun eine Packung – ein Spruch, eine Insider-Bemerkung, eine heftige körperliche Reaktion, eine Packung konnte vieles sein – oder der nächste bärenstarke Spruch kam. Rambo erklärte: »Die ganze Gesellschaft heute ist tief gestört.« Wieder die Nachfrage des Reporters: Warum, bitte, war das so? Was war mit seiner Formulierung der gestörten Gesellschaft gemeint?

Der Mann mit der Red-Bull-Racing-Lederjacke: »709 Systemmarionetten ruinieren das ganze Volk.« Er meinte, das konnte man sich denken, die 709 im Herbst 2017 gewählten Abgeordneten des 19. Deutschen Bundestags. Und: Das stand dann erst mal so, als Aussage, vollkommen unwidersprechbar da. Ich hatte mich entschlossen, einfach immer weiter tapfer nachzufragen: Warum waren die Abgeordneten seiner Ansicht nach Marionetten? Rambo, nicht aus der Ruhe zu bringen: »Erst mal ist es ja so oder so ein besetztes Land. Von wem wurde das

Grundgesetz auferlegt? Von den Alliierten, nicht von den Deutschen. So fängt es schon mal an.« Und weiter im Text: »Menschenrechte kennen sie hier in Deutschland nicht. Im internationalen Recht – das wissen viele nicht – dürfen wir Deutschen uns nicht einmal als Menschen bezeichnen. Normalerweise müsstest du das ganze System hier einmal durchroden.« Durchroden? Rambo: »Durchroden. Ganz genau: so. Von vorne bis hinten.«

Der Reporter kontrollierte noch einmal, dass der Aufnahmeknopf seines Diktiergeräts gedrückt war – es war klar, dass ich mir diesen komplett *abgespaceten* Text nicht würde merken können: Ich wollte, ich musste Rambos Reden in der Originaldiktion haben. Jetzt konnte ich froh sein, mir als Interviewer über die Jahre einige Kaltblütigkeit antrainiert zu haben (oder war es Abwesenheit von Feingefühl?). Ich hielt Rambo den Aufnahmestift etwa eine Handbreit unter sein Kinn. Meine Reporterfloskel: »Das ist mein elektronisches Notizbuch – du weißt ja, ich bin Superschriftsteller und schreibe alles, was hier gesagt wird, in mein Superbuch hinein.« Er nickte. Er war, wie praktisch alle hier am Ort, im Bilde.

Man hätte denken können, dass nun der übliche paranoide, von Fackelträgern bei Pegida-Demonstrationen in Fernsehkameras palaverte Mist kommen würde (»Wir sind ein besetztes Land, das deutsche Volk muss aufstehen und sein Schicksal selber in die Hand nehmen ...«). Aber ich spürte eine andere Energie. Ich spürte, dass dieser Rambo sich erst warmredete und da noch ganz andere, eventuell auch vergleichsweise interessante Dinge kommen würden.

»Verschwörungstheoretiker«, sagte Trompete und zuckte mit den Schultern.

Jessen vom Polster gegenüber: »Ich habe mal gesehen, wie Rambo richtig abgegangen ist. Das möchte ich nicht noch mal erleben.« Jessen, Rambo zuprostend: »Bin ich froh, dass wir beide uns so lieb haben.« Rambo, großzügig abwinkend: »Ach, so schlimm ist das doch alles gar nicht.«

Das Männchen mit dem Yakuza-Polohemd konnte seine Nervosität nicht mehr für sich behalten. Sich an Jessen wendend, machte er begreiflich, dass das Handwerkszeug eines Journalisten um zwölf Uhr nachts im Scheißladen seiner Ansicht nach nicht mehr zum Einsatz zu kommen habe: »Wat will der Typ hier mit seinem Diktiergerät?« Und noch mal: »Wenn der Typ nicht gleich sein Ding wegpackt, *dann platzt mir der Arsch.*«

Auf eine verrückte Art beschützte mich die ruhige Anwesenheit meines Sitznachbarn Rambo.

Die alte Reporter-Technik: die naheliegenden Fragen stellen. Wo wir jetzt doch schon so nett nebeneinandersaßen, würde Rambo mir vielleicht erzählen, wer er war? Wo geboren? Schule, Ausbildung, Arbeit, diese Dinge?

Er war in den Siebzigerjahren in der Kleinstadt geboren worden; zur Wende von der Schule abgegangen; Ausbildung zum Schweißer, Lehre abgebrochen; zwei Jahre Bundeswehr, dann zwei Jahre lang, wie er sich ausdrückte, in der Drogenszene aktiv gewesen: »Richtig geballert. Alles außer Heroin. Das ganze Leben versaut.« 2003 die erste Vorstrafe wegen Körperverletzung. Die Details wollte Rambo dem Reporter ersparen: »Ich war schon gestresst. Und dann ist es ausgeartet. Mir sind die Sicherungen durchgebrannt.«

In der Gefängniszelle hatte er einen Nervenzusammenbruch. Die Anklage lautete zunächst auf versuchten Mord, dann auf schwere Körperverletzung. Rambo absolvierte eine Therapie – seither war sein Leben sauber, er hatte, wie er beteuerte, die Finger von allen illegalen Stoffen gelassen. Arbeit habe er derzeit keine, für einen wie ihn sei es nicht leicht, an einen Gelderwerb mit einem halbwegs machbaren Stundenlohn zu kommen.

Rambo: »Weißt ja, heute wollen sie einen alle für blöde verkaufen. Das Internet macht eh alles kaputt.« Vor drei Jahren hatte Rambo versuchsweise den Internetanschluss bei sich zu Hause abgestellt: ein Experiment mit Folgen. Rambo hatte sich das Bücherlesen angewöhnt.

»Sagt dir der Name Professor Harald Lesch vom ZDF-Infokanal was?«, fragte Rambo.

Er hatte jetzt offenbar Lust, klangvolle Namen von Wissenschaftlern, Nobelpreisträgern und anderen bedeutenden Leuten zu erwähnen. Es fielen im Folgenden die Namen der Weltgenies Stephen Hawking und Carl Gustav Jung und, hoppla, der Name der mittelalterlichen Mystikerin und Universalgelehrten Hildegard von Bingen, dann wurden Ruth Klüger, die Germanistin und Holocaust-Überlebende, der Neurologe Niels Birbaumer und der englische Mediziner Sir Charles Scott Sherrington in den Vortrag eingeflochten.

»Was Rambo alles gelesen hat«, schwärmte Jessen, und er nuckelte, gleich wieder erschöpft von diesem Kompliment, an seinem Bier.

Der Alkohol haute rein – der Reporter musste jetzt schon einige Kräfte bündeln, um nicht den Überblick zu verlieren. Noch konnte ich immer nicht ganz ausschließen, dass unser nettes Gespräch damit enden würde, dass der Riese namens Rambo dem Reporter – einfach weil genug auch genug war – seine Bierflasche über den Schädel zog. Halb eins nachts im Scheißladen zu Zehdenick: Es war nicht ganz unlustig – man könnte auch sagen: es war großes Kino –, hier den Mann mit der Red-Bull-Lederjacke den Namen Sir Charles Scott Sherrington aussprechen und einen irgendwie wohlklingenden Vortrag über den britischen Neurophysiologen aufsagen zu hören.

»Ich habe 40000 Seiten in drei Jahren gelesen«, erklärte Rambo, »Bücher über Neurologie, Biochemie, Physik, Theologie, Theosophie, all diese Dinge. *Bedienungsanleitung für ein menschliches Gehirn* von Gerald Hüther, *Dein Gehirn weiß mehr, als du denkst* von Birbaumer: habe ich alles gelesen.« Wir Menschen, so Rambo, nutzten maximal ein Viertel unserer Hirnkapazität: »Mich hat immer interessiert, wie man das da oben …«, er pochte sich an den großen Kopf, »… ein bisschen optimieren kann.«

Und dann bekam er wieder einen seiner Lachanfälle: Hohoho!

Rambo holte nun sein Handy heraus, öffnete eine Bilddatei: »Hier, guck mal.« Vorbeugen zum Reporter. Jessen und sein Freund Adrian Kugellager waren in eine Art komatösen Schlaf gefallen, Trompete guckte in sein eigenes Handy. »1998 hat Friedrich Cramer den Lichtwahrnehmungsvorgang mittels des rötlichen Beta-Carotin-Moleküls beschrieben.« Ich versuchte, irgendwie nachzuvollziehen, wo in den Wirren unserer Bar-Unterhaltung wir gerade gelandet waren. Rambo zitierte aus einem Text in seinem Handy: »Durch Licht wird das elektronische Schwingungssystem des Moleküls angeregt. Das Molekül verhält sich wie eine schwingende Saite von genau definierter Länge, das heißt, es hat eine ganz charakteristische Frequenz, in unserem Fall eine elektromagnetische Frequenz, die rote Farbe.«

Nächste Runde Whisky Cola. Der Yakuza-Mann, der das Aufnahmegerät nicht mochte, hatte das Lokal verlassen. Den Reporter plagten Sehprobleme (Alkohol), Rambo offenbar eher nicht. Er blieb bei seinem Bier.

Ich packte mein Aufnahmegerät weg. Was hatte ich gehört? Es war das ganz normale Leben: Drogen, Schlägereien wie in kranken Hollywoodfilmen, Kliniken, Entzug. Irgendwo endete die Pflicht des Reporters, die Gespräche, die in Bars, an Tankstellen, vor Spätis, auf Korbmöbeln, auf Autobeifahrersitzen stattfanden, zu dokumentieren.

Der Riese Rambo – das war für die Frage entscheidend, ob das Gespräch weitergeführt werden sollte oder besser nicht – zeigte, auch in der erratischen Auswahl seiner Gesprächsthemen, eine Würde. Er wirkte nicht so, als ob das Sprechen für ihn ein besinnungsloser Vorgang war – offensichtlich genoss er es, sein doch irgendwie beeindruckendes Sammelsurium von Wissensdaten, das er sich über die Jahre angeeignet hatte, mit einem, den er als würdigen Zuhörer empfand, zu teilen.

Ob die Geschichte stimmte, wollte Rambo nun wissen, dass Katarina Barley, die Bundesjustizministerin und Kandidatin für das Europaparlament, nach Zehdenick komme, und ob das eine geschlossene oder eine öffentliche Veranstaltung sei. Er habe da so was gehört.

Ich sagte: Natürlich müsse er dabei sein, wenn wir uns mit der SPD-Kandidatin für das Europaparlament ins Hinterzimmer des Hotels Lorenz setzten und sie mit der Wirklichkeit in unserer brandenburgischen Kleinstadt konfrontierten. Er, Rambo, solle sich bitte ein paar Fragen an die Kandidatin notieren.

»Ich werde da sein«, erklärte Rambo.

Und der Reporter schleppte sich auf die Straße und die zwei Häuser weiter in sein Hotel und ließ den Mann mit der Red-Bull-Jacke und die Holzgewehre im Polster-Separee des Scheißladens noch ein paar Whisky Cola und ein paar durstlöschende Bierchen bestellen.

Als ich Raul am nächsten Tag per WhatsApp-Voicemessage berichtete, dass es bei mir gestern im Scheißladen ein Uhr geworden war, klang er nicht nur begeistert: »In Zukunft mach das mal nicht, dass du nach Mitternacht ohne mich im Scheißladen abhängst. Ist besser. Hätte auch blöd für dich ausgehen können.«

Bares für Rares

Blocky schleppte mich zu einem Samstagsspiel des heimischen Fußballvereins. Der SV Zehdenick 1920, Tabellensechster, spielte gegen den FC Schwedt, Tabellendritter, ich fand es nicht so schlecht.

Die große Pauke. Die Fangesänge des Zehdenicker Ultrablocks, der Pöbelkurve:

»Auf geht's, Zehdenicker Jungs / Schiiiiiießt ein Tor für uns.«

Die Zehdenicker Fans, vor allem deren Ultras, hatten einen Ruf zu verteidigen als kleinste, aber gemeinste Fankurve in Brandenburg. Dafür, dass es nicht mehr als zwanzig Männer waren, machten sie einen Höllenradau. Zwei der Holzgewehre, Adrian Kugellager und René Lawinsky, standen gleich neben der großen Pauke. Auch glaubte ich, den Kurzen bei den Männern der Pöbelkurve zu erkennen, er trug Sonnenbrille und frisch blondierte Haare und würdigte mich keines Blickes. Auf der Terrasse des Sportlerheims war Blocky, das passive Vereinsmitglied, von Vereinskollegen umringt, weil er, natürlich, wesentlich unterhaltsamer war als der durchschnittliche Zuschauer am Fußballplatz.

Zehdenick gewann schließlich glücklich in der 88. Minute (2:1). Statt sich zu freuen, bespuckten die

Zehdenicker Fans die Schwedter Spieler, warfen Bierbecher, riefen: »Scheißverlierer!« Der Chor der Pöbelkurve sang: »Und schon wieder keine Punkte, FC Schwedt.« – »Immer dasselbe hier bei euch«, schimpfte der Trainer aus Schwedt, als er sich, nach einer nahezu handgreiflichen Auseinandersetzung mit dem Zehdenicker Trainer, vor den Bierbechern, die aus der Pöbelkurve geflogen kamen, im Eingang der Umkleidekabinen in Sicherheit brachte: »Nirgendwo werden wir so asozial behandelt wie hier in Zehdenick.«

Beim Verlassen des Vereinsgeländes bemerkte der Reporter das fliederfarbene Damenfahrrad, es lehnte, mit einem Zahlenschloss festgekettet, an einer Laterne – so lieb hatte der Kurze sein Fahrrad aber schon, dass es ihm niemand wegnehmen sollte (alles war lächerlich, das vorgeblich Harte und Böse ganz besonders).

Raul begleitete ich bei seiner frühmorgendlichen, man sagte besser: bei seiner nächtlichen Fahrt mit dem Lekkerland-Laster (Treffpunkt war um 3.45 Uhr im Gewerbegebiet. Gegen 13 Uhr, nach dem Besuch der Currywurst-Station in Herzberg, fuhr der Lkw wieder in das Gewerbegebiet ein). Wir belieferten Shell, Total, Agip, HEM, Sprint und einige freie Tankstellen, unsere Stationen waren Neuruppin, die Raststätte Walsleben-Ost und die Raststätte Walsleben-West, Wittstock, Meyenburg, wieder rauf auf die A 24 nach Putlitz, rüber nach Pritzwalk, zurück auf die A 24 nach Fehrbellin, Ortsteil Linum, und zurück nach Zehdenick. Insgesamt knallten wir so um die 370 Kilometer runter.

Die Strecke, so Raul, war er etwa fünfhundertmal gefahren.

Rauls Lastkraftwagen: ein Mercedes, fünfeinhalb Tonnen schwer, Wechselbrückensystem, ausgeschlagene Lenkung, keine Klimaanlage, Backpfeifenschaltung, Höchstgeschwindigkeit 95 Stundenkilometer. Der Tacho stand bei knapp einer Million Kilometern. Beim Fahren hatte Raul durchgehend eine Zigarette brennen und hielt einen Kaffeebecher in der Hand. Des Lkw-Fahrers Zwischenmahlzeit hieß Beef Jerky, ein getrockneter Rindfleisch-Snack (die amtliche Trucker-Nahrung aus den USA). Die Fahrertüren der Lkws seiner Speditionskollegen, so Raul, seien mit dem Aufkleber »Fahrer spricht Deutsch« versehen – der Chef war eben so einer (wohl seine Reaktion darauf, dass die Kollegen aus dem Ausland, die Rumänen, Bulgaren, Polen, Kasachen und Tschetschenen, die Lkw-Fahrer-Branche weitgehend übernommen hatten).

Es war eine derartige Freude, zu sehen, wie Raul auch diesen Job mit einer kalten Effizienz und Verachtung für die Stumpfsinnigkeit seiner Arbeit runterriss. An den Tankstellen angekommen, mussten die Trolleys, beladen mit Plastikkisten (Getränke, Spirituosen, Cola, Wasser, Süßigkeiten, Bockwürste), in die Lieferanteneingänge gerollt werden – Abzeichnen des Lieferzettels, Aufsagen des Arbeiternehmer-Klassikers »Na denn, wünsche noch frohes Schaffen«, Zusammenfalten der Plastikkisten durch zwei gezielte Handkantenschläge, die leeren Trolleys wieder auf die Ladefläche getreten, weiter.

Raul: »Der Job ist zu hundert Prozent abschalten, ich mache mir um nichts einen Kopf.« Andere Frage: Hatte der Job auch etwas gut Stumpfsinniges? Ich meinte: Lag in der Stumpfsinnigkeit, der Leere und Eintönigkeit der Arbeit eine eigene Sorte Schönheit?

Erstaunen bei Raul, dass ich ihm so eine aufgeblasene Frage stellte: »Es ist – nur – stumpfsinnig. Da ist null Kreativität. Es ist ein Idiotenjob hoch zehn. Du musst atmen können, das ist alles.« Des Fahrers Mantra klang dann doch sehr selbstbewusst: »Ich weiß, ich bin ein guter Fahrer. Ich fahre nichts kaputt, ich fahre sicher, ich halte meine Zeiten ein, ich feiere nie krank.«

Schon bei der zweiten Tankstelle in Neuruppin wurde es hell. *Das war Brandenburg, Baby:* ein Storchennest in einem auf zehn Meter Höhe aufgebockten Trabant 601. In Wittstock, so Raul, hatte es Ende der Neunzigerjahre besonders dreiste und selbstbewusste Neonazis gegeben (sie hatten den Nazi-Rock in ihren Autos immer extra laut aufgedreht, damit sie sich mit den Bullen prügeln konnten). Im finsteren Putlitz hieß die Straßenecke noch Karl-Marx-, Ecke Karl-Liebknecht-Straße.

Und Raul hatte natürlich recht – es war nicht so, dass irgendeine Romantik aufkommen konnte oder irgendein großartiges Gespräch vorne in der Lkw-Kanzel entstand. Einfach nur: harte, beinharte Arbeit mitten in Germany. Ich bewunderte Raul einmal mehr für das, was er tat, und für die Art, wie er seinen Shit ablieferte.

Mit Tessa, der Frau von Eric – sie arbeitete bei der Traditionsbäckerei Jahn auf der Marktstraße –, drehte ich eine Runde mit dem Bäckerbus über die Dörfer. Es war – vielleicht klang es doof, das jetzt so zu sagen – eine wirklich anrührende Tour, ja vielleicht der anrührendste Ausflug, den ich in meinem Reporterleben je angetreten war. Der Reporter lernte die Dörfer um die Kleinstadt kennen und die Bewohner der Dörfer, die alt und sehr alt, krank und sehr krank waren und die sich, trotz ihrer oft harten und entbehrungsreichen Leben, nicht die Laune verderben ließen.

Die Tour ging über die Ortsteile Badingen, Krewelin, Neuhof, Siedlung II und die Stiche in Burgwall. Aus unserem Bus verkauften wir Schrippen, Brot, Butterstollen, Dominosteine und eine feine Auswahl an Alte-Damen-Zeitschriften *(Freizeit-Woche, Freizeit-Spaß, Bild der Frau, Auf einen Blick, Mach mal Pause, Super-Illu)*. Die wunderbare Tessa, die lachend im Bäckerbus stand, neue Schulden in ihr großes Schuldenbuch eintrug und ihrer Stammkundschaft die Schrippen an die Fenster brachte. Es war ein wenig wie im Frühstücksfernsehen oder in einer Sendung, die um elf Uhr vormittags am Samstag im Regionalfernsehen lief (»Unterwegs mit dem Bäckerbus«), bloß eben viel, viel schöner. Brutale Rührung beim Reporter, als er hörte, was vierzig Jahre Sozialismus mit den Bezeichnungen von Backwaren gemacht hatten: Das Eclair nannten sie im Osten Liebesknochen, das Baguette war das Kaviarbrot, die Sahneschnitten hießen im Volksmund die Säuischen.

Rentner mit Hausschuhen und in die Adidas-Hose gesteckten Karohemden. Alte Damen und ihre AOK-Shopper. Die liebe Frau Bertram hatte ihr Portemonnaie verloren – wir alle, Tessa, der Reporter und wer sonst noch am Bäckerbus stand, halfen beim Suchen. Ein Plausch mit Herrn Tornow, draußen in der Siedlung II: Erst nach der Wende hatten sie ihm das Trinkwasser an sein Haus gelegt (das Geheimnis der guten Gesundheit von Erwin Tornow: Er brannte seinen Knoblauchschnaps selber und trank jeden Tag zwei Gläschen davon). Der alte Herr Jaschke – keine Zähne im Mund, er hatte einmal den Ringofen in der Ziegelei in Mildenberg geheizt: »Ich bin kein Blindgänger. Aber alt bin ich geworden.« Die neunzigjährige Gisela draußen in Burgwall sprach den riesigen Satz: »Ein Mann bleibt ein Mann, auch wenn er im Bett liegt und hustet.«

An den backsteinernen ehemaligen Baracken der Ziegeleiarbeiter, die nicht nach Deutschland aussahen, schon eher nach einem Land im Osten, das gerade noch so zu Europa gehörte (Ukraine), brachten zwei Männer eine steinalte Frau herbei – sie trug einen geblümten Arbeiterkittel, hing in den Armen der Männer. »Moment, Moment!«, rief die alte Frau, als der Bus schon anfuhr. »Ach, jetzt kommt Frau Otterski, die geht richtig ab«, seufzte Tessa. Die Alte zum Reporter: »Sie schreiben für die Zeitung? Na, dann schreiben Sie doch mal, dass der Osten und der Westen eigentlich gar nicht zusammenpassen. Ihr habt den schrecklichen Trump, wir den Putin – aber wir mögen unseren Putin. Wäre das nicht besser gewesen, wir wären nicht wiedervereinigt worden? Das kann man immer noch machen!« Freude bei der Alten, sie mochte ihre Idee von zwei nach der Wiedervereinigung wieder getrennten Deutschlands: Sie war für Deutschland Ost und eine Bundesrepublik. Die zwei Männer führten Frau Otterski wieder ins Haus, der Bäckerbus fuhr weiter.

Kamen die Omas und Opas, weil sie Brötchen kaufen wollten, oder kamen sie, um mit der Bäckersfrau Tessa zu plauschen, die bei fast jedem Kunden die Vornamen der Enkelkinder kannte und Mut zusprach, wenn die Krankenkasse die Zuzahlung für die Gehhilfe mal wieder nicht übernahm? Das konnte natürlich niemand sagen. Der Bäckerbus fuhr seit 1992 (damals noch mit Wartburg und Hänger), lange würde es die Tour nicht mehr geben.

Und noch einmal: Nachmittagszeit im Schröder, gegen 14 Uhr. Dann liefen die Fernseher, der Betrieb und die Gehirne fuhren herunter und machten Pause.

Der Reporter lungerte am Tresen herum, als der Wirtsmann Heiko signalisierte, dass jetzt – hinten am Billardtisch, auf den Barhockern am Schultheiß-Bierfass-Tisch, vor der Tür mit der Wäsche- und Geschirrkammer – das gemeinsame Kaffeechen zu trinken war, das wir schon vor Wochen ins Auge gefasst hatten.

Selbes Prinzip wie vor zehn Jahren: Fragen wurden besser keine gestellt, man schaute einfach, wo man plaudernd so hinkam. Was hatte ich mit Heiko, dem geborenen Kneipenmann, vor zehn Jahren schon für wunderbare Gespräche geführt – über den Kommunismus, über privates Wirtschaften in der DDR, über das viel beschworene Gemeinschaftsgefühl der Ossis, über die Wende und was die Wende für seine Generation, die 1969er, bedeutet hatte, über eiskaltes Bier (Westen) und das mit einem Tauchsieder temperierte (Osten), über seinen 15-Stunden-Tag und die Frage, wer das Lokal, das in vierter Generation in der Familie lag, nach ihm übernehmen sollte.

Es war Heiko-Zeit.

Statt Ja sagte Heiko das viel bessere Wort »einwandfrei« oder die auch sehr schönen Worte »is' richti'«.

Was war eigentlich der tiefere Grund für seine praktisch immer exzellente Laune?

Heiko am Bierfass-Tisch, die Frage nicht beantwortend, aber den Befund des Reporters bestätigend: »Du, Moritz, anders als mit guter Laune kenne ich mich gar nicht. Das war schon bei meinem Vater immer so. Zum Morgenmuffel tauge ich auch nicht.« Über seinen Vater Hansi sagte Heiko jetzt: »Er arbeitet eigentlich nicht mehr, aber das mit Spaß.«

Jetzt mussten wir, hoppla, kurz aufpassen, dass wir vor lauter Zufriedenheit und guter Laune nicht nur Unsinn erzählten. Bisschen was Politisches wäre nicht schlecht – er musste doch, verdammt noch mal, auch irgendeine Meinung haben zu den härter eingestellten

Zeiten da draußen, zum Flüchtlingsheim, zur verblödeten, zur hirnkrankkrebstoten AfD.

Langsam, langsam. Wir mussten jetzt erst einmal feststellen, dass wir mit den modernen Zeiten ganz grundsätzlich nicht gut klarkamen, denn Heiko, das war ja auch klar, er war, trotz seiner knapp noch nicht fünfzig Lebensjahre, natürlich ein altmodischer Mann, ein *Oldschooler*, ein Sturkopf, dem die alten Zeiten aus Prinzip immer nähergestanden hatten als die Gegenwart.

Der Kneipenmann bestand auf seine Art auf guten Manieren. Kamen Jugendliche ins Schröder und sagten nicht Guten Tag, dann konnten sie sich von Heiko schon mal ein »Raus« einfangen. Und: »Überlegt euch das draußen, was ihr vergessen habt.« Sehr gerne erzählte Heiko auch die Geschichte von den sechs Jugendlichen und der Emailleschüssel: »Habe ich die dir schon mal erzählt, Moritz?« Im Moment würde ich die Geschichte wirklich gerne noch einmal hören, Heiko.

Also: Eines Abends kamen sechs Jugendliche, so um die sechzehn, siebzehn Jahre alt, in die Kneipe, setzten sich an den Tisch, nahmen alle sechs ihr Handy raus, guckten schweigend, sonst nichts weiter wahrnehmend, in ihre Telefone hinein. Von hinterm Tresen schaute Heiko sich das eine Weile an. »Ich dachte: Das ist jetzt unsere Jugend, die unsere Rente verdienen soll? Wie soll denn das funktionieren?« Heiko beschloss einmal mehr, das Heft des Handelns in seine Hände zu nehmen.

Von Inge ließ er sich eine Schüssel aus der Küche reichen, er trat zu den Jugendlichen an den Tisch (»Die Schüssel hatte ich hinter dem Rücken verborgen«), fragte: »Sagt mal, Jungs, ihr erkennt doch alle euer Handy wieder?« Erst Zögern, dann allgemeines Bejahen. Das war der Moment, in dem Heiko die Schüssel auf den Tisch stellte: »So, Jungs, jetzt mal alle eure Handys hier rinne.« Erstaunen, zögerlicher Protest: Wat denn? Die Handys jetzt wohin? Und Heiko wiederholte: »Ihr packt jetzt alle Handys hier in meine Schüssel. Dann erzählt und lacht und spielt und würfelt ihr. Oder ihr geht nach Hause. Das könnt ihr euch aussuchen.«

Also gut, die Handys landeten in der Schüssel, die Schüssel kam hinten zu Inge in die Küche. Heiko zeigte den Jugendlichen die Kartenspiele Schummel-Max, Knack und Mau-Mau. Es wurde, natürlich, ein absolut unvergesslicher Abend. Heiko, zum Abschied zu den Jungs: »Und so jetzt immer, meine Herren.« Noch heute – der Abend lag drei Jahre zurück, die Jungs waren längst in der Ausbildung oder in Berufen gelandet – fiel immer derselbe Satz, wenn die Jungsrunde die Kneipe betrat: »Heiko, gib uns mal die Schüssel.«

Eine Geschichte, fast zu schön, um wahr zu sein: der Kneipenmann Heiko Schröder im Alleingang, gegen alle, *fighting modern media, fighting the modern times.*

Es folgten nun Heikos Überlegungen zum Arbeitsmarkt – interessant, weil aus ihnen nicht nur die einfache, sondern die etwa hundertfache Lebenspraxis sprach: Der Wirt konnte ja nicht nur aus seinem Erwerbsleben und dem Erwerbsleben seines Vaters berichten, sondern aus den Arbeitsbiografien seiner etwa dreihundert Stammgäste, die er zum überwiegenden Teil seit 25, seit dreißig und seit vierzig Jahren kannte.

Heikos erste These zum Arbeitsmarkt: »Man sollte die Leute zum Arbeiten zwingen.« Hilfe, Arbeitslager?

Nicht doch, aber die Leute wüssten oft einfach nichts mit sich anzufangen, die bräuchten sanfte Stupser, manche auch unsanfte Ellenbogenstöße in die Rippengegend: »Früher, vor der Wende, war es doch genauso: Du wurdest zur Lehre gezwungen. Man hat gesagt: Du machst Maurer, Klempner, Fleischer, Bäcker, fertig. In der DDR hattest du viele, die konnten ihren Namen nicht schreiben, aber das waren hervorragende Handwerker.«

Der Schwung, den Heiko hier am Bierfass-Tisch beim Weltprobleme-Lösen aufnahm, war schon wieder so gut.

Seine zweite Arbeitsmarkt-These, ein nicht so überraschender Befund: Das Nichtarbeiten sei zu hoch, das Arbeiten zu niedrig bezahlt. »Die Leute kriegen Geld fürs Nichtstun – die kriegen *zu viel* Geld fürs Nichtstun.« Andersherum, hier sprach der Wirt natürlich auch für sich, hätten diejenigen, die zum Arbeiten entschlossen waren, am Monatsende zu wenig in der Tasche.

Er redete nun einem bedingungslosen Grundeinkommen das Wort, einem Bürgergeld à la Kneipe Schröder: »Jeder Bürger ab achtzehn hat monatlich tausend Euro.« Heiko forderte volle Aufmerksamkeit, indem er den rechten Finger hob: »Nun ist es so: Der, der nicht arbeitet, muss von den tausend alles bezahlen, Strom, Wasser, Handy, Miete. Da überlegt er sich, ob er jeden Tag ein Wannenbad nimmt. Der, der arbeitet, hat auch die tausend Euro, aber obendrauf kommt der Verdienst. Hast du tausend Euro und verdienst noch mal 1400 Euro, dann sagst du: Ich gehe gerne arbeiten. Und so werden die belohnt, die jeden Morgen um vier, fünf und sechs aufstehen.«

Heiko griff jetzt den Reporter an den Oberarmen: »Moritz, ich sehe es doch jeden Tag in der Kneipe! Es gibt Leute, denen kannst du alles anbieten, die haben einfach keinen Bock. Gut is', sage ich, sollen sie faulenzen. Aber ich möchte mehr im Portemonnaie haben als die, die ihr Leben lang krankfeiern.«

Er stand jetzt auf, weil sich im Stehen besser die Meinung sagen ließ als im Sitzen. Natürlich, so Heiko, der Sound gegen Asylbewerber habe sich in den letzten Jahren schon verschärft, das kriege er als Kneipenmann, den jede Stimmung in der Kleinstadt wie durch einen Verstärker erreiche, schon mit: »Die Leute meckern über die Ausländer wie die Wilden – die liegen uns auf der Tasche, die kriegen ihr Geld fürs Nichtstun, die beuten unser Sozialsystem aus. Da sage ich: Mensch, du bist 45 Jahre alt, du hast mit 25 zum letzten Mal gearbeitet, du liegst uns schon zwanzig Jahre auf der Tasche!«

Die Blödmann-Partei AfD, das kostete ihn keine Anstrengung, bürstete Heiko mit einem Satz ab: »Ich sage mal: Die sind nicht an Lösungen interessiert, weil die ja im Grunde genommen die Dauerkrise brauchen.« Und er fragte auf gut Brandenburgisch: *»Is' ihm so?* Ich meine: Ist ihm etwa nicht so?« Ihm war ziemlich exakt so, lieber Heiko.

Konnte er als Abwechslung zu dem, was ich sooft hier in der Kleinstadt hörte, bitte mal was Schönes, bitte mal etwas nicht so Eisenhartes und komplett Deprimierendes zu dreißig Jahren Wiedervereinigung sagen?

Heiko setzte einen amüsierten, dann einen fast ein wenig mitleidigen Blick auf (ach, süß, der Reporter aus dem Westen wollte ein paar tröstende Worte hören). Jovialer Ton: »Für mich persönlich kam die Wende auf den Tag genau richtig. Zehnte Klasse abgeschlossen, Lehre beendet, Armee hinter mir, Fahrerlaubnis in der Tasche, ich war zwanzig Jahre jung. Mir konnten sie kein Geld wegnehmen, ich hatte keins. Und: Los ging's.«

Und noch etwas Gutes konnte der Wirt über dreißig Jahre Wiedervereinigung sagen – weiter ging's im melodischen, alles Gute und Böse, alle Vor- und Nachteile einebnenden Heiko-Sound: »Fakt ist ja auch: Es wäre bei uns nicht ein Haus, es wäre bei uns nicht eine Straße gemacht, wir würden nach wie vor Mörtelsäcke hin- und herschieben, betteln und bestechen, damit man einen Handwerker kriegt – wäre die Wende nicht gekommen.« Heiko horchte seinen Worten hinterher: Irgendetwas fehlte, irgendetwas stellte sich nicht ein. Interessante Sache, man hörte jetzt auch: Das alte Argument »Seid dankbar, die Wende hat unsere alten grauen Häuser so schön bunt gemacht«, es zog im Jahr dreißig nach der Wende nicht mehr so recht.

Andere Frage: Kamen die Flüchtlinge eigentlich ab und an auch mal in seine Kneipe?

Der für einen Moment aus dem Rhythmus gebrachte Heiko. Er schaute seine beiden Hände an, die flach auf dem Bierfass-Tisch lagen: »Nein.« Die nachmittägliche Plauderstunde war nun bald beendet. Nächste Aussage, nicht direkt auf die Frage Bezug nehmend: »Ich habe nie schlechte Erfahrungen mit den Ausländern gemacht. Dass sie mir blöd gekommen wären oder meinen Kindern – das habe ich nie erlebt.«

Heiko musste jetzt seiner Inge hinten hinterm Tresen etwas zurufen: Die Arbeit zog wieder an.

Und Moment, jetzt erinnerte er sich doch: »Vor zwei, drei Jahren hatte ich mal welche drin, aber das war überhaupt kein Problem.«

Heiko Schröder und die Asylbewerber in seiner Kneipe – bitte einmal ausführlich erzählen: »Es waren drei, vier Mann, die waren angetrunken, Freitagabend, die Bude war voll, das waren Schwarzafrikaner, und die wollten ein Bier haben.« Heiko, die große Heiko-Schröder-

Geschichtenerzähler-Pose einnehmend: »Oh, oh, oh – da kamen schon tausend Blicke. Drei schwarze Männer in der Kneipe, und die rufen: ›Bier, Bier, Bier!‹ Da bin ich rein ins Lokal und habe zu denen gesagt: ›Männer, ich kann euch kein Bier geben.‹ Warum kein Bier? Erklärung Heiko: ›Allah möchte nicht, dass ihr Alkohol trinkt, und Met habe ich nicht.‹ So habe ich das zu denen gesagt, und da war ich fertig.« Das kluge Heiko-Gesicht: »Tut mir leid, Jungs. Bis zum nächsten Mal.«

Brandenburgische Kneipenpraxis im Frühjahr 2019. Als Zuhörer stellte man sich natürlich unmittelbar die Frage, was denn um Himmels willen geschehen wäre, wenn Heiko den drei Flüchtlingen das Bier nicht verweigert, sondern ausgegeben hätte. Hätten die Flüchtlinge randaliert? Hätten die Freitagabend-Männer in der Kneipe Schröder die drei Flüchtlinge in Stücke gerissen?

Der Wirt der Kneipe Schröder hatte eine drastische Entscheidung getroffen – natürlich, er hatte den sozialen Frieden in seiner Kneipe bewahren müssen, und er hatte dies mit der Heiko-artigen Chuzpe und dem Heiko-artigen Schalk getan. Und, ebenso wichtig: Heiko hatte seine Geschichte im Vertrauen darauf erzählt, dass man ihn nicht zum tumben Ausländerfeind abstempelte. Es blieb dennoch: ein bitterer, ein bedrückender Eindruck, weil drei dunkelhäutige Männer – ganz gleich, wie kräftig sie denn einen im Tee hatten – an einem Freitagabend in der Kleinstadt nicht zu ihrem Bier gekommen waren. In Heikos Erzählung verließen die drei Männer friedlich das Lokal.

Inge stand am Tresen und schaute zum Fernseher hoch: Auf dem Bildschirm hielt ein Opa mit einem silbernen Kaiser-Wilhelm-Schnauzbart eine antike Uhr in den Händen. Was war das, was du dir da im Fernsehen anguckest, Inge?

Es kam nun der Moment, in dem Inge mit dem Reporter sprach – ein kostbarer Augenblick, der so kein zweites Mal eintreten würde. Sie wandte den Blick nicht vom Fernsehschirm ab, fragte: »Wat denn, das hast du noch nie gesehen? Jetzt kannst du es dir angucken.«

Es lief *Bares für Rares – die Trödel-Show mit Horst Lichter*, immer nachmittags um 15 Uhr im ZDF. Die Idee der Sendung, von der Menschen, die nur Arte guckten, natürlich keine Ahnung haben konnten: Leute brachten ihre Erbstücke und ihr Trödelzeug in ein Studio mit, ein Expertenteam schätzte den Wert, dann machte sich eine weitere Expertenrunde, die Händler, an die Versteigerung. Der Gast lief mit einer schönen Summe Geld oder eben ohne Geld und mit seinem Trödelstück wieder nach Hause.

Nach einer Minute war zu erkennen: Die Qualität der Sendung bestand natürlich darin, dass sie auf mindestens zwei verschiedene Arten geguckt werden konnte, als intellektuelles Vergnügen und als modernes Märchen. Hier wurde die sehr reale Beliebigkeit und Virtualität von Wert und Geld – wie sie an den neuen Märkten und im Finanzkapitalismus Wirklichkeit war – bildlich gemacht und auf ein einfaches Fernsehformat heruntergebrochen. Die Sendung taugte auch als Grundkurs in Kapitalismus: Es ging um das Spiel von Angebot und Nachfrage, das schöne, alte Menschheitswunder, dass die teuer aussehenden Dinge oft nicht so viel wert waren (und, andersherum, sich die wertlos aussehenden und nichtssagenden Gegenstände plötzlich als wahre Schätze entpuppten).

Wir standen nun alle drei – Inge, Heiko, der Reporter – unter dem Fernseher, schauten den Trödel-Onkel mit dem Schnauzbart an und fieberten mit.

Inge: »Der Wert ist das, was Leute für einen Gegenstand bezahlen. Nicht verständlich, meines Erachtens.« Heiko, Inges Unverständnis aufnehmend, den Blick weiter auf den Fernsehschirm geheftet: »Es kann sein, dass du ein Original-Meissen-Geschirr, das einen Wert von zehntausend Euro hat, nicht verkauft kriegst. Und ein Trödelmarkt-Pferdchen von deiner Uroma geht für ein paar Tausender weg.«

So viele Eindrücke. So viele unvergessliche Sätze. Und weiter, noch einmal: die Hauptstraße hinunter. Ich spürte, wie mein Gehirn schlappmachte.

Die Bäckersfrau Katharina hinterließ mir eine Sprachnachricht, sie bedanke sich für die Einladung, aber zum Abend mit Katarina Barley im Hotel Lorenz könne sie natürlich unter keinen Umständen kommen: »Ist lieb gemeint, die Einladung, aber so Kuscheln mit Politikern, weeßte, dit is' mir nüscht.«

Der Reporter stand an seiner Lieblingsecke an der Berliner Straße, Ecke Poststraße, eine Stunde lang und noch länger, ich zählte von null bis fünfhundert und schaute den Kleinstädtern dabei zu, wie sie anfingen, sich über den Reporter zu wundern. Beim Training erfreute ich mich am durchschlagenden Talent des Boxers Imran Khan.

Bürgersprechstunde

Gegen sechs Uhr abends am 17. Mai versammelten sich auf dem Bürgersteig der Berliner Straße so an die zwanzig Zehdenicker Bürger, die dann doch Lust hatten, sich mal anzugucken, wie sich so eine Bundesjustizministerin und Spitzenkandidatin der SPD für das Europaparlament im Hinterzimmer des Hotels Lorenz machte.

Da standen, einige schon mit einem Bier in der Hand: die Brüder Raul und Eric Schleusner, die Holzgewehre Chris Trompete, Adrian Kugellager und René Lawinsky (Mecki Jessen hatte kurzfristig abgesagt), der Sohn des Ex-Bürgermeisters Arno Lobenstein und Sänger der Band 5 Teeth Less, Crooner, mein wunderbarer Autoverkäufer und das zentrale Mitglied der ehemaligen Aral-Gang Marcin, Boxtrainer Maik Brunner, der Wirt des im Frühjahr geschlossenen Großen Ratskellers Bernd Lebert (große Ehre, dass er gekommen war, Bernd hielt sich sonst von öffentlichen Auftritten fern), Ex-Bürgermeister Arno Lobenstein und seine Frau Linda, der SPD-Bürgermeisterkandidat Siegfried Stramm und seine Frau Beate, die Hoffnung der jungen CDU in Zehdenick, Kevin Lange, der Diakon und seine Frau Caren, Rauls und Erics Vater Charly, Amir, ein Asylbewerber aus dem Iran (ich hatte ihn sehr dazu angehalten, sich eine Frage an die EU-Kandidatin zu überlegen und sie in der Runde im Lorenz zu stellen), der Fahrradhändler und Sprecher der Bürgerinitiative gegen das Gasbohren Hannes Borkenwalde, Jean-Pierre, ein Intellektueller aus Paris, der seit zwanzig Jahren in einem Dorf vor Zehdenick wohnte (ich hatte ihn bei einer Kundgebung gegen das Gasbohren am Rathausmarkt kennengelernt), und noch ein paar mehr. Rambo war auch gekommen – er trug eine sagenhafte Harrington-Jacke mit dem weiß geschminkten Gesicht von Heith Ledger als Joker auf dem Rücken und der Aufschrift »Can You See the Fuck You in My Smile?«. Blocky hatte seinen Kumpel, den Steinmetzen Ralf Landwehr, mitgebracht.

Sie wählte von den vielen Möglichkeiten, als Spitzenpolitikerin in der Kleinstadt aufzuschlagen, eine der angenehmen: einfach da. Sie hatte ihren Ehemann, einen Basketballtrainer aus den Niederlanden, mitgebracht (er sah aus, wie man sich einen Basketballtrainer vorstellte, das allerdings in sehr gut aussehend). Personenschutz war nirgends zu sehen. »Fangen wir an?«, fragte Katarina Barley. Wir fingen an.

Die Ordnung im Hinterzimmer: Barley und der Reporter saßen am Fenster. Die Schar der Diskutanten verteilte sich im ganzen Raum, grob geordnet in fünf Stuhlreihen. Von hinter der Theke gab Kathrin schon jetzt ohne Unterlass Pilsbier um Pilsbier in die Stuhlreihen hinaus.

»Wo sind denn die Frauen hier?«, fragte die Spitzenkandidatin und hatte damit natürlich sofort einen Punkt gemacht und die Lacher auf ihrer Seite. Wieso, Katarina, da saßen doch immerhin drei Ehefrauen?

»Moritz hat keine eingeladen«, trompetete Blocky von hinten aus der fünften Reihe. Freude im Saal. Applaus.

Raul hatte ich gebeten, ein kurzes Eingangs-Statement zu sprechen – er machte das, Raul-artig, auf den Punkt, ohne Leidenschaft und Aufregung und so, dass sofort genau das entstand, was sich der Organisator für den Abend erhofft hatte: Anspannung, Unruhe im Raum.

Raul: »Im Großen und Ganzen haben die Leute keinen Bock. Man sagt: Europa? Ja, schöne Sache, aber tangiert mich persönlich null. Es ist wirklich so, dass viele hier in der Stadt, wohl auch hier im Raum, nicht den Hauch einer Ahnung haben, warum es die EU überhaupt gibt. Man weiß nicht, warum man ein Parlament wählen soll, das in Frankreich und in Belgien sitzt und uns nur Vorschriften macht. Soweit – so würde ich das zumindest sagen: die öffentliche Meinung.« Widerspruch des Diakons: »Entschuldige, aber ich denke, ich weiß sehr genau, warum es die EU und das Europaparlament gibt. Und ich werde am Sonntag auch zur Wahl gehen.« Trainer Maik, er hob den Arm wie in der Schule: »Hier werden einige wählen gehen. Ich auch.«

Katarina Barley: »Also, ich freue mich, dass das hier gleich so lebhaft losgeht.«

Tatsächlich habe sie sich keine Sekunde überlegt, ob sie die Einladung des Reporters annehmen sollte. Als Politikerin gehe es ihr immer darum, nicht nur zu reden, sondern auch zu hören, was die Leute zu sagen hatten. Das Podest, von dem sie rede, versuche sie, so

Barley, immer so niedrig wie möglich zu halten. »Warum bin ich gekommen? Weil normale Gespräche das sind, was mir in der Politik am meisten Spaß macht.«

Brummen im Publikum. Auch Zustimmung. Das war jetzt für einige im Raum schon das Maximum an schönen, an freundlichen und durchschaubar auf diesen Raum abgestimmten Sätzen, das man hier bereit war, entgegenzunehmen.

Und auch der Reporter sprach nun, weil das für den Einstieg in die Diskussion hilfreich sein konnte, einige windelweiche Sätze: Es gehe wirklich darum, dass hier ein Gespräch in die Gänge käme. Niemand im Raum werde einen Vortrag halten, auch die Spitzenkandidatin nicht. Bitte um kurze Wortbeiträge – man wollte zügig zwischen den Diskutanten hin und her schalten, der ganze Raum sollte zu Wort kommen.

Das Irre war ja auch, dass die Veranstaltung exakt neun Tage später – am 26. Mai um 18 Uhr – schon wieder historisch sein würde, einfach weil dann Prognosen der Europawahl vorlagen: Union und SPD würden historisch schlechte Ergebnisse einfahren, unter der Spitzenkandidatin würde die SPD erstmals auf dem dritten Platz landen, das war der Platz hinter den Grünen.

Aber jetzt – verdammt –, jetzt haute sie voll raus.

An Raul gewandt: Gleichgültigkeit bei der EU-Wahl? Sie nehme das ein wenig anders wahr: »Bei vielen hat seit dem Brexit etwas geklingelt. Denjenigen, die so gar nichts mit Europa anfangen können, denen begegne ich nicht sooft – die kommen dann nicht zu den Veranstaltungen.« Wie gut, wie schön, dann würde ihr das tatsächlich auch etwas bringen, dass sie in die Kleinstadt gekommen war.

Die Wahl am 26. Mai war erst von der SPD, dann von vielen Medien als Schicksalswahl bezeichnet worden: entweder wir, die Demokraten, oder die, die auf Lügen, Hass, Fremdenfeindlichkeit und einen zynischen Despotismus setzten. War das Friedensprojekt Europa einfach am Ende? Hielt sie, die künftige EU-Abgeordnete, so wie sie hier im Hotel Lorenz in der Kleinstadt Zehdenick saß und sich dem Wahlvolk stellte, für möglich, dass Rechtspopulisten die EU in den kommenden fünf Jahren kaputt kriegten? Barley: »Ja. Ich sehe diese Gefahr.«

Nun trafen die ersten Fragen ein, die in ihrer Direktheit und Unbekümmertheit auch die Kandidatin in Gang brachten.

Welche Einrichtungen hatten in der EU noch mal was zu sagen? Das waren im Grunde genommen drei: der Rat (Regierungschefs und Minister aus den Nationalstaaten), die Kommission (Fachleute und der Präsident oder die Präsidentin als eine Art EU-Regierung), das vom Volk gewählte Parlament. »Das Parlament ist das Organ, das die Erdung reinbringt. Der Rat und die Minister machen oft hinter verschlossenen Türen, was sie wollen.«

Warum eigentlich nicht das Parlament abschaffen? Reichte es nicht, wenn es einen Rat und eine Kommission gab? Antwort Barley: Moment, wenn wir das Parlament abschafften, dann hätten wir als Volk eben nichts mehr zu sagen in Europa. Ach so.

Ex-Bürgermeister Lobenstein gab nun einen kurzen Überblick darüber – auch hier bestand ein eklatanter Mangel an Aufklärung –, was in der Kleinstadt in den letzten Jahren von europäischen Geldern bezahlt worden war: keine Straße, kein Kindergarten, der nicht von EU-Fördergeldern mitfinanziert worden war. Die alte Geschichte: Dass die EU so toll alte Häuser renovieren und bunt anstreichen konnte, das hatte auch hier im Hotel Lorenz kaum noch Wirkung. Lobenstein: »Ich sage auch: Die Bürokratie ist – nach meinem Gefühl und dem meiner Mitarbeiter – immer mehr geworden.«

Das höre sie total oft mit der Bürokratie, so Barley: »Und ich verstehe echt, das nervt total.«

Die Spitzenkandidatin sprach nun – weil dies ja exakt ihr Claim war: sanft, aber hart in der Sache, mit den Mitteln einer klugen Frau – einige robust und kämpferisch klingende Sätze in Richtung der Zehdenicker: »Das geht nicht, Leute, dass ihr euch hier in so eine ›Alles schlecht in Brüssel‹-Logik reinredet. Das Allesschlechtmachen, das ist das Geschäft der Rechtspopulisten. Es ist nicht fair, und es ist auch faktisch nicht richtig: Man lässt sich von Europa alles bezahlen, und wenn mal etwas schlecht läuft, dann waren es die Bürokraten in Brüssel.«

Es wurden jetzt auf den Tisch gelegt: die ganz großen Klopper der europäischen Politik – Lobbyismus, globale Konzerne, Demokratie-Defizite, europäische Arbeitslosen-Rückversicherung.

Der Steinmetz Landwehr warf in seiner enorm gefassten und ernsthaften Art ein ganz neues Thema auf: »Mich würde mal interessieren, was die EU fürs Handwerk tut.« Applaus, Zustimmung allerseits. Das interessierte hier im Raum offenbar einige Leute. »Wir hatten ja in Deutschland mit das beste Ausbildungssystem, man hat uns weltweit dafür beneidet. Mit eine der ersten Maßnahmen der EU war es, die Meisterpflicht abzuschaffen.« Nachsatz Landwehr: »Ich wollte die EU nie haben, das sage ich ganz ehrlich: weil wir national immer stärker waren als unsere europäische Konkurrenz, gerade im Handwerk.«

Unruhe. Zahlreiche Wortmeldungen.

Reporter: »Nicht alle durcheinander.«

Katarina Barley: »Europa ist nicht für alles da. Und Europa soll ja auch nicht alles regeln und kann auch nicht alles regeln.« An die Adresse von Steinmetz Landwehr: »Die EU macht nicht alles richtig. Und das ist ein Punkt, wo die EU etwas gravierend falsch gemacht hat: Es war ein Fehler, die Meisterpflicht in Deutschland für einige Handwerksberufe abzuschaffen.«

Scharrende Stühle. Weiter ordentlich Unruhe in der Bude: toll. Viele riefen ihre Fragen einfach rein. Eine enorm aufmerksam und angeschaltet wirkende Spitzenkandidatin.

Sie machte nun den für ihren Wahlkampf zentralen Punkt des sozialen Europas (Slogan »Europa der Menschen, nicht der Wirtschaft«): Die EU habe sich gegen den Lobbyismus durchgesetzt, sie werde hier nicht aufhören, sich weiter durchsetzen. Der europaweite Mindestlohn werde kommen.

Der Flüchtling Amir, mitten unter den Zehdenickern sitzend, stellte seine Frage: »Warum dürfen Flüchtlinge in Deutschland nicht früher arbeiten?« Und sie sah natürlich sofort, dass sie hier von einem Zehdenicker mit einer Flüchtlingsgeschichte um ihre Stellungnahme gebeten wurde. Ihr unterlief jetzt – interessanter Schwächemoment – die Politiker-Kaputzki-Vokabel »Bleibeperspektive« (»Für die, die wahrscheinlich bleiben dürfen, wird es besser; für die, die nicht bleiben dürfen, wahrscheinlich schwieriger«).

Und es brach nun, für die nächsten zehn Minuten, eine finstere und immer wieder von Geistesblitzen erhellte Diskussion über die Flüchtlingspolitik der EU los. Da wurde, im Hinterraum des Hotels Lorenz zu Zehdenick, ein Theaterstück der Demokratie aufgeführt. Auszüge.

Barley: »Wir wollen offene Grenzen innerhalb Europas. Also brauchen wir Grenzkontrollen nach außen.«

Ex-Bürgermeister Lobenstein: »Es gibt dieses Gefühl des Kontrollverlusts, das viele haben – ich meine, völlig zu Recht: Man möchte wissen, wer unser Haus betritt.«

Rambo – auf einen Schlag war eine gewisse Anspannung im Raum, als er das Wort ergriff, und es guckten gleich alle hin –, er sprach mit schwerer Zunge ein schweres Brandenburgisch: »Zurzeit gibt es so einen Fall – er soll Verschlusssache bleiben –, dass Flüchtlinge ohne Ausweisdokumente eingeflogen werden.«

Barley, ruhig, sachlich, zugewandt, nicht urteilend, ganz professionelle bürgernahe Volksvertreterin am Infostand in der Fußgängerzone, die sich schon ganz andere Dinger hatte anhören müssen: »Warum sollte das so sein?«

Antwort von Rambo, klug ausweichend, also nicht direkt Bezug nehmend auf die Replik der Politikerin: »Ich habe mich heute mit jemandem unterhalten, der arbeitet bei Bosch. Der kommt aus der Industrie, hat mehrere Projekte in Russland am Laufen. Und so was wie mit den Flüchtlingen, das kann nicht angehen.« Und Rambo zog zur Bekräftigung seiner Stellungnahme geräuschvoll die Nase hoch.

Barley, weiter ruhig: »Das stimmt auch nicht. Das sind immer so Räuberpistolen. Warum sollte man Flüchtlinge illegal nach Deutschland fliegen?«

Der Reporter kam nun Rambo zu Hilfe, es war konstruktiv im Sinn einer regen Diskussion, seinen Punkt nicht sofort abzuräumen. Argument an die Kandidatin,

Argument in die Runde: Er, Rambo, spreche eine in der Kleinstadt oft kolportierte Legende an, nämlich die, dass Flüchtlinge, die sich illegal in Deutschland aufhielten, von der Regierung in Schutz genommen würden. Mehr noch: dass Polizei und Medien dazu angehalten waren, Straftaten von Flüchtlingen nicht in die Öffentlichkeit gelangen zu lassen.

Barley: »Ich höre auch die dollsten Sachen. Manchmal frage ich mich: Welches Interesse sollten wir Politiker daran haben, dass Straftaten nicht publik werden?«

Boxtrainer Maik: »*Is' doch auch Quatsch, Rambo.* Wenn im Wohnheim bei den Asylanten Tumult ist, dann liest du es in der Zeitung. Genauso hörst du es, wenn einer in Zehdenick besoffen mit dem Fahrrad fährt.«

Der Diakon: »Ich habe die Filialleiterin von Netto gefragt, was, bitte, sie genau zu sagen habe zum Klauverhalten der Asylbewerber. Die Verkäuferin: Die Deutschen klauen mehr.«

Es stieg nun das Holzgewehr Adrian Kugellager in die Diskussion ein, gleich auf einem sehr hohen Level der Erregung: »Ich kenne Polizisten in Templin. Von denen höre ich: Es ist zu teuer, die Anzeigen aufzunehmen – die Leute können kein Afghanisch, kein Syrisch, *es müssen Dolmetscher aus Berlin herbeigefahren werden!* Es lohnt schlicht nicht, die kleinen Vergehen anzuzeigen.«

Barley, weiter bewundernswert ruhig: »Ausbleibende Anzeigen sind aber etwas anderes, als wenn die

Regierung anordnet, dass Straftaten von Flüchtlingen nicht mehr geahndet werden. Etwa nicht?«

Kugellager, unbeirrt, jetzt sehr hitzig: »Reden Sie mal mit einem Polizisten unter vier Augen. Die erzählen Ihnen alles. Mir wurde gesagt: Nur drei Prozent der Straftaten von Flüchtlingen werden öffentlich gemacht. *Nur drei Prozent!* Damit die Leute nicht verunsichert werden. So sieht's doch aus. Das wird alles klein gehalten.«

Es flogen nun laute Unmutsbekundungen durch den Raum. Blocky sprang auf, damit sein Standpunkt über allen Stühlen deutlich zu vernehmen war.

Die Spitzenkandidatin hatte ein paar interessante, wohl eher intuitive Tricks drauf – etwa indem sie die Arme ausbreitete –, immer wieder für Besinnung zu sorgen und sich selbst erneut das Wort zu erteilen. Jetzt beugte sie sich vor und drosselte die Lautstärke ihrer Stimme, um sich so die volle Aufmerksamkeit im Raum zu sichern: »Ich möchte, dass mir mal irgendwann jemand – auch wenn ihr das selber nicht glaubt – diese Umvolkungs-Geschichte erklärt. Im Ernst: Warum sollten wir das machen? Wie kann man nur auf so etwas kommen?«

Gegenfrage Eric: »Kann man Facebook nicht einfach mal dichtmachen?«

Barley, gleich an Eric: »Die Überlegung gab es tatsächlich. Aber: Du kannst da schlecht als Staat reingehen.

Denn dann heißt es sofort wieder, und das auch völlig zu Recht: Zensur. Der Staat darf nie mehr sagen, was richtig ist und was falsch.«

Große Rede Blocky, stehend in der letzten Stuhlreihe: »Mir fehlt in der Politik oft Menschenverstand. Nein, ehrlich, Frau Ministerin, ich halte Sie für eine ganz helle Kerze.« Freude, Gelächter, auch bei Ministerin Katarina Barley darüber, dass sie eine helle Kerze war (»Das ist aber nett von Ihnen«). Blocky, gleich ein wenig übermütig geworden über seinen Lacherfolg: »Nein, ganz im Ernst, ich hätte Sie lieber noch ein bisschen als Justizministerin gehabt.«

Es ging nun um die angeblichen Versuche der europäischen Politik, die deutsche Dieseltechnologie und die Dominanz der deutschen Autoindustrie zu zersetzen. Großes Thema: Die Politik von SPD und Grünen, die sich als nachhaltig verkaufte, war darauf angelegt – so der im Raum stehende Vorwurf –, den Menschen durch überzogene Steuererhöhungen ihr Heizöl und ihre Autos wegzunehmen.

Blocky, brüllend: »Wir bauen die geilsten Autos auf der ganzen Welt!«

Barleys Ehemann, leise, in Richtung des Ohres seiner Frau: »Das stimmt.«

Blocky, weiter sehr laut: »Wir lassen uns von keiner Regierung auf der Welt unsere schönen Autos kaputt machen!« Großer Applaus.

Die Spitzenkandidatin hatte im Folgenden, vielleicht auch verständlich, das Bedürfnis, ein paar Floskeln aufzusagen, die mit nahezu hundertprozentiger Sicherheit gut ankamen: »Ich bin ja jetzt nicht hier, um Parteipolitik zu machen.« Und gleich noch ein Lob an die Zehdenicker: »Ihr legt mit euren Fragen natürlich immer die Finger in die Wunde.« Und sie holte noch einen ihrer rhetorischen Trümpfe hervor, der sich bei Bürgersprechstunden in ganz Deutschland sicherlich immer gut machte: »Ich muss auch zugeben, ich bin ja jetzt auch noch nicht ewig Politikerin – ich mach das ja gerade fünf Jahre.« Noch eine der Riesenfragen: War denn, 75 Jahre nach Ende des Zweiten Weltkriegs, der Friedensgedanke der EU noch attraktiv? Oder brauchte die EU eine neue Daseinsberechtigung, eine neue DNA? Katarina Barley: »Ich war letztens an der nordirischen Grenze. Hier besteht die Gefahr, dass die alten Konflikte wieder aufbrechen. Also: Frieden ist auch in der EU nicht selbstverständlich.«

Sie war dann, wie es sich für eine Spitzenpolitikerin gehörte, sehr plötzlich auch wieder verschwunden.

In der Gaststätte Schröder mussten nach der ganzen Aufregung natürlich noch ein paar Bier getrunken werden. Es gab einige für den Reporter sehr schön anzusehende Gesprächskonstellationen. Der Boxtrainer war mit dem Intellektuellen aus Paris in ein Gespräch verwickelt, auch Rambo und der Diakon hatten sich plötzlich etwas zu sagen – der Abend mit Katarina Barley hatte neue Verbindungen hergestellt.

Rambo: »Menschenrechtsverletzungen wurden überhaupt nicht angesprochen.« Maik Brunner, beim zweiten Whisky Cola, wiederholte einen Satz der SPD-Spitzenkandidatin, der ihn geärgert hatte: »›Wenn ihr in Brüssel seid, kommt vorbei.‹ Der war gut. Wo genau soll ich denn hinkommen? Ins EU-Parlament? Zu Katarina nach Hause?« Wir erfuhren, dass Barleys Personenschützer, Beamte vom BKA, bei Heiko angerufen hatten – sie waren fälschlicherweise davon ausgegangen, dass der politische Abend in der Kneipe Schröder stattfinden sollte (Heiko zu den Beamten: »Nee, Freunde. Bei mir ist nichts mit Politik. Wir haben hier heute Skat und Mau-Mau«).

Raul sagte, und er meinte es so überhaupt nicht lustig, wie nur die Leute unlustig sein konnten, die auch großes Talent zum Witzemachen hatten: »Wir alle haben heute der Demokratie einen Dienst erwiesen.«

Verregneter Mond

Die Ergebnisse des Großwahltags: In Brandenburg war die AfD bei der Europawahl mit elf Prozent Zuwachs bei knapp zwanzig Prozent gelandet und damit die stärkste Partei geworden (CDU 18, SPD 17 Prozent). Sie war also nicht mehr länger auf dem Weg zu einer Volkspartei, wo man sie jahrelang vermutet hatte – sie war, zumindest was die Zahlen anging, dort angekommen. In Sachsen holte die AfD mit über 25 Prozent den Ost-Rekord (Kommentar Raul: »Gott sei Dank haben wir die Sachsen, die waren schon immer noch ein bisschen bescheuerter als wir«). Europaweit war der ganz große Rechtsruck ausgeblieben (man sprach von einer Atempause für die Demokratie bis zur nächsten Wahl), aber die Rechtspopulisten in Italien und Frankreich hatten zugelegt.

Bei der Bürgermeisterwahl in der Kleinstadt gewann Fred Sonnenkranz mit 41 Prozent der Stimmen deutlich – ein spektakulärer Sieg für den Parteilosen –, musste aber gegen den CDU-Kandidaten Joseph Runge in die Stichwahl (diese würde in drei Wochen stattfinden), ein schwer geschlagener Siegfried Stramm von der SPD kam nur auf den dritten Platz. Bei der Wahl zur Stadtverordnetenversammlung erhielt die AfD-Kandidatin Sabine B. die höchste Zustimmung: Von gut sechstausend Wahlberechtigten der Stadt stimmten 1600 für sie.

Nach der ersten eiligen Erleichterung, dass Europa doch noch nicht ganz an die Rechtsradikalen gefallen war, drang langsam durch, dass Teile Deutschlands, zu denen der gesamte Osten gehörte, doch sehr rechts gewählt hatten. Zum Beispiel die Kleinstadt Zehdenick im Landkreis Oberhavel: Im Ortsteil Badingen mit seinen gut fünfhundert Wahlberechtigten hatten 145 der AfD ihre Stimme gegeben, 22 der NPD.

Und dann holte der 1. FC Union ein 0:0 gegen Stuttgart.

Vielleicht war dieser Montag – der 27. Mai 2019, der Tag nach der Europawahl – doch der wichtigste Tag im deutschen Osten seit Jahrzehnten. Die Unaufsteigbaren, der Traditionsverein 1. FC Union Berlin, machten im ersten Relegationsspiel im heimischen Stadion, der Alten Försterei, den allseits für unmöglich gehaltenen Schritt in die Erste Bundesliga – die lustigen Schlachtengesänge der Fans (»Scheiße, wir steigen auf«) und der so finstere wie leider auch ganz lustige Kommentar des *Bild*-Zeitungs-Kolumnisten Franz Josef Wagner: »Es ist, als hätte sich ein Obdachloser in eine Millionärsvilla verirrt.« Für die Fans des BFC Dynamo Berlin, des ehemaligen Stasi-Vereins, DDR-Rekordmeisters und derzeitigen Regionalligisten, wurde Eisern Union – der Verein mit dem linken, antikapitalistischen und fantasievollen Image – noch hassenswerter. Und unter BFC-Fans wurde es nach dem Aufstieg des jahrzehntealten Rivalen ganz wichtig, neue Rekorde im Sich-asozial-rechts-und-humorlos-und-gemein-Benehmen aufzustellen (was sich natürlich oft ziemlich lustig ausnahm). Der Kurze, seit je BFC-Fan, postete auf Facebook: »Wenn mein Kind Union-Fan wird, kommt es ins Heim.« Bei einem der Holzgewehre fand ich das Bild der Klimaaktivistin Greta Thunberg mit Sprechblase – ein Beispiel für einen restlos heruntergekommenen, maximal menschenfeindlichen Humor: »Ich komme bald in die Alte Försterei, da bin ich wenigstens nicht der einzige Mongo.« Ließ sich so einem Spruch noch irgendeine entlastende Arglosigkeit unterstellen, Humor, Selbstironie, Albernheit, Gedankenlosigkeit, ein irgendwie nachvollziehbarer Wunsch nach Aufmerksamkeit und Anerkennung, oder war das einfach der pure Faschismus? Ich tendierte zu Letzterem.

Der Versuch, ein Bier am Tresen in der Kneipe Schröder zu trinken, ohne mich zu unterhalten – das ging mittlerweile ganz gut: Diejenigen, die mich bescheuert fanden, ließen mich in Ruhe; mit denjenigen, mit denen ein Gespräch möglich war, stand ich schon im Kontakt.

Ja, unbedingt noch eine schöne Molle, Heiko.

Die drei, vier beiläufigen Begegnungen mit dem Kurzen hatten mir zu denken gegeben, natürlich: Seine Bissigkeit, seine Aggressivität hatten mir Angst eingejagt, auch eine gewisse Achtung hinterlassen. Es kam mir so vor, als gäbe es keine zufälligen Begegnungen mit dem Kurzen, was wiederum bedeutete, dass er mich, damit unsere Zusammentreffen wie Zufälle wirkten, weit mehr auf dem Schirm haben musste, als mir lieb war.

Rückblick. Als ich den Kurzen vor gut einem Jahr, im Februar 2018 – es war ein 15 Grad warmer und verregneter Nachmittag –, zu einem Spaziergang durch die Zehdenicker Stiche getroffen hatte, da war er mit einem Schäferhund aufgetaucht (es war ein verrückt großes und langes Tier, mit blondem Fell und einem schwarzen Gesicht, so hässlich wie eine Hyäne).

Der Kurze hatte einen spöttischen Ausdruck im Gesicht getragen, von dem mir nicht klar gewesen war, worauf er sich eigentlich bezog. Das Ding war eben, dass ich diesen Mann in vieler Hinsicht so absolut furchtbar und ablehnenswert fand und gleichzeitig, auf einer mir selber nicht ganz erklärlichen Ebene – eben genau deshalb, weil er sich stets so unverstellt furchtbar, asozial und böse benahm –, schon immer eine gewisse Sympathie für ihn gehegt hatte.

Noch einmal: Ich mochte die Kaputten, ich fühlte mich ihnen nahe, ich glaubte, sie besser zu verstehen als diejenigen, die sich nie etwas zuschulden kommen ließen und immer auf der unstrittig richtigen und sauberen Seite standen. Es fand – eventuell war es so, eventuell war dies auch nur der bequeme und tröstliche Weg, mir die Dinge zu erklären – eine Art moralische Dialektik statt: Der Reporter unterstellte dem Kurzen, dass er immer erst den hässlichen, abstoßenden, moralisch verwerflichen Standpunkt vertreten musste, um dann, nachdem er sich selbst das Falsche hatte sagen hören, doch noch sein Herz und seine menschlich okaye Seite zu entdecken. Des Kurzen demonstrative Schrecklichkeit provozierte jedenfalls meinen Widerspruch, und so waren – kein großes Geheimnis und auch kein Wunder – unsere Gespräche in Gang gekommen.

»Dit is' ein blonder, reinrassiger Altdeutscher-Schäferhund-Rüde«, erklärte der Kurze, »also das Gegenteil von einem hässlichen Hund.« Ironischer Nachsatz: »Hast ja jetzt, hier auf unserem Spaziergang, noch ein bisschen Zeit, dich an ihn zu gewöhnen.«

Ich erklärte dem Kurzen, dass ich als jemand, der vor Hunden aller Rassen eine leider wirklich panische Angst hatte, mich auch mit seinem Rüden nicht wohlfühlte. Und er riet mir, was Hundebesitzer denen, die sich vor Hunden fürchteten, seit je geraten hatten: »Das darfst du ihm nicht zeigen. Wenn er keinen Grund hat, dann tut er auch nichts.« Dann fragten wir also noch einmal andersherum: Unter welchen Umständen würde sein selbstverständlich exzellent erzogener Schäferhund denn einen Grund haben, zum Angriff auf mich überzugehen? »Wenn du mich angreifst. Wenn du meine Wohnung betrittst, ohne dass ich das gestatte. Wenn du ihn schlägst.« Und der Kurze schloss mit den in ihrer Nonchalance und Sachlichkeit für mich äußerst bedrohlich klingenden Worten: »Er würde sich dann melden.«

Die Landschaft war leer. Und sandig. Und nass. Es sah aus wie auf einem verregneten Mond.

Der Rüde musste jetzt, so wollte es sein Herrchen, einen Test bestehen. Er sollte Platz machen und sitzen bleiben, obwohl wir weiterspazierten, und dann auf

Pfiff hinterhersetzen. Das blonde Vieh winselte, als wir uns entfernten, aber es rührte sich nicht vom Fleck. Kommentar der Kurze: »Der Hund ist ein Rudeltier, er muss sich, von Zeit zu Zeit, mit seinem Herrchen messen, und dann wird die Rangordnung neu festgelegt.«

Der Reporter erkundigte sich nun nach dem neuen Arbeitgeber des Kurzen, der Glaserei: allseits Zufriedenheit. Er habe dort auch ohne Lehre oder entsprechende Ausbildung anfangen können, da Handwerker in diesen Zeiten einfach händeringend gesucht würden, »die geben mir gutes Geld«. Ich freute mich für den Kurzen. Solange ich ihn kannte, hatte er stets körperlich extrem aufreibende, seiner Gesundheit abträgliche Arbeiten auf Baustellen erledigen müssen.

Wir mussten jetzt – ja nun – natürlich auch noch einmal über seine rechte Vergangenheit reden. Der Kurze hasste es, über früher und seine Jahre als rechter Schläger ausgefragt zu werden: »Moritz, es kann nicht immer nur *darüber* gehen, wir haben alle Familie, wir haben uns alle eine Existenz aufgebaut, irgendwann muss auch mal Schluss sein.« Aber komisch, es ließ sich auf eine Art schwer vermeiden, der rechte Mist wollte raus: Es dauerte nicht lange, und er fing selber wieder damit an. Und dann, sobald er sich warmgeredet hatte, sprach er plötzlich doch ganz gerne über früher: Die guten alten Zeiten und die rechten Jahre fielen bei ihm auf dieselben Jahre. Der Kurze fand es, anders als viele, mit denen ich über die Neunzigerjahre in Brandenburg und im Osten gesprochen hatte, irgendwie auch geil, dass er dabei gewesen war, dass er heute von sich sagen konnte, er sei einer von den Asis, einer von den furchterregenden und gefährlichen Hunden gewesen.

Noch ein paar finstere Sprüche über die Flüchtlinge heute, dann waren wir bei den alten Zeiten. Der Kurze erzählte, schon ganz früher, zu DDR-Zeiten, habe es mit den Mosambikanern handfeste Auseinandersetzungen gegeben: »Die haben sich *zu Rudeln zusammengeschlossen* und sind in die Scheune rein, die Diskothek an der Ampelkreuzung, und dann gab's Remmidemmi. Man musste was machen, sonst wären die uns auf den Kopf gestiegen.«

Der Kurze, vor mittlerweile auch schon 48 Jahren in der Havelstadt geboren. Schon vor der Wende – also bevor die Glatzen die bestimmende und für jedermann sichtbare Jugendkultur im Osten Deutschlands geworden waren – hatte er sich eine Skinhead-Garderobe zugelegt. »Ich habe nie, nie zu den Harten gehört – also, da gab es Härtere«, hatte der Kurze geantwortet, als der Reporter sich vor zehn Jahren nach seinem Engagement in der rechten Szene in Zehdenick erkundigt hatte. »Aber klar, die Harten waren überall, nach denen musstest du nicht lange suchen.«

Mit Raul, Eric und Rampa, die jünger und deutlich jünger waren als der Kurze, hatte der Reporter immer wieder und ausführlich über ihre Vergangenheit als rechte Skinheads gesprochen (Buchkapitel »Das Nichts« in *Deutschboden I*, sie hatten mir ihr Skinhead-Sein in den Neunzigerjahren als irgendwie unvermeidliche

Verirrung, als Pop-Geschichte, als pubertäres Spiel mit dem Bösen geschildert). Aber merkwürdig: Dem Kurzen war ich bei meinen Recherchen vor zehn Jahren einige Male begegnet, und ich hatte, anders als bei meinen Buchhelden Raul und Eric, kein gutes Gefühl gehabt und mich schließlich entschlossen, ihn in meinem vor neun Jahren erschienenen Buch nicht zu erwähnen.

Unser Spaziergang fand – auch das musste an dieser Stelle erwähnt werden – gut eineinhalb Jahre vor der Landtagswahl in Thüringen statt (Oktober 2019), bei der Björn Höcke – jener Politiker, der laut Urteil des Verwaltungsgerichts Meiningen »auf einer überprüfbaren Tatsachengrundlage« als Faschist bezeichnet werden durfte – für seine AfD 23 Prozent holte und damit die zweitgrößte Stimmengruppe des Landes nach der Linken auf sich vereinen konnte (dies war der Wahlabend, an dem auch dem letzten Medienvertreter, unter ihnen der Reporter, klar geworden sein musste, dass AfD-Wähler keine enttäuschten Liebhaber der Demokratie und der Freiheit waren – sie wollten, und das mit Überzeugung und mit Vergnügen, hassen, zerstören und Angst einjagen, sie waren Demokratie-Verächter, Leute, die an die Überlegenheit des deutschen Volkes glaubten, an Gewalt und das Recht des Stärkeren).

Als ich bei jenem Spaziergang im Februar des Jahres 2018 mit dem Kurzen über seine rechte Vergangenheit und die rechte Szene der Neunzigerjahre ins Gespräch gekommen war, da wollte ich ihn auch auf

Ingo Ludwig ansprechen – jenen jungen Mann, dem die Autorin Manja Präkels ein Buch gewidmet hatte (in ihrem 2017 erschienenen Roman *Als ich mit Hitler Schnapskirschen aß* hatte Präkels Erlebnisse ihrer Kindheit und Jugend in der Nachwendezeit in Zehdenick aufgearbeitet).

Im Januar 1992 war Ingo Ludwig, 18 Jahre alt, mutmaßlich durch die Gewalt rechter Schläger, in der Diskothek Wolfshöhle im Zehdenicker Ortsteil Klein-Mutz zu Tode gekommen. Eine abschließende gerichtliche Untersuchung des Falls war bis zum heutigen Tag nicht möglich gewesen: Die Ermittlungsakten waren aufgrund einer gesetzlichen Bestimmung in Jugendstrafsachen vernichtet worden.

Aber erst mal musste der Kurze noch einmal anders Schwung holen und von den Neonazi-Tagen schwärmen: »Weeßte, Moritz, letztlich waren es die Partys, das Die-Sau-Rauslassen, das Sich-gegenseitig-die-Bierbüchsen-an-den-Kopp-Knallen. *Es hat einfach so geil gezeckt.*« Interessant. Wann immer ich mit einem Brandenburger über die Nazi-Szene in den Neunzigerjahren geredet hatte, hatte es früher oder später geheißen: Die Partys waren einfach so geil gewesen.

Die Band Landser – bekannteste aller Rechtsrockbands, vom Bundesgerichtshof wegen volksverhetzender Texte als kriminelle Vereinigung eingestuft – sei, so der Kurze, so etwas wie die Rolling Stones des Ostens gewesen: »Jeder, wirklich jeder hat die gehört.

Und bis heute kann praktisch jeder deren Texte mitsingen.« Natürlich, schon bei meinen Recherchen vor zehn Jahren hatte ich verstanden, dass für eine ganze Generation, die der heute Dreißig- bis Vierzigjährigen, der Rechtsrock von Landser die musikalische Grundlage für praktisch jede Grillparty gebildet hatte, den Sound, auf den junge Männer, die zum Saufen und Rumblödeln zusammenkamen, sich immer hatten einigen können. Das Klubhaus Bunker in Neuruppin war eine Schaltzentrale gewesen, ein für die ganze rechte Szene im nördlichen Brandenburg wichtiger Treffpunkt (in der Artur-Becker-Straße im Keller eines Kindergartens gelegen, im Jahr 2000 war der Klub geschlossen worden). In Gransee, so der Kurze weiter, hatte man sich bei einer Jenna zu Hause getroffen. Jenna, Anfang zwanzig, war eine Nazi-Braut, ein Skinhead-Girl, ein sogenanntes Renee-Girl gewesen (die mit den Mecki-Frisuren mit den langen Fransen an den Schläfen): »Da konnte man immer übernachten, da hat man sich kennengelernt, da traf man die Hünen, die Knastbrüder, die wirklich bösen Brecher aus Pasewalk, aus Wittstock, Rheinsberg und Neustrelitz.« Nach den Konzerten, so die Erinnerung des Kurzen, habe es immer herrliche Hauereien mit der Polizei gegeben. Und natürlich, Polizei und rechte Szene hätten sich koordiniert und abgesprochen: »Wie oft ist man an Hundertschaften der Polizei, die friedlich zuguckten, im Auto vorbei nach Hause gefahren.« 1998, mit der rot-grünen Bundesregierung, so der Kurze, sei die Zeit der Toleranz dann vorbei gewesen, auch die kleinen Sachen wie Hakenkreuz-Schmierereien seien zur Anzeige gebracht worden.

Eine grundsätzliche Frage an den Kurzen: Warum hatten die Teenager im Osten sich als erste Jugendkultur nach dem Mauerfall den Nationalsozialismus ausgesucht? Warum nicht eine linksradikale Jugendkultur, warum nicht eine neue Spielart des Punk?

Ja, das fand er gut, dass der Reporter sich jetzt so essayistisch-nachdenklich dieser Fragen und seiner Vergangenheit annahm. Der Kurze betonte jetzt noch mal, dass ihr Skinhead-Kult exakt das gewesen sei: eine Spielart des Punk. Wer die Nazis der Nachwendezeit verstehen wolle, der müsse verstehen, wie verboten das Nazi-Sein in der ehemaligen DDR gewesen war – ein ganzer Staat sei da ja mit der Räson des Antifaschismus und mit der Idee der Verbannung und nachträglichen Ausmerzung der braunen Vergangenheit der Deutschen gegründet worden. Der Kurze erklärte nun, wie das in seinem Staat gehandhabt wurde, als er noch zur Schule gegangen war – es lagen eine große Heftigkeit und Aufregung in seiner Stimme: »Wenn du zu Ost-Zeiten auf die Tafel oder hinter die Turnhalle eine SS-Rune oder ein Hakenkreuz geschmiert hättest: Der Unterricht wäre vorbei gewesen. Für alle. Und keiner hätte die Schule verlassen, bis nicht rausgekommen wäre, wer das war.«

Nazi sein, das sei eben auch der Kick, der Kitzel, der *Fun* gewesen, das maximal Verbotene zu tun. Tatsächlich, wer damals, wer 1990 oder 1993 zeigen wollte, dass er ein Superharter war, dass er echt keinen Bock hatte, dass er es mit allen aufnahm, dem Staat, den Lehrern, seinen Eltern, wer zeigen wollte, dass er auf sein bisschen Zukunft und das kapitalistische System der BRD einen Scheiß gab, der konnte nicht Hippie werden (die Bürgerrechtsbewegung und der kirchliche Widerstand in der DDR waren hippiesk), der konnte nicht Punk werden (das intellektuelle Anti-Establishment im Ostberlin der Achtzigerjahre war Punk), der konnte nicht Hip-Hopper werden (Hip-Hop war in den frühen Neunzigerjahren in den neuen Bundesländern noch nicht angekommen). Der wurde – alles andere hätte bedeutet, bei seinen Kumpels der Depp zu sein und das körperliche Wohlbefinden zu riskieren – ein steiler Glatzkopf mit Springerstiefeln und erzählte den menschenverachtenden »Ausländer raus«-Mist (bei den Glatzen mitzumachen, das muss in der Kleinstadt um 1990 und in den darauffolgenden Jahren, bis 1998 oder 1999, keine große Entscheidung gewesen sein. Bei den Glatzen nicht mitzumachen, das war eine unkonventionelle Entscheidung – dazu gehörte Mut).

Der Kurze wiederholte nun, dass er bei den harten Dingen selbstredend nicht dabei gewesen war und dass er hier – unmittelbarer Widerspruch zum gerade eben Gesagten – von Sachen erzählen könnte, von denen der Reporter lieber nichts erfahren wollte: Natürlich, man habe Obdachlose in die Havel geworfen. Natürlich, man habe auch Dönerbuden abgefackelt. »Da sind Sachen passiert, Moritz, die werde ich dir nicht erzählen, niemals.«

Und trotzdem, hier bitte noch mal etwas sagen: Hatte er persönlich geglaubt, dass Ausländer ihm die Arbeit wegnahmen und der Staat Schuld an der Arbeitslosigkeit trug, weil er die Ausländer ins Land ließ? Selbstverständlich habe er genau das geglaubt: »Du hast in Berlin einen türkischen Maurer gesehen, dann hast du dich wieder bestätigt gefühlt.« Nachsatz, nur zehn Schritte später: »Dass du dir selbst keine Arbeit suchst, weil du lieber saufen gehst – gut, das hast du irgendwo, tief in dir drin, auch geahnt.«

»Natürlich«, erklärte nun der Kurze, »man hat sich als Avantgarde gefühlt. Man lebte in einer Blase, man hat immer gedacht, man stehe kurz vor einem Umsturz.« Hilfe, das klang jetzt alles aber doch sehr nationalsozialistisch. »Wir sind damals einem nationalen Wahn unterlegen, einem historischen Irrtum.« Und im Folgenden erfuhr der Reporter, dass dieser angebliche Irrtum so groß eben leider doch nicht gewesen war: »Wenn man sieht, wo wir heute stehen, mit einer rechten Partei von zwölf Prozent im Bundestag – das hätten wir uns damals nicht träumen lassen.«

Mit einem damaligen hochrangigen Funktionär der NPD war der Kurze im Jahr 1999 in Zehdenick zu einem vertraulichen Gespräch zusammengetroffen. Die NPD-Leute hatten wissen wollen, welche Möglichkeiten der Mitglieder- und Kaderanwerbung in der rechten Szene der Kleinstadt bestanden. Des Kurzen Antwort: »Ich habe die weggeschickt. Das interessierte uns, so direkt angesprochen, dann doch nicht. Wir wollten saufen, prügeln, Gas geben.« Und er brachte jetzt wieder – um zu unterstreichen, wie herrlich unpolitisch man als Feier-Nazi damals gewesen war –

das Ding mit dem »Bierbüchsen gegenseitig an den Kopf werfen«. Von einer Organisation namens NSU hatte der Kurze schon im Jahr 1998 gehört: »Hier kann ich nicht weiterreden«, beeilte sich der Mann mit Hundeleine in der Hand zu sagen, »das ist ganz dünnes Eis. Im Ernst: Ich weiß da auch nichts.«

Eine Formulierung, die beim Kurzen interessanterweise immer wieder fiel, wenn von Glatzen, Rechten, rechten Hooligans und von Neonazis, ganz gleich, ob heute oder vor 25 Jahren, die Rede war – ich hatte das schon bei anderen in der Kleinstadt bemerkt –, lautete: »Spinner«. Ein Nazi wurde in der Kleinstadt grundsätzlich nie als Nazi bezeichnet, es war ein Spinner. Männer, die Flüchtlingen aus Syrien, Afghanistan und aus dem Irak den Tod wünschten: Spinner. Freundliche Trinker, die Beifall klatschten, wenn der Fernseher in der Kneipe die Nachricht von gekenterten Bootsflüchtlingen im Mittelmeer brachte: Spinner. Junge Männer, die »Sieg Heil« riefen und das Horst-Wessel-Lied anstimmten: Spinner. Männer, die sich auf den Tag vorbereiteten, an dem die vereinigte Rechte die Macht übernehmen und beim politischen Gegner ausmisten würde: alles Spinner.

Warum hauten Nazis Obdachlose? Warum hatten Nazis, damals, in den Neunzigerjahren, Obdachlose – absolut entsetzliche Geschichten – mit Benzin übergossen und angezündet? Der Kurze: »Das ließ sich politisch nicht rechtfertigen, in keiner Weise.« Die alte Geschichte – so viel Selbstrechtfertigungs-Routine war bei den Ex-Glatzen der Neunzigerjahre schon eingezogen, dass sie diesen Satz immer wieder aufsagten: »Wir hatten kaum Ausländer hier, Zecken gab es auch keine – irgendjemandem mussten wir ja aufs Maul geben.«

Zu Ingo Ludwig, dem 1992 in der Diskothek in Klein-Mutz zu Tode Gekommenen, hatte der Kurze dann erwartungsgemäß nicht viel Konkretes zu sagen: »Da war ich nicht dabei. Ich war an diesem Abend – so wie viele, die ich kannte – in einer Diskothek in Kurtschlag.«

Moment, der Kurze und seine Freunde waren an jenem kritischen Abend gar nicht in der Diskothek in Klein-Mutz gewesen, sondern in einer anderen Diskothek? Wie viele Diskotheken in Zehdenick und Umgebung, in der rechte Jugendliche eine Party feierten, hatte es an so einem Januarabend des Jahres 1992 denn gegeben?

Der Kurze und sein hässlicher Hund.

Er, Spaziergänger, der sein Tier jetzt an die Leine nahm, sagte noch ein paar Klassiker aus dem Repertoire der Ausländer-Feinde auf – es ging über die Bewohner des Zehdenicker Asylbewerberheims. Diese Leute stammten nun mal aus einer anderen Kultur, sie verstünden nichts von deutscher Ordnung, nichts von deutscher Sauberkeit. Außerdem habe er Angst, dass die Flüchtlinge in seinem Bootshaus an der Havel einbrächen.

Noch einmal versuchte ich zu ergründen, woher meine Sympathie, ja meine Liebe für die harten Jungs kam: »Hart« war für mich, wie für jeden vernünftigen

Menschen, ein Begriff, in dem immer auch das Gegenteil seiner Bedeutung mitschwang – in seinem demonstrativ asozialen Auftreten musste ich immer auch das verletzte, nicht oft genug an die warme Mutterbrust gedrückte Menschenkind erkennen. Die große Frage, ob man mit den komplett Kaputten, ob man mit den Verblendeten, den Hassern und den Zerstörern reden, ob man mit diesen Leuten Spaziergänge machen sollte: Ich hatte diese Frage für mich mit einem Ja beantwortet. Es war, wo so vieles auf dieser Welt kaputt und nicht in Ordnung war, für mich immer nachvollziehbar, dass bei Menschen ein Teil aussetzte und sie auf den falschen, auf den von allen guten Geistern verlassenen Weg geraten waren.

Die Vergangenheit war düster. Es gab noch viel zu fragen, noch viel aufzuklären.

Auf jenem Spaziergang war vom »OST« auf dem Unterschenkel des Kurzen nicht die Rede gewesen (der Spaziergänger hatte an diesem Nachmittag lange Hosen getragen). Es war, seit jenem Februartag im letzten Jahr, noch zu einigen geisterhaft kurzen Begegnungen, aber zu keinem Gespräch mehr zwischen dem Kurzen und dem Reporter gekommen.

Die letzte Maiwoche: Die Stadt bereitete sich auf den – zumindest für den männlichen Teil der Bevölkerung – entscheidenden Feiertag des Jahres vor, das Voll-Besäufnis am Vatertag zu Christi Himmelfahrt, im Osten Herrentag genannt.

Blocky hatte mir vorgeschlagen, den Feiertag traditionell zu begehen – das bedeutete konkret: um neun Uhr morgens mit der feiernden Herrentag-Mischpoke, zu dieser Zeit schon in bester Trinkerlaune, drei, vier Bier bei Schröder trinken, dann gegen zwölf Uhr mit dem Fahrrad zusammen mit den drei-, vierhundert, die dann auch von der Innenstadt losfuhren, zur zweiten Station, dem Biergarten Wallapoint an der Havel, wo man noch mal, je nach Laune, drei, vier, fünf schöne Bier zwischentrank, dann weiter, immer auf dem Fahrrad, zu Bernie's Café, dem Haupttreffpunkt hinten am Hafen an der ehemaligen Ziegelei in Mildenberg, hier würde es Bierwagen und Livemusik und noch mal zwei, drei, vier, fünf, sechs schöne Biere geben, dann könnte man sich, je nach Bedarf, noch weiter, zum Ortsteil Burgwall bewegen, wo die Band der Feuerwehr Gransee auftrat und wo es noch einmal drei, vier, fünf, sechs schöne Bier gab – und Burgwall, so hatte ich das von Raul und seinen Jungs erzählt bekommen, das sei dann auch die Station, wo der Rettungshubschrauber landete, weil sich hier traditionell diejenigen, die sich noch irgendwie auf den Beinen halten konnten, gegenseitig auf die Fresse gaben. Alte Tradition hier in der Kleinstadt: keine letzte Station ohne Schädelbasisbruch, zu dessen Versorgung der Hubschrauber aus Gransee landen musste. Ich sagte Blocky, dass ich im Prinzip bei allem dabei sei – eventuell würde ich die allerletzte Station, die mit dem Hubschrauber, weglassen.

Bei Schröder, wo ich noch immer am Tresen stand und für mich sein wollte, erreichte mich die SMS einer

Person, die dann im Nachhinein doch lieber anonym blieb: Ob ich eigentlich mitbekommen hätte, was da am Abend des Herrentags in Zehdenick für ein Aufschlag geplant sei, das müsste mich als Reporter doch interessieren.

Der mitgeschickte Link führte zu einer Facebook-Seite: Hier lud eine Zehdenicker Rocker-Bruderschaft, die Sons of Future, gemeinsam mit der aus Schwedt/Oder stammenden Rocker-Bruderschaft Burgunden zu einer zweitägigen »Vatertagsverlängerung« ein (Adresse der Veranstaltung in der Kleinstadt würde noch bekannt gegeben). Am Abend des Herrentags sollten dort verschiedene Live-Bands auftreten, unter anderem Die Wutbürger, Sacha Korn, Julia Juls. In der Einladung hieß es weiter, Unterkunft sei in mitgebrachten Zelten möglich: »Feste und flüssige Nahrung vorhanden.«

Erkundigung nach der Rocker-Bruderschaft Sons of Future: Ihr Vereinshaus lag neben der Diskothek Maxx auf der Friedrich-Engels-Straße, es handelte sich offenbar um einen Motorradklub, in dem nicht alle Mitglieder ein Motorrad fuhren. Weitere Recherchen: In Brandenburg zählte der Verfassungsschutz acht solcher aktiven Bruderschaften von rechten Rockern, Tendenz steigend: Motorräder spielten keine große Rolle, lediglich das Leder-Outfit, die Klubwesten, die Hierarchien, die Vorliebe für Kraft- und Kampfsport habe man aus der Bikerszene übernommen. Auf der Facebook-Seite der Sons of Future zeigte sich der Rockerklub auf Partys im Klubhaus, die aussahen wie in Tarantino-Filmen, die erst noch gedreht werden mussten: Männer mit Glatzen, Hämmern, Augenklappen, Wikingerhelmen, Lederkutten mit Abbildungen von nordischen Kriegern, die Streitäxte hochreckten, und mit der Aufschrift »Walhall«. Die Selbstinszenierung der Biker war natürlich darauf angelegt, dem gewöhnlichen Bürger Angst einzujagen, und – klare Sache – das funktionierte. Zum Essen wurden auf den Klubabenden »deutsche Hamburger« angeboten (Rind und Sauerkraut im Brötchen). Gefeiert wurden Begriffe wie Ehre, Stolz, Familie, Kameradschaft, Zusammenhalt bis in den Tod, der Wolf als Sinnbild des Sozialsinns und der Gemeinschaft sowie Festtage, die aus der nordischen Mythologie und dem germanischen Heidentum stammten wie die Wintersonnenwende und das Julfest. Im Internet waren außerdem Fotos zu finden, auf denen Mitglieder der Sons of Future mit dem ehemaligen Landser-Sänger Michael Lunikoff Regener posierten.

Kurzer Check des Live-Programms, das der Rockerklub bei seiner Party anbot: Es handelte sich um ein einwandfrei rechtsradikales Line-up. Die Wutbürger waren live noch nicht großartig in Erscheinung getreten (auf ihrer Facebook-Seite bezeichneten sie sich als »Deutschrockband mit Wahrheitsdrang, ehrlich, hart, unbeliebt«); der Sänger Sacha Korn, nach eigenen Aussagen »weder rechts noch links, aber zu hundert Prozent politisch unkorrekt«, war schon zusammen mit der Neonazi-Hooligan-Band Kategorie C aufgetreten, seinen Song *Mein Land* hatte die NPD für einen Wahlwerbespot verwendet; die Liedermacherin

Julia Juls, Mitglied des »Frauenbündnisses Kandel«, das sich 2017 nach der Ermordung eines fünfzehnjährigen Mädchens durch einen afghanischen Asylbewerber gegründet hatte, war schon auf verschiedenen rechtsextremen Demonstrationen aufgetreten (Refrain eines ihrer Lieder: »Kommt raus, kommt raus / Wir kämpfen für unser Land / Hand in Hand für den Widerstand«).

Ich rief bei Raul an, was, um Himmels willen, von dieser »Vatertagsverlängerung« zu halten war. Raul: »Ach, die Sons of Future ... ja. Die kennt man. Ich frag mal beim Präsi an, ob wir bei der Party vorbeikommen können.« Zehn Minuten später eine neue Nachricht von Raul: »Ich habe mir hier gerade mal das Band-Line-up angeschaut. Wauuuuu ... Die sind ja so weit rechts, dass sie schon wieder links neben uns stehen.«

Mehrere Leute meldeten sich in den folgenden Tagen beim Reporter, sie warnten mich explizit davor, das Konzert des Rockerklubs Sons of Future zu besuchen: »Moritz, ich habe mich über ein paar Ecken erkundigt. Und: Die wollen dich da nicht haben. Da kommen ein paar wirklich gefährliche Leute. Und man soll nicht mit dem Feuer spielen. Setz dich auf ein Fahrrad und mach dir einen gemütlichen Tag.« Ein anderer, der ebenfalls anonym bleiben musste: »Ich warne dich explizit vor diesem Konzert. Das sind keine netten Leute.«

Blocky regte sich wortreich darüber auf, dass ich meine Zeit mit einer Blödmann-Band wie den Wutbürgern verschwendete: »Die darf man nicht mal ignorieren.«

Die Verabredung für den Herrentag stand: Mit Raul und den Holzgewehren würde ich ab neun Uhr morgens in der Kneipe Schröder an einem Tisch sitzen (Blocky würde mich um elf in der Kneipe abholen kommen). Einige wenige Verhaltensregeln, so Raul, waren am Herrentag unbedingt einzuhalten, ganz einfach, weil der Alkoholkonsum ab dem frühen Morgen erheblich sei und es ab der Mittagszeit zu massiven Aussetzern kommen werde: »Du bleibst an meiner Seite. Und wenn ich sage: ›Los, wir gehen‹, dann gehen wir. Sofort.«

Herrentag

Am Tisch hinten am Dart-Automaten lag unter den Salz- und Pfefferstreuern ein Kellnerblockzettel mit der mit Bleistift notierten Reservierung »Moritz«. Goldene Morgenstunde im Schröder: Das Lokal war bis auf den letzten Stuhl besetzt, so voll wie an einem Preisskat-Freitag gegen 18 Uhr, nur waren heute, an diesem Christi-Himmelfahrt-Morgen im Mai, nicht die Großväter und Rentner, sondern das junge Zehdenicker Volk gekommen – die Handwerker, Auszubildenden, überhaupt jeder Mann in der Kleinstadt, der alt genug war, ein Bier in der Hand zu halten, und jung genug, um sich im Zweifelsfall für das nächste Bier zu prügeln. »Pünktlich wie die Maurer«, hatte Raul gesagt, als er um Punkt neun Uhr das Lokal betreten hatte. Er lief beide Gasträume ab, klopfte auf etwa zwanzig Tischplatten, sagte etwa vierzig Kumpels und noch mal so vielen Bekannten Guten Morgen.

Die Frage war, wie der Reporter die unendlich vielen Sprüche und Begebenheiten an so einem hochinteressanten und hochgepitchten Tag notieren sollte, ohne sich selber zu gefährden, ohne allzu viele Sprüche zu provozieren und ohne sich zum Vollidioten zu machen. Raul hatte mir verordnet: »Das Aufnahmegerät bleibt heute – den ganzen Tag – in der Tasche.«

Heiko stellte acht große Bier auf unseren Tisch, an dem Raul, Eric und die Holzgewehre saßen (heute wurde kein Kaffee bestellt). Konnten wir noch acht schöne Hacke dazuhaben, Heiko? Acht doppelte Hacke waren schon unterwegs. Raul streckte die Arme zur Kneipendecke hoch, drückte den Rücken durch, gähnte: Er war erst nachts mit dem Lkw angekommen, hatte nur zwei Stunden geschlafen. »Die Knochen sind noch kalt.«

Glückwunsch zum Vatertag.

Das Scheppern der Biergläser, das Knallen der Kümmerling-Fläschchen auf den Tischen. Von Minute eins an konnte hier nicht in normaler Lautstärke gesprochen werden.

Es lag eine wilde Entschlossenheit zum Saufen, zum Krawallschlagen und zum Ärgermachen in der Luft, wie selbst ich sie an meinen vielen, vielen Abenden im Schröder bisher nicht erlebt hatte. Raul schaute von Tisch zu Tisch. Bei ihm hieß das: »Jede Menge zugehackte Zuchthausdecken. Ultrabrutal hier.«

So langsam, beim zweiten Bier, riskierte es der Reporter, den Kopf hochzunehmen und sich die Männer an den Nebentischen ein wenig genauer anzusehen. Die amtliche Garderobe war die aus dem Regionalexpress: Yakuza-T-Shirt, abgeschnittene Jeans, strahlend weiße New-Balance-Turnschuhe. Die schwarze Anglerkappe mit der Aufschrift »Ostdeutschland« in Runenschrift saß gleich mehrmals im Lokal. Einige ältere Herren waren in der klassischen Herrentagsgarderobe schwarzer Anzug und Zylinder erschienen.

Eine kleine Auswahl der auf den T-Shirts und Kapuzenpullovern zu lesenden Sprüche in der Kneipe Schröder zu Oberhavel, die ich mir, verteilt über die ersten drei Biere, im Smartphone notierte:

»Stadt Land Hass«
»Erlebnisorientiert: Bambule und Randale«
»Sauf Squad«
»Beer We Go Again«
»Läuft«
»G 20 Bier holen«
»Wasch-Bär-Bauch«
»Osten feiert besser«
»Wenn Papa es nicht reparieren kann, kann es keiner«
»Motorradgottesdienst Friedrichwalde«
»Waffenschmiede Suhl«
»Bei uns im Osten heißt das Negerkuss«
»Combat 18« (Damit war der bewaffnete Arm der in Deutschland verbotenen neonazistischen Organisation »Blood and Honour« gemeint.)
»Oldschool Society« (Um dieses T-Shirt zu tragen, brauchte es Nerven – die Terrororganisation, auch als »dümmste Terrorgruppe Deutschlands« bezeichnet, weil sie einst über geschlossene Chatgruppen und über Facebook kommuniziert hatte, war wegen der Planung von Anschlägen auf Moscheen, Kirchen, Kindergärten, Asylheime angeklagt worden.)

Zwei Männer mit Wehrmachthelmen am Tisch.

Kein T-Shirt-Spruch aber brachte die Sache so auf den Punkt wie das des gut sechzigjährigen, glatzköpfigen

Skinhead-Daddys, der vorne bei Hansi am Tresen stand: »Wir mögen niemanden.«

Unser alter Freund Gode von der Aral-Gang, Ex-Bundeswehrsoldat (er hatte einen Einsatz in Afghanistan geleistet), mittlerweile bei den Stadtwerken für Gas und Abwasser zuständig, hatte sich mit drei Kumpels einen Schnurrbart stehen lassen, sie kamen mit Bundeswehr-Rucksäcken, Wayfarer-Sonnenbrillen und dem T-Shirt »Die absolute Härte sind Oberlippenbärte«.

So viel konnte, noch vor elf Uhr morgens, festgestellt werden: Der Herrentag war ein Folkloretag, und die offensichtlich naheliegende Folklore hier im Osten – es gab im säkularisierten Brandenburg ja keine Trachten oder sonst ein Brauchtum – war der Faschismus, war Saufen, waren Schlägereien und war, vergleichsweise neu dazugekommen, ein sich gegen den Westen abgrenzendes, ostdeutsches Regionalbewusstsein.

Das dritte große Bier, noch keine elf Uhr. Man erfuhr nun, dass das Herrenklo überfüllt war, es hatte alles keinen Sinn (Raul: »Einfach aufs Frauenklo gehen, es sind eh keine Frauen im Lokal«).

Fahrradfahrer, so erfuhr ich weiter, würden am Herrentag nicht von der Polizei angehalten (natürlich nicht, man hätte ja sonst den halben Ort in die Zelle stecken müssen).

Jeder kannte jeden im Lokal. »Ach, guck mal«, erklärte nun eines der Holzgewehre bei uns am Tisch,

»da ist ja auch der Typ, der 1992 versucht hat, das Asylantenheim in Neuhof in Brand zu stecken.«

Trotz der Lautstärke und der Saufentschlossenheit im Lokal: Es lag eine bedrohlich wirkende Verhaltenheit über den Tischen. Da ging noch einiges – da würden einige, die jetzt noch halbwegs still waren, sobald der Alkoholpegel stimmte, hart nach vorne gehen und sich das organisieren, was sie sich unter Spaß vorstellten. Tatsächlich waren es nur wenige Stimmen, die für den Sound im Schröder sorgten. Die meisten warteten ab, sie hingen, auf die Ellenbogen gestützt, über den Tischdecken und stierten in ihr Bier. Die morgendlich kalten Knochen, wie Raul das genannt hatte, nicht mit Kaffee oder einem guten Frühstück zu wärmen, sondern ihnen mit Schnaps und Bier gewissermaßen gleich eins reinzugeben – was für eine Selbstbestrafung, was für ein wirkungsvolles, hässliches, hartes und masochistisches Partykonzept.

Treffen um elf Uhr oben an der großen Postkreuzung. Die Mai-Sonne knallte, es war ein Tag wie gemacht zum Besoffen-Fahrradfahren. An Blockys Fahrradlenker klemmte eine Deutschlandfahne, er trat zu meinem Fahrrad und klemmte mir eine zweite Fahne, die er mir mitgebracht hatte, an den Gepäckträger. Los ging's im Pulk der lustig angetrunkenen Herrentag-Feierleute.

Nach drei Minuten Fahrradfahren fragte Blocky über seine Schulter nach hinten: »Kannst du noch, Stadtmensch?« Ankündigung Blocky, er musste immer fünf Meter vor mir fahren: »Wir werden zwischendrin Stopp machen und die Kette ölen.« Kette ölen: Bier trinken, ach so, klar.

Das große Event des Tages – das Neonazi-Konzert, zu dem die Rocker-Bruderschaft Sons of Future eingeladen hatte – lag als Spannung, schon jetzt, am Vormittag, über der Stadt. Das Konzert sollte, so weit hatte sich das herumgesprochen, nun doch nicht am Waldbad stattfinden (die Stadtverwaltung Zehdenick hatte Sicherheitsmängel geltend gemacht), sondern in einer leer stehenden Halle am Gelände der ehemaligen Glasschleiferei, keine hundert Meter Fußweg vom Bahnhof entfernt. Aufregung unter den Fahrradfahrern: Vor dem Lidl-Markt und immer weiter herunter auf der Bahnhofstraße hatten zehn oder noch mehr Mannschaftswagen der Bundespolizei geparkt, eine zahlenmäßig noch schwer schätzbare Menge von Einsatzkräften in voller Montur (Helme, Schilder, Schlagstöcke) hielt sich bereit. Abstruser Anblick: Die angetrunkene Kleinstadt-Meute fuhr winkend an den Mannschaftswagen der Polizei vorbei.

Wir kurvten ins Grüne. Am Wegrand machten die Grüppchen der Trinker Station, um Bollerwagen und um die Bierkästen auf den Gepäckträgern herum aufgebaut, sie sangen Trinklieder, stießen an. Da stand dann auch einmal ein Typ, äußerlich nicht weiter auffällig, und rief seinen Kumpels »Sieg!« entgegen, und die Kumpels antworteten im Chor mit »Heil!«, immer wieder »Sieg?«, Antwort des Kumpelchors: »Heil!« – kein großes Ding, das fand dann eben heute hier so statt am Herrentag in der Kleinstadt. Mein Mitfahrer Blocky, fröhlich in die Pedale tretend, wurde, natürlich, überall gekannt und begrüßt: »Blocky, du geile Sau.«

Die Station nach der Zwischenstation Wallapoint an der Havel: die Wiese vor Bernie's Café. Es war zwölf Uhr mittags am Herrentag in der brandenburgischen Kleinstadt.

Das ganze männliche Zehdenick, das ein Bier halten konnte, stand bei Bernie's Café an den Bierwagen: gleich drei Bierwagen. Dazu ein Anhängerwagen der Nationalen Volksarmee, aus dem Erbsensuppe herausgegeben wurde. Die Punkrockband Die Horde aus Liebenwalde (Bandmitglieder um die sechzig, der Sänger Carsten war ein Polizist aus Templin) haute auf einer Bretterbühne Coverversionen von *T. N. T.*, *Ace of Spades* und *(You Gotta) Fight for Your Right (to Party!)* heraus. Der für eine Dorfparty obligatorisch einsame, volltrunkene Tänzer torkelte da, wild armeschwingend, vor der Bühne herum. Der große Partyhit der Band, auf den hier viele Gäste offenbar gewartet hatten, war – du lieber Himmel – eine »Eins, zwei, drei, vier«-AC/DC-Hardrockversion von Karel Gotts *Biene Maja*.

»Und, ist gut?«, fragte Blocky, Bierplastikbecher haltend, Erbsensuppe essend.

Ja, voll gut. Natürlich.

Nein, ein nettes Volksfest war wirklich etwas ganz, ganz anderes. Das Testosteron dampfte aus den Wiesen.

Man stand nun, wie auf Besäufnissen üblich, zwischenzeitlich auch ein wenig unschlüssig herum. Blocky erklärte noch mal, dass es wirklich ein Ding war, dass Rammstein mit ihrer Platz-eins-Platzierung in vierzehn Ländern deutschen Weltrekord hielten (das war ja auch wirklich ein Ding). Eric trug eine mit Knöpfen beklebte Papierkrawatte um den Hals, die seine Tochter ihm zum Vatertag gebastelt hatte: »Lieber Vati, hör mal zu / Niemand ist so lieb wie du / Drum gebe ich dir zum Schluss / Einen ganz, ganz dicken Kuss«. Rampa – ein Held aus *Deutschboden I*, der Bassist der Gruppe 5 Teeth Less, mittlerweile mit Frau und Kind und Einfamilienhaushälfte in Fürstenberg/Havel ansässig – ließ sich mit seiner sagenhaft gut renovierten Simson sehen. Kommentar Rampa zur Coverversion der Horde von *(You Gotta) Fight for Your Right (to Party!):* »So was macht doch kein vernünftiger Mensch. So einen Song lässt man so, wie er ist, und dann ist gut.«

Die Leute wurden betrunken. Dann: sehr, sehr, sehr betrunken.

Der Reporter war praktisch durchgehend im Gespräch, gleichzeitig stand ich, so fühlte sich das an, unter andauernder Beobachtung. Die Feindseligkeit der Trinker war allgegenwärtig, die Männer sahen, trotz ihrer massiven Trunkenheit, meist konsequent durch mich hindurch. Dann kam mal einer, stand erst minutenlang neben mir, schwankend, fing plötzlich an, in Richtung meiner Schuhe zu sprechen: »Du kennst mich nicht, aber ich kenne dich, klar – du hast doch den Scheißfilm über Zehdenick gemacht.« Blocky erklärte jetzt, dass es Quatsch sei, ein paar jungen Männern, die »Sieg Heil« riefen, zu viel Aufmerksamkeit zukommen zu lassen: »Das sind dumme Jungs, die dummes Zeug rufen – die hat es immer gegeben.« (Und mir ging durch den Kopf, ohne dass ich jetzt, vor Bernie's Bierwagen, mit dem Bier in der Hand, die Nerven gehabt hätte, ein großes Ding daraus zu machen: »Moment, lieber Blocky. Ich bin 1970 geboren. Ich habe nie – zu keinem Moment meines Lebens, nicht 1985, nicht 1990, nicht 1995, nicht später – zehn junge Männer auf einer Party ›Sieg Heil‹ rufen hören.«) Irgendwie gelang es mir dann auch noch, selber schon betrunken, mit dem Polizisten und Sänger der Band Die Horde ein Gespräch über die Frage anzufangen, ob die Polizei in Templin und anderswo in Brandenburg, wie in der Kleinstadt immer wieder kolportiert wurde, dazu angehalten war, Straftaten der Flüchtlinge nicht zur Anzeige zu bringen (er wusste, trotz mehrfacher Versuche meinerseits, mich verständlich zu machen, nicht mal im Ansatz, wovon die Rede war). Raul hielt sich, auch das bekam ich irgendwie noch mit, immer in drei, vier Meter Nähe zu mir auf. Noch einmal wach wurde der Reporter – im Schieben, Drängen, Grölen, Stieren, Bieratem-Ausstoßen gegen ein Uhr mittags um Bernie's Bierwagen –, als ich Jesko, einen alten Aral-Kumpel, zu Raul sagen hörte: »Bist du wahnsinnig geworden, Moritz mit hierhinzubringen?«

Es ging dann wieder alles ganz schnell – wieder ein Vorgang, der von niemandem für besonders ungewöhnlich gehalten werden konnte: Vor mir hampelte ein großer, schmaler Mann mit kurz rasierten Haaren, schwarzem Achselhemd und langen sehnigen Armen herum, er gehörte zu einer Gruppe frisch eingetroffener Männer, die brutal drüber wirkten (eher auf Speed und Wodka als auf Bier). Der Langarmige stellte eine klassische »Lass uns prügeln«-Eröffnungsfrage (»Bist du schwul?«), und noch mal: *»Bist du schwul?«* Ich hörte Raul in meine Richtung »Hau ab! Weg mit dir!« rufen, dann zog der Langarmige seine Faust zu meinem Kopf, ich duckte mich weg – im Film hätte es jetzt den Schuss der Kamera und den Gegenschuss gegeben, in denen Schläger und Geschlagener sich gegenseitig in die Augen blickten (aber das gab es in echt so natürlich nicht), dann landete, klatschend, des Langarmigen flache Linke in meinem Gesicht. Klatsch. Ich hörte Raul noch einmal »Raus hier! Weg! Weg!« rufen, dann fand ein Handgemenge statt, bei dem ich nicht mehr dabei war.

Schon eine Viertelstunde später schoben Raul und der Reporter am Straßenrand ihre Fahrräder den Mildenberg hinauf. Ein hupender Lastwagen, beladen mit sturzbetrunkenen Herrentag-Männern, fuhr an uns vorbei. Der Teer, die Sonne, rechts und links das Grün. Dem Reporter glühte die rechte Backe. Und wie wir, als der Berg nun wieder ein wenig sanfter anstieg, in die Fahrradpedale traten und uns die Straße hinaufmühten – zwei nicht mehr ganz junge Männer, auf Bier und Schmerztabletten, die brandenburgische Sonne über uns –, da spürte ich ziemlich viel, zum Beispiel, dass dies vielleicht sogar einer der Momente war, für die ich in diese Stadt und, mehr noch, auf die Welt gekommen war.

Raul konnte nicht sagen, wer der Typ war, der dem Reporter eine geklatscht hatte: »Kennt man hier nicht. Muss von ganz weit außerhalb sein – sonst würden wir den ja kennen.« SMS von Blocky, der Reporter hatte sich durch die plötzlich ausgebrochene Hektik nicht verabschieden können: »Allet juuuut, mein Freund? Den kriege ich raus. Warst halt overdressed.« Raul, sein BMX-Rad schiebend: »Es war fast zwangsläufig, dass du dir hier mal eine fängst. Im Rückblick: eher verwunderlich, wie lange es nicht passiert ist.«

Im Gasthof Deutscher Krug in Mildenberg machten wir Station: zwei große Wasser, zwei kleine Bier, bitte. Raul schlug einen neuen Buchtitel für *Deutschboden II* vor: »Tourismuswarnung«. Nächster, leider wieder ziemlich lustiger Scherz von Raul – er ahmte einen mikrofonhaltenden Reporter im deutschen Fernsehen nach: »Und da es auf dem Herrentag zu stressig war, fahren wir jetzt auf ein Neonazi-Konzert.«

Moment, jetzt also wirklich, nachdem ich eins ins Gesicht bekommen hatte, noch auf das Neonazi-Konzert? Ja, wirklich: genau so. Da kurvten wir jetzt hin.

Beide Zufahrtswege zur Glasschleiferei waren von Mannschaftswagen der Polizei versperrt. Die wie üblich sehr höfliche Auskunft der Beamten, in astreinem

Hochdeutsch: »Hier geht es für Sie nicht weiter.« Das Konzert sei abgesagt, es werde keinen Live-Auftritt geben. Die Veranstaltung laufe jetzt als Privatparty, man habe eine Gästeliste der Rocker: »Nur Vereinsmitglieder und geladene Gäste haben Zugang.« Der offizielle Grund für die Absage des Konzerts waren bauliche Mängel der Konzerthalle: »Es wurden Auflagen nicht erfüllt.« Die Halle sei einsturzgefährdet. Kurz gab es doch noch Ärger, weil Raul auf dem Fahrrad telefoniert hatte.

Noch auf ein letztes Bierchen zu Schröder – oder: besser doch nicht. Im schon fast leeren Lokal war vor dem Tresen ein 150-Kilo-Mann zu Boden gegangen. Er bewegte sich nicht mehr, zwei Männer zerrten an dem großen Haufen Mann herum. Fluchender Heiko (»die fette Sau«) – verdammt noch mal: Selbst Heiko von der Kneipe Schröder hatte für heute, am Höllen-Herrentag, keinen Bock mehr.

Am nächsten Tag erfuhren wir in den sozialen Medien, dass Hunderten Menschen der Zutritt zum Veranstaltungsort verweigert worden war. Ganze Straßen waren gesperrt worden. Die Bundespolizei hatte Regionalzüge durchforstet. Das Konzert der Wutbürger aber hatte, entgegen den Aussagen der Polizei, trotzdem stattgefunden (Filme des Auftritts kursierten im Netz). Auch hatten die Rocker und ihre Freunde in deutlich dezimierter Zahl, dafür aber unter Polizeischutz, offenbar bis zum Morgengrauen gefeiert.

Vor dem Istanbul-Imbiss saß Rambo. Er hatte den ganzen Tag verschlafen, trank gerade, gegen acht Uhr abends, sein erstes Bier, ein alkoholfreies: »War gut gewesen oben bei Bernie's?« Ja, absolut gut. Und nun gab mir Rambo – abstrakte Szene – ein Buch, das er offenbar in der Absicht, mich zufällig irgendwo anzutreffen, mit sich herumgetragen hatte: *Die Schock-Strategie: Der Aufstieg des Katastrophen-Kapitalismus* von Naomi Klein, ein 760 Seiten starker, gebundener Band. Die im Buchdeckel notierte Widmung lautete: »Journalismus ist, etwas aufzudecken, wovon andere nicht wollen, dass es aufgedeckt wird. Alles andere ist Propaganda. MfG, Rambo.« Ich bedankte mich.

Gegen zehn Uhr abends, oben in meinem Zimmer im Hinterhof des Hotels Lorenz, packte den Reporter eine nicht so schlechte Mischung aus Adrenalin, der Furcht, noch mal eins aufs Gesicht zu bekommen (dieses Mal von Rockerseite), und der vergleichsweise simplen Lust, noch ein paar Schritte durch die Luft zu tun. Ich schrieb Eric eine SMS: »Los, zur Kreuzung runterlaufen.« Kaum zusammen auf der Straße, korrigierte mich Eric: »Es heißt: zur Kreuzung hoch. Zum Fluss geht es runter.«

Komplett leere Hauptstraße. Eric trug die alte Eric-Kluft (schwarze Lederjacke, schwarze Segeltuchschuhe). »Du hast mich mal gefragt, ob ich jemals deprimiert gewesen bin hier in der Kleinstadt«, fing Eric an. Und er lief weiter, die Straße in Richtung des Schwarzen Netto, zu den Neubauten hinauf. »Heute, an einem Scheißabend wie diesem, bin ich deprimiert. Die AfD-Scheiße, die Nazi-Wichser, die Schläger, es kotzt mich alles an.« Dann sagte Eric: »Ich muss diese

Stadt hier auch immer ein bisschen verteidigen. Weißt du. Es ist meine Stadt.«

Wir saßen ganz oben am Brunnen in den Neubauten.

Bis tief in die Nacht waren in der Kleinstadt das Brüllen der Motorräder und die Sirenen der Polizei zu hören. Apropos eine Presse, die sich den Vorwurf von Fake News vielleicht nicht machen lassen musste, aber ihrer Aufgabe der Berichterstattung doch nur in einem unzureichenden Maße nachkam: Weder in der *Märkischen Allgemeinen* noch in der *Gransee-Zeitung* war über die Kleinstadt in Aufruhr, über das Polizeiaufgebot und das nur halb abgesagte Neonazi-Konzert auch nur eine Zeile zu lesen.

Hilda will ein iPhone

Anfang Juni: Melancholie, natürlich eine grundlose (wie es sich für Melancholie gehörte). Die Halbzeit meines Aufenthalts in der Kleinstadt war erreicht. Die Leere, Ödnis, Stupidität, der ganz normale Rechtsradikalismus, der in den Mauern der Kleinstadt steckte – man musste nicht Maxim Biller sein, um von Deutschland immer wieder angewidert zu sein –, waren mir tief in die Knochen gezogen.

Das Blödmann-Thema Wolf und die »Problemwölfe« beschäftigten das Land: In Brandenburg gab es 26 Wolfsrudel. Die AfD witterte ein Wahlkampfthema – sie warnte vor »unkontrollierter Ausbreitung«, forderte mehr Abschüsse und eine »Obergrenze für Wölfe«.

Es kam der Abend des 9. Juni, exakt eine Woche nach dem 2. Juni 2019, jenem Tag, der in die deutsche Geschichte eingehen würde wie der 24. Juni 1922 (Mord an Walther Rathenau), der 11. April 1968 (drei Schüsse auf den Studentenführer Rudi Dutschke) oder der 30. November 1989 (Mord am Bankier Alfred Herrhausen durch ein Kommando der Roten-Armee-Fraktion).

Ich bat um eine Art Nottreffen mit Raul – er verstand, ohne eine Nachfrage zu stellen, und kam, obwohl er am nächsten Morgen zur Frühschicht eingeteilt war (drei Uhr früh aufstehen) und schon auf dem Weg ins

Bett gewesen war, auf eine Zigarettenlänge an die Zugbrücke.

»Heftiger Scheiß, wa?«

Und er zog heftig an der Zigarette. »Was haben die damals für ein Theater gemacht bei der RAF. Und was ist bitte das jetzt? Das sind dieselben Dimensionen, dasselbe Kaliber.« Dann setzte er noch einmal neu an, in ernstem Ton, der Sache angemessen.

Er sei alarmiert. Der Mord am Kassler Regierungspräsidenten Walter Lübcke, so Raul, bedeute ein Fanal auf dem seit den Morden des NSU langen Weg der Radikalisierung und Militarisierung der Rechten in Deutschland. Rund eine Woche hatte die deutsche Öffentlichkeit sich damit aufgehalten, den Mord als irgendeinen skurrilen Unglücksfall mit Todesfolge in der hessischen Provinz abzutun und ihn nicht als das zu begreifen, was er war: ein Anschlag auf Freiheit, Demokratie und Rechtsstaat, die Ordnung und die Werte, die dieses Land zusammenhielten. Raul erkannte an jenem 9. Juni, noch Tage vor der ersten Verhaftung eines tatverdächtigen Rechtsextremisten, was für Ermittler erst Monate später zum dringenden Verdacht werden und zu weiteren Verhaftungen führen sollte: »Das war natürlich keine Affekthandlung. Da haben sich drei, vier, fünf Mann getroffen, um den umzubringen.«

Man müsse, so der auf der Zugbrücke rauchende Raul, einmal versuchen, sich den Wahnsinn und das komplett *ausgespacete* Weltbild, die hinter so einer Tat stünden, vor Augen zu führen: Nach jener Propaganda, die von einer nicht so kleinen, auch in der Kleinstadt aktiven Minderheit verbreitet wurde, arbeiteten Politiker, zu denen auch der ermordete Regierungspräsident gehört habe, an der Umsetzung eines »Geheimplans der Globalisten«. Jenen Globalisten, so die Irrsinnserzählung weiter, ging es um die Islamisierung des deutschen Vaterlands, um eine Umvolkung Deutschlands, um einen Austausch der weißen Bevölkerung durch fanatische Muslime (Entschuldigung, aber so einen *shit*, so eine gepfefferte Riesenscheiße konnte ich mir – nicht mal hier, in der Kleinstadt, an der Zugbrücke, von meinem Vertrauten Raul – einfach nicht anhören). Und Raul sprach eine düstere Prophezeiung aus: »Lass die mal erst richtig anfangen – die legen jetzt erst los. Die nächste Stufe wäre der Mord an einem Bundespolitiker. Oder ein Sprengstoffanschlag an einem öffentlichen Ort.«

Andere Frage: Sollte der Reporter gezielt Kontakt zu den Flüchtlingen aufnehmen, mir vom Pfarrer, vom Diakon, von der Willkommensinitiative die Namen von Migranten in der Kleinstadt nennen lassen, vielleicht auf eigene Faust zum Flüchtlingsheim fahren, klingeln, klopfen, Hallo und »Guten Tag hier in Deutschland, guten Tag in Zehdenick« sagen? Natürlich tat ich das.

Mit Eric fuhr der Reporter eines Samstagnachmittags in seinem T4 zum Flüchtlingsheim: ein renovierter Plattenbau mit gelben Vorhängen vor den Fenstern, das ehemalige Oberstufenzentrum, noch nicht ganz außerhalb gelegen, aber längst nicht mehr in der Innenstadt.

Es war ein brettheißer Tag im sonst so angenehm kühlen Monat Mai. Auf einer Bank am Sportplatz saßen Yussuf und Fahim, zwei Männer aus Afghanistan – sie waren 22 und 25 Jahre alt und wirkten beide wie Mitte dreißig, sie waren vor vier Jahren nach Deutschland gekommen. Yussuf sprach erstaunlich gut Deutsch, Fahim nur wenige, entfernt an Deutsch erinnernde Worte, sie trugen Shorts und Adidas-Schlappen, und überhaupt sahen sie cool aus, wie sie da auf der Bank herumlungerten und Salznüsse aßen. Sie langweilten sich ganz offensichtlich brutal.

Verständigungsprobleme: Normalität. Yussuf absolvierte eine Ausbildung zum Straßenbaumeister (Berufsschule in Friesack, vielleicht fand die Ausbildung aber auch ganz woanders statt, Missverständnisse möglich). Fahim arbeitete bei einer Firma in Velten und auf einer Baustelle auf der Berliner Sonnenallee (Missverständnisse auch hier überhaupt nicht auszuschließen). Aufstehen um vier Uhr, 35 Minuten Fußweg zum Bahnhof. Als Regel unter Flüchtlingen galt, so Yussuf, dass man nach Einbruch der Dunkelheit nicht mehr zu Fuß in der Kleinstadt unterwegs war (zu gefährlich – überhaupt war das Warten auf Bahnsteigen in Brandenburg ein Problem, die letzte Bahn aus Berlin galt unter Flüchtlingen als verrufen). Auf Yussufs Bett im zwölf Quadratmeter großen Zimmer, im dritten Stock des Heims gelegen, lag das Prüfungsbuch über Tief- und Straßenbau, aufgeschlagen im Kapitel »Sicherung von Baugruben«.

Hatten sie Probleme mit komischen Besuchen hier draußen? Ein wenig konkreter ausgedrückt – die Frage lautete natürlich: Hatte es Übergriffe auf das Heim gegeben? Im Folgenden erklärte Yussuf (wir konnten wieder nicht sicher sagen, ob wir ihn richtig verstanden hatten): Ab und an kämen die Männer mit den Motorrädern vorbei. Sie fuhren vor das Heim, blieben auf ihren Maschinen sitzen, ließen die Motoren aufheulen. Und dann fuhren sie irgendwann wieder ab.

Auf der Terrasse der Pizzeria am Hafen traf der Reporter, auf freundliche Vermittlung des Diakons, den aus dem Iran stammenden Asylbewerber Amir, der schon an der Bürgersprechstunde mit Katarina Barley teilgenommen und so tapfer eine Frage gestellt hatte (schmale Gestalt, hohe Stirn, tiefe Augenringe – den jungen Mann, dreißig Jahre alt, umgab eine stille, feine, immens höfliche und kultivierte Aura).

Der Iraner bestellte eine Margherita-Pizza, die er praktisch unberührt stehen ließ. Vor zwei Jahren war Amir nach Deutschland gekommen, seit nun zwanzig Monaten lebte er in der Kleinstadt, er hatte das Glück, dass man ihm eine Einzimmerwohnung zugeteilt hatte, in einem Mietshaus hinter der Zugbrücke. Kaum in Deutschland, war er zum Christentum konvertiert. Er litt an Schlafstörungen: Seine Asylanerkennung stand noch aus. Seine einzige Chance, entgegen den bisher vorliegenden Bescheiden doch nicht abgeschoben zu werden, so Amir, bestehe darin, den B2-Sprachkurs erfolgreich zu absolvieren (oben in seiner Dachluke schaute er tagelang den Kinderkanal, um sein Deutsch zu verbessern). Kürzlich hatte er um Mitternacht den Krankenwagen holen müssen: Beinschmerzen, Herzrasen, psychosomatischer Stress.

Es gehörte nicht viel Fantasie dazu, sich vorzustellen, dass man als Migrant in Brandenburg – oder auch nur als Mensch, dessen Äußeres (dunkler Bart, dunkle Hautfarbe) eine Migrationsgeschichte vermuten ließ – an einem bedrückenden, potenziell auch an einem gefährlichen Alltag teilnahm. Amir erzählte, er habe in der Kleinstadt keine körperlichen Übergriffe erlebt, aber er sei angefeindet und beschimpft worden – nicht ein Mal, nein, eher an die hundert Mal. Amir sagte die deutschen Worte auf, die er in den Straßen der Kleinstadt oft zu hören bekommen hatte: »Scheißausländer. Kanake. Verpiss dich. Hau ab.« Im Winter und in den dunklen Monaten hatte er sich außerstande gesehen, nach vier Uhr nachmittags noch auf die Straße zu gehen. Warum fuhr er nicht öfter nach Berlin – raus aus der Kleinstadt-Enge, ein paar Stunden Großstadtluft atmen, spazieren gehen in der anonymen Stadt?

Das müde Gesicht des Asylbewerbers, ob der naiven Frage des Reporters. Einem Flüchtling aus dem Iran, so rechnete er mir nun vor, stünden im Monat Lebenshaltungskosten von circa 300 Euro zu, allein fünfzig Euro im Monat gingen für den Anwalt drauf (das Zugticket nach Berlin kostete elf Euro).

Während des Gesprächs von einer Stunde Dauer hatte am Nachbartisch eine junge deutsche Familie von offenkundig rechter Gesinnung gesessen – es waren keine krassen Neonazis, mehr so ganz normaler rechter Kleinstadt-Durchschnitt (der Mann, auftrainiert, trug Runen-Tattoos auf dem Unterschenkel, sie war eine von den schicken, neurechten deutschen Mäusen aus dem Fitnessstudio). Die Familie tat gar nicht viel, außer zu sitzen, zu essen, ihrem Kind die zweite Cola zu verbieten und ihre Rechnung zu bezahlen, aber sie war da. Es war ein verdammt noch mal bedrückendes Gespräch auf der Terrasse der Pizzeria.

»Ein Kippchen noch.«

Ich guckte den Typen mit dem schwarzen Achselhemd an, der neben mir am Steuer des T4 saß. Als Co-Interviewer und Co-Reporter hatte Eric vollen Einsatz gezeigt. Und jetzt sah er erschöpft aus. Alles okay? »Ich kann nicht mehr, Moritz. Lass ma' nach Hause fahren.«

Es war komisch, aber beim Reporter hielt sich das Gefühl, dass seine Gespräche mit Asylbewerbern und Migranten – eben weil diese Gespräche von der ersten Minute an existenziell waren, weil sie von Tod, Vertreibung, Gewalt, Angst und Todesangst handelten – auf der Oberfläche blieben. Das Gefälle zwischen Interviewer und Interviewten war zu groß, es gab eine Interessenkollision – auf der einen Seite stand jemand, der in Not war, der Hilfe brauchte und das Recht hatte, diese Hilfe auch einzufordern, auf der anderen Seite hielt jemand ein Aufnahmegerät hoch. Die Not des

Asylbewerbers Amir, seine Ausweglosigkeit, seine klaustrophobische Angst – und ich ahnte, dass ich von zehn, zwanzig solcher Schicksale hören würde, wenn ich sie denn hören wollte –, bedrückten mich vollkommen.

Im Angesicht der so konkreten Not und der alltäglichen Sorgen, denen Asylbewerber in Deutschland und in einer Kleinstadt in Brandenburg ausgesetzt waren, war noch mal etwas anderes gefragt als Journalismus: vielleicht wirklich die Politik und – wirkungsvoller noch – das Anpacken der Leute vor Ort, das hier Alltag war in der Kleinstadt, die so konkrete und lebensnahe Arbeit der Frauen und Männer der Willkommensinitiative in Zehdenick und eines so respektablen Unternehmers wie des Geschäftsführers des Schuhherstellers Trippen in der Kleinstadt, Michael Oehler, der sechs afghanische Asylbewerber bei sich eingestellt hatte.

Und noch eine Tat des Reporters, die natürlich gut gemeint war und von der ich mich noch Wochen später fragte, ob ich sie mir hätte sparen sollen: Eines Sonntagnachmittags fuhr der Reporter mit Fatemeh, zwölf, und Radmehr, fünf, zwei Kindern einer iranischen Flüchtlingsfamilie, die in der Schleusenstraße in Zehdenick in einer halbwegs komfortabel wirkenden Vierzimmerwohnung lebten, nach Oranienburg ins Kino. Ja klar, den Kindern eine Freude machen – in Zehdenick gab es nicht viel, was Heranwachsenden am Wochenende an Zerstreuung blieb (kein Kino, kein Spielplatz, kein Schwimmbad).

Wir guckten uns den Disney-Film *Aladdin* an. Der kleine Radmehr sagte gar nichts (sehr niedlich), die nicht mehr so kleine Fatemeh redete in einem fort.

Das zwölfjährige Mädchen hatte sich einen neuen Namen für sich ausgedacht – statt Fatemeh heiße es jetzt Hilda (alle Erwachsenen, ihre Lehrer, sogar ihre Eltern machten mit und riefen sie schon bei ihrem neuen Namen). Hilda war natürlich sehr gut in der Schule, ihren Mitschülern gebe sie Mathenachhilfe, sie nehme Gitarrenunterricht, außerdem besuche sie den Konfirmationsunterricht. Und, sie wollte möglichst bald und ganz dringend ein I-Phone haben: »Meine Freundinnen haben alle ein I-Phone. Alle, alle. Außer mir.«

Ach so, im Iran, so Hilda, gebe es übrigens viel schönere Kinos als in Deutschland. Jedes Dorf, jede Kleinstadt habe ein eigenes sehr schönes Kino, und anders als in Deutschland herrsche in den Kinosälen im Iran wirklich Dunkelheit. Sie sei nun seit 18 Monaten in Deutschland, und es sei ihr erster Kinobesuch in diesem Land, im Iran sei sie etwa fünfhundertmal im Kino gewesen.

Schule in der Kleinstadt? Die Großen seien nett, die Kleinen und die Mitschüler beleidigten sie: »Scheißausländer, Scheißkanake«, sie höre das jeden Tag. In ihrer Schulklasse sei sie angespuckt und geschlagen worden, den Täter habe man mit einem Verweis bestraft. Trotzige, kämpferisch aufgelegte Hilda: »Mich berührt das alles nicht. Das sind alles Idioten. Ich muss nicht so sein wie die.«

Rückfahrt im Polo von Oranienburg nach Zehdenick. Bald feiere sie ihren dreizehnten Geburtstag, so Hilda, ihre Mutter schenke ihr einen Besuch im Nagelstudio: Fingernägel neu machen. »Wir sind alle Menschen, wir kommen alle aus demselben Himmel, wir haben alle ein Herz«, sprach das Mädchen auf dem Beifahrersitz und hielt seine grün lackierten Fingernägel gegen die brandenburgische Landschaft, die hinter der Autofensterscheibe vorbeizog. »Warum sind wir so schlecht zueinander?« Dramatische, persische Worte, aber natürlich, die Frage war ja vollkommen richtig.

Das mit dem I-Phone, liebe Hilda: Entschuldigung, aber das bekam ich einfach nicht hin.

Rückkehr nach Deutschboden

17. Juni. Mit einem deutlichen Ergebnis wurde der Parteilose Fred Sonnenkranz bei der Stichwahl zum hauptamtlichen Bürgermeister der Havelstadt gewählt und ließ den CDU-Mitbewerber weit hinter sich. Kommentar Raul: »Wir wählen hier die AfD auf die höchsten Ränge. Und dann kommt ein Schwuler und wird Bürgermeister. Das ist einfach nur geil.«

Montag, 1. Juli, sechs Uhr abends. Anruf bei Heiko, vom Parkplatz in Berlin aus: »Hallo, Herr Heiko. Hier der Reporter aus Berlin. Sag mal, ich bin um halb acht bei dir in der Kneipe. Kriege ich dann noch was zu essen?«

»Was will er denn?«

»Gibt es vielleicht noch ein schönes Eintopfgericht vom Mittag?«

»Na, ich habe einen Grüne-Bohnen-Eintopf vom Mittag, den willst du nicht haben.«

»Genau den will ich haben, Heiko.«

»Alles klar, meen Jung'. Den mach ich dir warm, wenn du da bist. Bis später.«

Es waren die Wochen der Bahnsteig-Morde und der, wie sich im Nachhinein herausstellen sollte, komplett aus dem Nichts zusammengestrickten Geschichten um nordafrikanische Prügelbanden in deutschen Freibädern.

Auf »Bist du ein echter Zehdenicker? Dann rein hier!« posteten gleich mehrere Holzgewehre einen neuen, astrein fremdenfeindlichen Meisterspruch, der in der Kleinstadt gerade populär wurde: »Hätten wir Ossis gewusst, dass zu den Bananen die ganzen Pflücker mitkommen, wir hätten weiter Rhabarber gefressen.«

Im Frühstücksraum des Hotels Lorenz, im braun-gelblichen Licht hinter den Butzenscheiben, spielten sie den All-Time-Disco-Klassiker *Crying at the Discoteque*, mir kamen sofort die Tränen.

Auf der Zugbrücke fuhr mir die Bäckersfrau Katharina auf einem Damenfahrrad entgegen. Sie saß sehr aufrecht, mit ihrer schönen roten Frisur, winkte, stieg dann doch noch ab. In einem Kitschfilm hätte es jetzt ein paar Sätze gegeben, die alles und auch die Frage geklärt hätten, ob es zwischen uns jemals so etwas wie einen Moment gegeben hatte. Hier blieb es – auch in Ordnung – bei freundlichen, belanglosen Worten.

Endloses Abhängen an der Aral-Tankstelle. Raul und Eric saßen auf den Campingstühlen, die Eric stets im Laderaum des T4 mitführte. Es wurde, wie in alten Tagen, die hohe Kunst des »dusselig Laberns« aufgeführt (von Raul war jetzt, zum Beispiel – lustige Geschichte –, zu erfahren, dass er bei der Wahl für den Kreistag ganz gegen seine politischen Überzeugungen der Kandidatin der Linken, einer Hautärztin in Zehdenick, seine Stimme gegeben hatte. Er hatte sich wegen ihrer ärztlichen Fähigkeiten erkenntlich zeigen wollen – die Ärztin hatte ihn gleich mehrfach erfolgreich von Geschlechtskrankheiten befreit).

Eric klopfte auf das Blech seines VW-Busses: »Alter Freund, der T4. Immer da, wenn man ihn braucht.« Grimmiger Kommentar von Raul: »Ja, immer gut zu gebrauchen, so ein Bus. Man packt da zum Beispiel seine Akku-Flex rein und fährt damit an Bahnhöfe in Berlin, um E-Bikes von reichen Grünen-Wählern zu klauen.«

Es wurde nun das so typisch ostdeutsche Abgeturntsein vom Umweltschutz hervorgeholt. Ob Raul, so wollte Erics Ehefrau Tessa wissen, der auf seinen Lkw-Fahrten täglich an die vier, fünf Cappuccinos im Pappbecher mit Plastik-Trinkverschluss trank, nicht mal anfangen könnte, einen Mehrweg-Kaffeebecher zu benutzen. Raul, sehr entschieden: »Ich würde notfalls *in den bewaffneten Untergrund der letzten Kaffeebecher-Plastikverschluss-Benutzer* abtauchen, um zu den Widerständlern zu gehören, die nicht aus Mehrweg-Kaffeebechern trinken.« Gelächter, auch bei Tessa. Rauls Kommentar: »In den Neunzigerjahren hat man uns gesagt, benutzt nicht so viel Papier, dafür holzen die den Regenwald ab – jetzt benutzen wir recycelbares Plastik, und das ist auch wieder nicht okay.« Und noch eine sehr typische Raul-Pointe: »Christian Lindner von der FDP hat doch gesagt, wir sollen uns keine Sorgen um den Umweltschutz machen, *darum kümmern sich die Profis.*«

Der Reporter hatte sich, um den großen Bla-Text über Umweltschutz und Christian Lindner maximal effektiv in sich aufnehmen zu können, auf den Asphalt zwischen die vor der Waschanlage geparkten Autos gelegt – ich lag da auf dem Rücken, die Wirbelsäule gestreckt, den Hinterkopf leicht erhöht auf dem Bordstein des Parkplatzes abgelegt, die Augen halb geschlossen, während mir das Geplapper von Raul und Tessa in die Ohren hineinperlte (Riesenthema Älterwerden). Und der Reporter erfuhr so, den Beton und die Böden der Aral-Tankstelle mit dem ganzen Körper aufnehmend, noch mal ein ganz neues Ankommen in der Kleinstadt.

Zweites Treffen mit Pretty Baby, wir saßen oben am Brunnen in den Neubauten, da, wo ich mit Eric die Nacht des Herrentags hatte ausklingen lassen. Pretty hatte ihre Englische Bulldogge Bella mitgebracht, immer wieder schaute sie auch nach ihrem sechsjährigen Sohn, der zwischen dem Wasserbecken des Brunnens und seiner Mutter hin- und hertaumelte und mal mit einem Förmchen, mal mit einem nassen Sweatshirt-Ärmel angelaufen kam. Sie erzählte ihr Leben, sie sah – wie sollte man sagen? – wieder spektakulär aus. Zwischendrin gab es Zeit, ihre Tätowierungen zu bewundern (auf ihrem Unterarm stand ein Satz, den ihre Oma immer zu ihr gesagt hatte: »Das Erste, das der Mensch im Leben vorfindet, das Letzte, wonach er die Hand ausstreckt, das Kostbarste, was er im Leben besitzt, ist die Familie«).

Vom Überfall auf ihre Freundin, über den sie sich bei Facebook so erregt hatte, konnte sie dann gar nicht mehr so viel erzählen (»drei dunkelhäutige Männer, zwischen 18 und 23 Jahre alt«). Pretty sagte in etwa das, was viele in der Kleinstadt über Ausländer sagten: Die Ausländer seien voll okay, sie habe nichts gegen Ausländer (im Gegenteil, einen Teil ihrer Jugend habe sie in Berlin-Schöneberg verbracht, ein Halbbruder sei sogar Türke). Aber: Die Ausländer sollten eben endlich auch mal aufhören, immer die deutschen Frauen anzufassen (auch hier bitte keine Missverständnisse, sie, Pretty, werde von Männern aller Nationalitäten, von Deutschen und von Ausländern, angequatscht). Letztlich waren es friedliche und versöhnliche Worte, die Pretty oben am Brunnen in den Neubauten sprach: abgeklärter Blick durch die hellblauen Kontaktlinsen – auf Männer, das Jugendamt, das Leben im Plattenbau als alleinerziehende Mutter. Ein Hoch auf die Familie: Es steckte in der Puppe, die ich im Scheißladen kennengelernt hatte, eine bewundernswerte, eine starke und tapfere Frau.

Mit Eric und seinem T4 fuhr der Reporter ins Milower Land, zwei Autostunden westwärts, zwischen Genthin und Rathenow, dorthin, wo Brandenburg beinahe vollständig menschenleer war, um den Vorsitzenden der AfD im brandenburgischen Landtag, Andreas Kalbitz, sprechen zu hören. Die Gaststätte Nitzahner Eck, an einer Kurve der L 96 gelegen: um die dreißig Zuhörer, im Nebenzimmer lief das Halbfinale der U 21, Deutschland gegen Rumänien. Die AfD hatte bei der Europawahl hier im Ort 43 Prozent erhalten. Der Vorsitzende verkündete, man gehe davon aus, dass nach der Landtagswahl eine rot-rot-grüne Regierung drankomme: »Geduld, liebe Freunde.« Und weiter sinngemäß: Diese Koalition werde keine vier Jahre durchhalten, die CDU komme zur Vernunft, und dann werde man, spätestens 2021, die Regierung stellen. Der Reporter hatte im Nachhinein schlicht keine Lust, den gleichzeitig wehleidigen und menschenverachtenden Superscheißdreck, den der AfD-Vorsitzende in die Kneipe hineinerzählte (»Messermigration«, Greta Thunberg, das »Zopfmädchen mit dem Mondgesicht«), in seinem Buch zu verbreiten.

Und noch eine komplette Ost-Soul-Stunde. Freimut, ein freiberuflicher Hausmeister, dem ich bei Hermanns Späti zum ersten Mal begegnet war, nahm mich mit in einen geheimen Ort der Kleinstadt, von dem immer nur raunend und hinter vorgehaltener Hand die Rede gewesen war – schon vor zehn Jahren hatte ich davon gehört: Juris private Bar, oben in den Neubauten gelegen. Es war ein Treffpunkt der Alten, der aus der DDR Übriggebliebenen, der pensionierten Bauarbeiter und Fernfahrer, anderer Lebensgenießer im Vorruhestand. Raul – bei dem ein ausgeprägtes Gefühl dafür vorhanden war, welche Sorte Absturz und Gossentum für ihn ein Vergnügen war und wo der Spaß aufhörte (Scheißladen war okay, beim Getränkemarkt Brunck und bei Juris Bar war er raus) – hatte sich geweigert, mit mir dort hinzukommen: »Lieben Gruß an die Runde.«

Die Bar, in einer ehemaligen Werkstatt gelegen, öffnete morgens gegen elf, schloss zur Abendessenszeit, Stoßzeit war gegen vier Uhr nachmittags. Oben in den Neubauten lief man ganz ans Ende der Ringstraße, dorthin, wo die Plattenbauten nicht mehr renoviert waren, an alten DDR-Garagen und verrosteten Wäschegeländern vorbei. Die Idee des Ladens war ganz einfach: Juri, ehemaliger Fernfahrer, um die siebzig Jahre alt, hatte seine Kumpels gerne um sich, also täglich ab elf Uhr auf paar Bierchen in seiner Garage. Kommen durften die, die Juri persönlich eingeladen hatte. Jetzt lag er da gerade auf einer Sonnenliege im Hof, absolut famos anzusehen, eben wie man sich einen Juri, den Wirt einer privaten Bar, schon immer vorgestellt hatte (silbergraue Haare, wasserblaue Augen, Lesebrille, Sweatshirt, Anker-Tätowierung auf dem Unterarm).

Die Bierkästen standen unter einem abgedeckten Billardtisch (ein Euro pro Flasche), das Bier wurde auf Zimmertemperatur gleich aus dem Kasten getrunken. Nach und nach trafen jetzt die Männer ein, setzten sich reihum an die Wand, guckten, wischten die Hälse ihrer Bierflaschen mit der Handinnenfläche ab, tranken. Der Pulsschlag der Unterhaltung war wunderbar niedrig.

Juri: »Freimut, ich muss sagen, mit dem Akku zu meinem Rasenmäher bin ich zufrieden.«

Freimut: »Schön dran denken, Juri: Den Rasenmäher-Akku musst du auch mal im Winter aufladen.«

Freimut, er hatte einst wie Rauls und Erics Vater Charly zur Granseer Rockergang der Fledermäuse gehört, palaverte nun einen so sagenhaften wie komplett unglaublichen Kleinstadt-Kram in Richtung Reporter, die Runde hörte zu: Er beziehe seit Jahren schon Hartz IV, »wobei ich keiner von denen bin, die sich über ihr Leben beschweren« (den Job als Hausmeister habe er auf Ein-Euro-Job-Basis), gleichzeitig fliege er praktisch unentwegt durch die Welt – er sei schon in Costa Rica und in Südafrika gewesen, demnächst trete er eine Lidl-Reise an die Westküste der USA an, da haue er gut viertausend Kilometer in zwei Wochen weg (Bustour nach Hollywood, James-Dean-Sternwarte, Studiobesuch, Bus nach Palm Springs, Las Vegas, mit dem Hubschrauber durch den Grand Canyon, Death Valley, mit dem Kleinflugzeug über den Colorado River, Monument Valley, Abstecher zu den Mormonen in Utah, in San Francisco die obligatorische Bootstour zur Gefangeneninsel Alcatraz). Freimut grinste jetzt lustig und ein bisschen ungläubig, weil das ja irgendwie auch ganz geil war, dass er demnächst für zwei Wochen nach Los Angeles abhaute. Ganz anderes Thema: Vor ein paar Jahren schon habe er seinen Führerschein abgeben müssen – Freimut hatte sich geweigert, zur medizinisch-psychologischen Untersuchung anzutreten. Trotziger Mann in Juris privater Kneipe: »In diesem Staat will ich gar keine Fahrerlaubnis haben.«

Während Freimuts Vortrag hatte Juri viel generelle Unterstützung für die Geschichten und Ansichten seines Freundes signalisiert (durch Brummgeräusche und

Nicken). Jetzt brauchte er mehrere Anläufe, um das phonetisch nicht ganz einfache Wort Kollegialität auszuspucken. Auf jeden Fall, so Juri, war das mit der Kollegialität früher – zuletzt in den Achtzigerjahren – besser gewesen: »Mit uns stirbt das aus.«

Große Zustimmung in der Runde, dass mit den hier anwesenden Männern etwas aussterbe – ja klar. Und darauf, mit ernsten Gesichtern und mit einer zehn Sekunden langen, feierlich ausgekosteten Gesprächspause, alle noch eine Flasche Bier.

Ich wollte natürlich auch noch mal nach Deutschboden, dem »Wohnplatz« (so die Bezeichnung der kleinen Ansiedlung auf Wikipedia), gut acht Kilometer nordöstlich meiner Kleinstadt im Wald gelegen. Im ersten Teil hatte ich den titelgebenden Ort meiner Reportage ja irrerweise nicht gefunden (genauer: Ich hatte es auf eine Art genossen und eine poetische Pointe daraus konstruiert, den zauberhaften Wohnplatz unentdeckt da irgendwo im Wald liegen zu lassen und wieder in die Kleinstadt umzudrehen). Jetzt hatte Blocky sich bereit erklärt, mir den Weg durch den Wald zu zeigen, wenn auch begleitet von typisch Blocky'schen Schimpf-Attacken und Kraftausdrücken (»Du Honk, *du Blindpesel* schreibst ein Buch, das so heißt, und hast den Ort noch nicht mal gefunden«).

Das Schlemmereck am ehemaligen Kaiser's-Parkplatz: Blockys bevorzugtes Mittagslokal der Stadt. Auf der Fassade der Baracke, unter der orange-rot gestreiften Markise, stand in Fünfzigerjahre-Schreibschrift:

»Schon satt ... nein? Dann rein hier!« Zwölf Uhr mittags, alle Tische besetzt. Die Luft stand vor Bratfett. Vor dem Sinnspruch »Hier kannst du futtern wie bei Muttern« hauten drei Frauen mit weißen Kitteln im Minutentakt Mittagessen zu Spottpreisen heraus (Bockwurst 1,15 Euro, Bulette 1,30 Euro, zwei Schnitzel mit Bratkartoffeln und Letschosoße 4,80 Euro, bitte). Wir freuten uns über das wunderbare Lokal und stiegen in Blockys Mazda.

In Deutschboden lagen Blockys Pilzgründe (Pfifferlinge, Maronen, Fette Hennen), aber es war natürlich noch nicht Saison. Zu Ost-Zeiten hatte Blocky einen sogenannten Pilzberechtigungsschein erstanden (ein Kilo Pilze hatte fünf Ostmark eingebracht). Nicht ganz klar, warum, aber mein Freund Blocky platzte fast schon wieder vor Genervtsein: »Was soll das sein, ein Wohnplatz? Kein Mensch sagt Wohnplatz. Das sind fünf Häuser im Wald!«

Die 109 Richtung Templin. Da, wo früher das gelbe Hinweisschild »Deutschboden 1 km« gestanden hatte, ging es links in den Wald hinein. Vor zehn Jahren hatte es das Hinweisschild zu einer Art symbolischem Zentrum des Romans *Deutschboden* gebracht: Hier war es unter den Mitgliedern der Band 5 Teeth Less Pflicht gewesen, wenn die Autokolonne auf dem Weg zum Probenraum in Kurtschlag an dem Schild vorbeifuhr, dass alle Insassen der Autos auf Höhe des Schilds die rechte Faust erhoben und im Chor das Wort »Deutschboden« ausriefen. Und dann waren wir schon da. Blocky wollte erst gar nicht anhalten.

Steigst du mit aus, Blocky? »Nö.« Er blieb im Wagen sitzen.

Natürlich, ich hatte damals recht gehabt, den Wohnplatz nicht zu finden, denn es gab hier nicht besonders viel zu sehen: ein Kleinod, ein verwunschenes Plätzchen. Ein paar Häuser, efeubewachsen, mit Fensterläden, eine Regentonne. Komisch, jetzt, wo ich ganz genau hinsah, konnte ich immer noch nicht viel erkennen. Richtig, da stand eine niedliche, mit Margeriten bemalte Holzbank. Der Ort Deutschboden verweigerte sich. Ich war sicher, den Wohnplatz bei einem möglichen dritten Anlauf ohne Blocky wieder nicht zu finden.

Ein Stück weiter die Straße herunter lag links im Wald ein Friedhof mit drei Gräbern: eine unleserliche Grabplatte und die Steine von Emma Fröhlich (1894 bis 1964) und Paul Fröhlich (1898 bis vermisst). Haltet die Ohren steif, ihr da draußen in der Erde von Deutschboden.

Ein Herr mit Hermann-Hesse-Strohhut erschien am Gartenzaun und erzählte von seinem Nachbarn: O ja, der kühle Intellektuelle und ehemalige Botschafter in Vietnam und Libyen, der im Film von André Schäfer seinen wundersamen Auftritt gehabt hatte, wohnte immer noch dort. Er selber arbeite als Psychologe an der Humboldt-Universität in Adlershof, werde demnächst pensioniert. Schwer zu entziffernde, schwer zu verwertende Informationen. Herzlichen Dank.

Im Wohnort gab es durchaus ein Bewusstsein dafür, dass es sich bei den wenigen Häusern um einen mit Bedeutung aufgeladenen Ort handelte. Ein Wegweiser: »Deutschboden Ost 250 Meter, Deutschboden Zentrum 45 Meter«. Und eine Informationstafel. Der Text begann mit einer rhetorischen Frage: »Was kann man über Deutschboden sagen? Als kleine Ansiedlung existierte Deutschboden seit Ende des 16. Jahrhunderts. Zwei Forstgebäude, in den Jahren 1892 und 1899 erbaut. Der Name Deutschboden wird mit der Existenz eines 1592 schriftlich erwähnten Wildzaunes erklärt, der quer durch die Schorfheide verlief. Am Ort befand sich ein Gattertor. Die Kaufmannszüge, die, von der Ostsee kommend, das Gatter passierten, hatten die Vorstellung, sich jetzt auf deutschem Boden zu befinden.« Schau an: Seit 1592 waren in Deutschboden Grenzen übertreten worden. Hinter Deutschboden war der Weg, laut Waldgesetz des Landes Brandenburg, für den Forst- und Jagdbetrieb freigegeben.

Am Autofenster von Blockys Mazda stehend. Und? Welche Gefühle rangen jetzt gerade in seiner Brust, hier draußen in den Kiefern? »Nüscht. Jar keine Gefühle … Wollen wir los?«

Und weiter Boxtraining. Und noch viel, viel, viel mehr Alkohol. Gespräche mit Bernd, dem ehemaligen Wirt des Großen Ratskellers. Die alte Bernd-Lederweste, so erzählte er mir, sei gut verwahrt, sie hing heute auf einem Bügel in seinem Büro, neben der alten Registrierkasse, dem Schubfach für das Geld, der alten Geld-Gürteltasche. Wir schwärmten von alten Zeiten, den goldenen DDR-Siebzigerjahren (bei denen der Reporter selbstverständlich noch nicht dabei gewesen war), als es in Zehdenick noch an die vierzig Lokale gegeben hatte, in denen man ein exzellent gezapftes Bier bekommen hatte, den Schützenkrug, Zickenkrug, das Deutsche Haus, den Bürgerkeller, Kronprinzen, die Deutsche Flagge, den Wolfskrug, Lindengarten, die Waldschänke, Reifen-Schänke, Reichsflagge, den Heidekrug, die alte Ziegler-Klause, auch Hammerbar genannt, weil dort, so die Legende, ein Mann mit einem Maurerhammer totgeschlagen worden war. Und dem Reporter war noch mal aufgegangen, wie sehr die Langeweile – mehr als jede andere Realität – die Grundstimmung und prägende Erfahrung im real existierenden Sozialismus des Ostblocks gewesen war, den Ländern, in denen die Zeit stillgestanden hatte, das Leben luftdicht abgeschlossen und vorherbestimmt gewesen war und jeglicher Ehrgeiz vergeblich – man hatte saufen, man hatte sich volllaufen lassen müssen, um nicht konkret vor Langeweile zu sterben (Raul und seinen Jungs war vielleicht nicht bewusst, wie sehr ihr Leben, noch dreißig Jahre nach der Wende, von der alten Sauf-Praxis bestimmt war).

Spontanes Zehn-Minuten-Hängen mit Finger – wir waren vor dem Getränkemarkt Brunck ineinandergelaufen. Ach, die Kleinstadt: Wir vibten so brutal gut miteinander ab, dass die Schwarte krachte. Dies und jenes konnte besprochen werden. Dem neuen Bürgermeister, fand er, müsse man eine Chance geben. Seit wann er so viel trank? Finger schien ein wenig überrascht über diese allzu direkte Frage: »Auuuuu … seit Tante Kristin.« Ach so, schon so lange. Und Finger gab noch einmal nach allen Regeln der Kunst, während er sich mit schlotternden Knien an der Hauswand festhielt, den Ost-Cowboy:

»Mit den neuen Nazis, wo wir jetzt überall haben, ist doch gar nicht so schlimm.«

Nö?

»Nö.«

Und noch mal, mit Nachdruck: »Ja, ist doch so!«

Gut.

Und ein Gespräch mit dem Steinmetzen Landwehr unten am Sportplatz, einem Klassemann, Klasse-Handwerker, lebenslangen Mitglied des Fußballvereins der Stadt (schon sein Großvater war Mannschaftskapitän des SV Zehdenick 1920 gewesen, sein Vater war ein bis heute in der Kleinstadt bekannter Torschützenkönig) und – noch einmal musste das gesagt werden – einem Zehdenicker Patrioten (»ich bin hier verwurzelt in der Stadt, durch den Betrieb, meine Familie, den Verein«). Trauer darüber, dass sich für den Handwerksbetrieb in fünfter Generation kein Nachfolger aus der Familie finden würde (verständliche Trauer), und Wut und Genervtheit darüber, dass so viele Ostdeutsche im dreißigsten Jahr nach der Wende immer wieder darauf reduziert würden, Rechte zu sein (ja, irgendwie auch verständlich, dass ihn das sauer machte). Das trotzige Fazit des Handwerksmeisters: »Moritz, wir hier im Osten haben beide Gesellschaftssysteme erlebt. Deshalb – nicht bös' sein – sind wir schlauer als die Wessis.«

Und sonst so?
Wo tat es gerade weh?
Wie blieb man aufrecht?
War rechts sein auch okay, oder war das Mist?
Dreißig Jahre nach Mauerfall, wie ging's der deutschen Seele?
Durfte man in Deutschland seine Meinung sagen?
Wer hatte die durch den Menschen gemachte Klimaerwärmung erfunden, die Grünen oder die Chinesen?

Es war drei Monate vor jenem schwarzen Tag im Oktober – an jenem 9. Oktober 2019 würden in Leipzig die Feierlichkeiten zum Auftakt des Jubiläums der Friedlichen Revolution stattfinden, und in Halle würde ein Neonazi in fescher Kampfmontur versuchen, in einer voll besetzten Synagoge ein Blutbad anzurichten.

Deutschland im »Superwahljahr Ost«: Die Mär, dass es sich bei der AfD um eine Protestpartei handelte, hatte sich endgültig erledigt (diese Partei wurde zu einem erheblichen Teil von Menschen gewählt, die Rassismus, Antisemitismus und Fremdenfeindlichkeit schlicht für gute Ideen hielten). Der Graben, so der Extremismusforscher Matthias Quent im Magazin *Republik*, verlief in Ostdeutschland nicht mehr länger zwischen Stadt und Land, nicht mehr zwischen Grünen und der AfD, sondern zwischen einer demokratischen Mehrheit und einer rechtsextremen Minderheit (die in

Brandenburg, Sachsen und Thüringen rund ein Viertel der Wähler stellte): Das war ein anderes Deutschland als das Land, das wir uns im Westen seit der Wiedervereinigung so gemütlich ausgemalt hatten.

Das Ende der Zuversicht: Das Gefühl, dass wir in einem gefestigten Staat lebten, dass alles irgendwie gut werden würde, dass die Demokratie die quasi gottgegebene Staatsform war, die die Menschen freiwillig nie mehr hergeben würden, das alles war weg.

Richtig, diese Geschichte hatte erst mal kein Ende. Aber wahre Geschichten ließen sich auch schlecht zu Ende erzählen. Meine brandenburgische Kleinstadt, zur Mitte des Monats Juli: Ich hatte mir Mühe gegeben, das von Raul bestellte Buch (»Das muss ein politisches Buch werden, Moritz«) zu recherchieren. Aber hey: ja, keine Ahnung. Politische Reporter waren natürlich die anderen. Bestimmte Sätze – die mit dem zu schlauen Klang –, die konnte ich nicht hinschreiben, obwohl sie mir natürlich durch den Kopf gingen. Es gab eine Sperre. Ich wusste es auch nicht.

Vielleicht täuschte das, aber die Anwesenheit des Reporters – bei Hermann vor dem Späti, bei Ibu und Ahmet vor dem Istanbul-Imbiss, am Freitagabend in der Kneipe Schröder – löste immer öfter eine gespannte Unruhe aus, wenn nicht gleich offene Ablehnung (»Guck mal, der Spion aus dem Westen«). Die Leute erkundigten sich, was das dieses Mal für ein Buch werden sollte und ob sie darin vorkamen. Im Scheißladen zeigte mir Raul diejenigen, die dem Reporter –

aller Voraussicht nach – nicht aufs Maul hauen würden, weil sie mit viereinhalb Jahren Bewährung kurz vor einer Gefängnisstrafe standen (»Denen kannst du ins Gesicht husten«).

Und so ging es, mit einem Motor, der schon stotterte und komische Geräusche von sich gab, in die nächste und letzte Runde.

Vakka Vakkmann comes to town

Beim Griechen wurde dem Skinhead namens Vakka Vakkmann, der vor zwei Stunden in der Kleinstadt angekommen war, jetzt das Bifteki ohne Knoblauch serviert. Die Männer, die auf der Terrasse des Griechen, unten an der schönen Havel gelegen, am Tisch saßen – Raul, Eric, Vakka, der Reporter –, ließen ihre Biergläser aneinanderklirren: auf den Heimkehrer. Riesenfreude, dass er es in seine Heimatstadt geschafft hatte. Richtig, Vakka war doch gerade dabei gewesen, die Geschichte seines ausgeschlagenen Schneidezahns zu erzählen.

Erzählung Vakka – offensichtlich genoss er es, ein bisschen auszuholen: Er habe ja, als Fußballfan und als linker Sharp-Skin, als der er sich selber sehe, eine starke Affinität zu England und zu London – in den letzten zwanzig Jahren sei er etwa zehnmal da gewesen. Mit zwei, drei Kumpels sei er bei dem Champions-League-Endspiel des Jahres 2013 von Borussia Dortmund gegen den FC Bayern München in der Wembley-Arena in London gewesen – ein Klassiker, das sei für ihn schlechterdings nicht anders machbar gewesen, als da dabei zu sein. Als Sharp-Skin fühle er sich mit den Fans des Ostlondoner Working-Class-Klubs West Ham United verbunden. Erklärung Vakka: »In London läuft das so: Alles, was sich für einen unpolitischen Skinhead, also für einen Sharp-Skin hält, ist in etwa das, was in Deutschland der FC St. Pauli ist, also eine Zecke.« Blödeleien im Stadion mit den Kumpels von West Ham United, die alte Hassliebe der Engländer für die Deutschen. Die West Ham Boys hatten Vakka und seine deutschen Begleiter gefragt, ob sie sich trauten – ein typisch englischer Gag, eine Mutprobe –, den alten Schlachtengesang *Ten German Bombers in the Sky* anzustimmen (in dem Fangesang aus der Zeit des Zweiten Weltkriegs wurden, zur Melodie von *Zehn kleine Negerlein*, die zehn deutschen Flugzeuge heruntergezählt, die die Royal Air Force vom Himmel holte). Vakka und seine Jungs waren im Bilde, und natürlich trauten sie sich – bei der anschließenden Hauerei mit den deutschen Fans von Bayern München und dem BVB ging Vakkas Schneidezahn zu Bruch. »Don't cry, German guy«, beruhigte ihn der West-Ham-Fan, als sich nach dem Spiel alles im Pub traf. *»Now you have an English smile.«*

Was für eine abgefahrene Anekdote für eine griechische Bierterrasse in einer brandenburgischen Kleinstadt: Oh Mann ja, Vakka konnte gut erzählen – er war, was Pointen und ballernde Formulierungen anging, die erst einen leichten Schrecken und dann, wenn der Zuhörer Vakka ins Gesicht guckte, Erleichterung auslösten über seine Lust an der Provokation und am Kitzeln an schmerzhaften Stellen, in einer Liga mit Raul.

Jetzt musste aber bitte doch noch mal geklärt werden, was es zu bedeuten hatte, dass Vakka sich fortgesetzt – und offenbar mit einem gewissen Stolz – selber als Skinhead bezeichnete. Für die meisten Leute, vor allem im braven Land Deutschland, stand der Skinhead doch für den hässlichen, Springerstiefel tragenden Nazi.

Und Vakka erklärte, was Leuten, die mit der Popkultur ein wenig vertraut waren, geläufig war: Vakka sah sich selber in der Tradition der englischen Sharp-Skins, des »Spirit of 69«. Weiße Arbeiterkinder im Westen Londons, die mit den Einwanderern aus Jamaika und den West Indies aufgewachsen waren, hatten zum Reggae der späten Sechzigerjahre und zu Northern Soul getanzt (der spätere High-Fashion-Fotograf Nick Knight hatte die Jugendkultur, entstanden aus den weißen Mods und den schwarzen Rude Boys, im Jahr 1980 in seinem Fotoband *Skinhead* dokumentiert). Vakka erzählte von seinen Helden der Popkultur – die Skinhead-Bands Rude Pride und Close Shave und die Ska-Legenden Laurel Aitken und Desmond Dekker waren dabei: »So um 2001 bin ich zum Skinhead-Kult konvertiert.« Vakka machte – natürlich – auch selber Musik, vor Jahren hatte er seine eigene Band, eine Zwei-Mann-Truppe mit Triangel, Gitarre, Glocken an den Fußgelenken, gegründet. Bandname Vakka Vakkmann and The Hardcore Peter.

Es machte dem Reporter eine kindische Freude, sich die an die Grabenkämpfe der Achtzigerjahre erinnernden Popgeschichten von Vakka zu vergegenwärtigen: damals, als die Welt noch in Ordnung gewesen war und es Skinheads gegeben hatte, die entweder böse (rechts) oder gut (links) waren. Heute sahen die Guten und die Bösen ja fast identisch aus (beide trugen New-Balance-Turnschuhe und hässliche Anoraks aus dem KiK-Kleidermarkt). Heute war die Welt ja – leider – doch etwas komplizierter geworden.

Es musste jetzt noch mal, weil es so schön war, die Geschichte des Modemachers Wolfgang Joop erzählt werden, der mit Vakka auf einem Facebook-Foto zu sehen war (»ach, der Wolfgang«). Joop hatte Vakka seine Jeansjacke abkaufen wollen, eine Levi's-Domestos-Jacke mit weißem Kunstfellkragen und »Oi!«-, »All Cops Are Bastards«- und Saint-George's-Cross-Aufnähern auf dem Rücken. »Der Wolfgang ist mit uns harten Jungs in Potsdam dicke, wir gehen mit dem saufen und feiern, wir gehen mit dem auch in Schwulenbars, kein Problem.«

Verstand er, dass in seiner Heimatstadt gerätselt wurde, ob der Sascha Vergin aka Vakka Vakkmann von heute eher rechts oder links war? Natürlich verstand er das: »Erzähl den Leuten in Zehdenick: Vakka ist Skinhead. Kapiert kein Mensch. Die denken alle: Der wählt AfD und ist Neonazi.«

Vom Bifteki aß Vakka dann doch nur ganze zwei Gabeln: Schmeckte, obwohl ja ausgewiesenermaßen kein Knoblauch dran war, doch irgendwie nach Knoblauch. Stattdessen, richtig, gerne noch eine Runde frisches Bier.

»Ich weiß heutzutage gar nicht mehr, was das eigentlich ist, ein Nazi«, stellte Vakka fest. »Wisst ihr das?« In seiner Heimatstadt Potsdam, so Vakka, kenne er Tausende von Leuten, die vielleicht aussahen wie Nazis, aber keine Nazis waren. Nächste Feststellung, ein wenig widersprüchlich zu der Aussage, dass er ja eigentlich gar nicht mehr wisse, was ein Nazi war: »Mittlerweile komme ich mit den Nazis besser klar als mit der Antifa.«

Raul: »Du hast vorhin einen coolen Begriff gesagt: Wohnzimmer-Nazi.« Vakka, lachend: »Ja, ich bin Wohnzimmer-Vakka.«

Freude. Wir hatten Zunder am Tisch – und gleichzeitig eine leichte, durchaus auch brauchbare Anspannung. Vakka guckte. Raul und Eric guckten auch. In Ordnung, wir waren jetzt schon mittendrin im interessantesten Thema des Abends, das gleichzeitig einer der springenden Punkte des Jahres war: der Frage, wie man sich in vielen Sätzen und Formulierungen genauso anhören konnte wie ein Nazi und gleichzeitig, in der eigenen Wahrnehmung und für andere durchaus nachvollziehbar und glaubwürdig, doch etwas ganz anderes als rechts war.

Aber der Reihe nach. Vakka sollte jetzt bitte noch mal kurz – es war ja alles schon ein paar Jahre her – etwas zu seiner Jugend in Zehdenick sagen, als er hier in der Kleinstadt die Zecke mit den langen blondierten Haaren und der Wandergitarre in der Hand gewesen und jeden Tag von den Glatzen verkloppt worden war.

Den Film *Die Zecken von Zehdenick* schaute sich Vakka bis heute noch an die zweimal im Jahr an: »Meine Kumpels können gar nicht glauben, wie krass das damals war.« Ja, Zehdenick sei in den Neunzigerjahren eine extrem rechte Stadt gewesen, den Alltag und die öffentlichen Orte wie Rathausmarkt, alte Eiche, Berliner Straße, Postkreuzung und Kaiser's-Parkplatz hatten Jugendliche und junge Männer mit Glatzen, Bomberjacken und Springerstiefeln im Griff gehabt. Und ja, es musste für den Sascha Vergin, das Mitglied der Jungen Gemeinde, eine niederschmetternde, eine komplett kaputte Zeit gewesen sein.

Vakka zählte jetzt die Namen der Jungs auf, die ihn damals, in seinen Teenager-Jahren, gequält hatten. Von seinem vierzehnten bis zu seinem siebzehnten Lebensjahr: nur Schmerzen, Hass, Nichtanerkennung, Ausgestoßensein. »Wenn ich zu Hause die Straße runterguckte und ich sah im Dunkeln zwei Silhouetten, es hätten auch Oma und Opa sein können – ich habe zwei Kilometer Umweg genommen.« Auf die Frage, warum ausgerechnet er immer wieder aufs Maul bekommen hatte, hatten die Glatzen im Film eine verblüffende Antwort gegeben: »Wissen wir auch nicht. Muss der doch wissen.«

Hatte er Fäuste ins Gesicht bekommen? »Sag mal, was fragst du mich denn da?«, entgegnete Vakka dem Reporter. Und guckte Hilfe suchend Raul und Eric an. »Natürlich, immer feste ins Gesicht – Fäuste, Stiefel, Fahrräder, alles.« Er habe immer eine große Fresse riskiert: »Ich wusste, aufs Maul kriege ich sowieso, ob ich nun etwas sage oder nicht.« Vier Mal habe er sich in den bösen Jahren das Nasenbein gebrochen. Lakonischer Killerspruch des Prügelopfers Vakka: »Wenn mir heute einer auf die Nase haut, ich muss noch nicht mal niesen.«

Von den Schritten, die den Kleinstädter aus der Kleinstadt hinausgeführt hatten, und von seinem neuen Leben außerhalb der Kleinstadt: Vakka hatte einen Hauptschulabschluss absolviert, er hatte Einzelhandelskaufmann gelernt, zuletzt hatte er bei Rewe an der Kasse gesessen. Seit 1999 lebte er in Potsdam, genauer in einer Dreiraumwohnung in Potsdams Sozialbauviertel Schlaatz (größtenteils unrenovierte Plattenbauten aus den Achtzigerjahren). In keinem anderen Viertel in Potsdam war der Anteil der Arbeitslosen und der Hartz-IV-Empfänger so hoch (zum Vergleich: In der brandenburgischen Hauptstadt Potsdam lebten sieben Prozent Ausländer, im Plattenbauviertel Schlaatz waren es rund 23 Prozent). Kürzlich war ihm sein Job beim Supermarkt gekündigt worden, der Vorwurf lautete, er habe einen Schwarzen rassistisch beleidigt (laut Vakkas Darstellung eine vollkommen abwegige Anschuldigung, er habe nicht »Pack« gesagt, wie ihm die Leitung des Supermarkts vorgehalten hatte, sondern »Tach« – oje, was für eine entsetzliche Geschichte). Sein Geld bezog er derzeit, wie das bei Vakka hieß, vom Amt.

Gut, dass es Bier gab, aus dem man ab und an einen kräftigen Schluck nehmen konnte. Es kamen nun, im Zehn-Minuten-Takt, die Ouzos dazu, die der griechische Wirt den vier deutschen Männern ausgab.

Geschichten aus seiner sozialen Realität, dem Plattenbauviertel in Potsdam-Schlaatz. Vakka schimpfte auf die Flüchtlingspolitik der Angela Merkel und äußerte gleichzeitig Verständnis für die Flüchtlinge, die sich auf den Weg nach Deutschland machten (»Ich bräuchte nicht mal Zahnpasta, ich würde barfuß hierherkommen«) – er klang dabei nicht so anders als die vielen guten Deutschen, die auch in der Kleinstadt unterwegs waren. Über die Flüchtlingsretterin und Sea-Watch-Kapitänin Carola Rackete regte er sich auf, auch für die Klimaaktivistin Greta Thunberg hatte er nichts als Verachtung übrig.

Kleiner ethnischer Grundkurs à la Vakka aus der ostdeutschen Großstadt: »Den Vietnamesen siehst du gar nicht, der Schwarze fällt auf, weil er so laut in der Tram telefoniert, und wer den Russen besoffen anpöbelt, ist sowieso selber schuld. Der Moslem? Entschuldigung, die sperren ihre Frauen weg, die verheiraten ihre Töchter mit vierzehn. Jeder passt sich an in diesem Land, nur die nicht. Schon die Zwölfjährigen pöbeln dich an: ›Wer bist du, dass du mich anguckst?‹« Kürzlich habe er, mit besten Absichten, drei vermeintliche Moslems mit »Salam alaikum« gegrüßt und, bumm, eins in der Fresse gehabt. Es waren drei Jesiden aus Armenien gewesen. Ein vermeintlich überforderter Vakka: »Scheiße, wer soll sich da noch auskennen?«

Er, Vakka, hatte ganz offenkundig Freude daran, das kontaminierte und verbotene Wort »Neger« und das von ihm verächtlich ausgesprochene, auch abwertend gemeinte »Moslem« in den Mund zu nehmen. Es gab diesen Reiz, sich in verbotenen Worten auszudrücken:

»Ja, weil es mich tierisch aufregt. Verstehst?« Natürlich, verständlich war so vieles – aber ich fand es trotzdem richtig, eine andere Sprache zu verwenden (ha!). Es ging Vakka dann um die vermeintlichen Sprechkorridore der Political Correctness und die sooft beschworenen, vermeintlichen Grenzen der Meinungsfreiheit: »Bei der Antifa durftest du nicht ›Heimat‹ sagen, bei den Rechten nicht ›Flüchtlingspolitik‹.«

Neue Schnäpse. Und noch mal ganz neuer Schwung. Die ganz normale *Badness* so eines Skinheads, der ehemaligen Zecke von Zehdenick. Der ganze Schmerz, der ganze Bullshit des Jahres 2019: alles auf den Tisch.

Vakka, jetzt richtig wütend: »Es ist einfach eine Frechheit, was hier passiert. In diesem Land.«

Moment, was genau war eine Frechheit?

Wir tranken weiter. Der wunderbare, alles auf den Punkt bringende, gleichzeitig alles in den Schwachsinn ziehende Stoff Alkohol.

So klar dieser Vakka etwas gegen Ausländer hatte – zumindest die aus dem muslimischen Kulturkreis –, so wichtig war es ihm, nicht wie ein gehirnamputierter Wutbürger oder wie ein stumpfer Ausländerfeind dazustehen. Das war die Herausforderung, wenn man einem wie Vakka zuhörte: Man hielt ihn, hörte man nur oberflächlich hin, für einen Rechten. Aber man glaubte sich diese Verurteilung selber nicht – man ahnte, die Sache war nicht so einfach.

Der Mann, der unter dem Tisch seiner Hündin Uschi im Fell herumwühlte, bezeichnete sich jetzt – das klang doch gut – als Weltenbürger: »Ich bin weder rechts noch links, nicht einzuordnen.«

Und Vakka erzählte nun noch eine Anekdote – es war eine Geschichte aus dem vietnamesischen Biergarten in Potsdam-Schlaatz: »Da sitzt Schrotti, weeßte, der mit Hertha-Mütze, Button mit der Reichkriegsflagge und einem Tiger-Panzer auf dem T-Shirt. Er fragt: Vakka, kannst du mir einen Zehner Gras besorgen? Ich: Schrotti, kein Problem. Ich gehe drei Meter raus aus dem Biergarten, da stehen die Schwarzen rum, die ich alle kenne. Ich sage: Homies, ich brauche ein bisschen *Weed.* Ich lege Schrotti den Zehner Gras hin, baue einen Joint, wir kiffen einen, da haut er raus: Vakka, entscheide dich. Du musst deine Seite wählen: wir oder die. Ich sage: Bist du bescheuert? Du sitzt beim Vietnamesen, trägst ein Tiger-Panzer-T-Shirt, hast gerade bei den Negern ein Gramm Gras gekauft und sagst zu mir, ich soll mich entscheiden? Ich hänge mit beiden, mit euch Reichkriegsbürgern und mit den Schwatten.«

Er schnäuzte sich. So geil, wie sich nur ein Sascha Vergin aka Vakka Vakkmann, geboren und aufgewachsen in der Kleinstadt Zehdenick, schnäuzen konnte. Noch eine verstörende, auf Anhieb schwer verständliche Ansage: »Verstehst du? Ich muss kein Nazi sein, um einen Schwarzen zu verprügeln, und ich muss kein Antifaschist sein, um Nazis aufs Maul zu hauen. Wenn ich in eine Kneipe gehe und lerne da einen Menschen kennen, dann ist es mir prinzipiell egal, ob der links oder rechts, gelb oder schwarz, arm oder reich, Christ oder Buddhist ist. *Das ist mir alles total latte.*«

Und Vakka sprach seinen humanistischen Imperativ, der eine Überschrift hätte sein können für so viele, die ich in der Kleinstadt kennengelernt hatte, und überhaupt für die Zeit des Reporters in Deutschboden: *»Erst kommt die Menschlichkeit. Dann die Politik.«*

Wir liefen vom Griechen in die dunkle Innenstadt der Freitagnacht. Standen für einige Minuten im gelben Licht auf der Zugbrücke. Erinnerung Vakka: »Hier musste ich früher oft den ganz großen Umweg nehmen, ganz hinten entlang, über die Castrop-Rauxel-Allee.«

Wie fühlte er sich, wenn er jetzt nach all den Jahren in die Kleinstadt kam? »Ich freue mich einfach.« Nein, ehrlich, er habe Frieden mit seiner Stadt gemacht.

Vor dem Späti am Rathausmarkt versammelte sich eine illustre Mitternachtsrunde: die Halbwelt von Zehdenick, alte Freunde, Gegner, auch ein nicht so schlecht aussehendes Mädchen mit einer Gesichtstätowierung (ein quer über die Stirn laufendes Ornament). Es hatte sich herumgesprochen, dass Vakka in der Stadt war. Einer ließ in einem alten Einser-Golf, dem populärsten Wagen der untergegangenen DDR, den Motor laufen.

»Das ist Dorf«, sprach Raul, »herrlich.«

Vakka – Bierflasche und Zigarette in der anderen Hand – legte seinen Arm um die Schultern des Reporters und forderte ihn auf, sein Aufnahmegerät ganz nah an seinen Mund zu halten: »Ich erzähle dir jetzt den witzigsten rassistischen Witz, den du je in deinem Leben hören wirst, den aber nur Ostdeutsche verstehen.« Ja gut, den wollte der Reporter natürlich hören. »Sitzen zwei Neger an der Dorfbushaltestelle. Kommt eine Oma mit dem Fahrrad vorbeigefahren: ›Na, ihr Russen, wieder gekokelt?‹«

Zum Ende des Abends bat Vakka den Reporter, ihn ab sofort bei seinem echten Vornamen Sascha zu nennen: »Vor Vakka bin ich immer abgehauen.« Und der Reporter schenkte dem Besucher der Kleinstadt zum Abschied seine Lesebrille aus dem dm-Markt.

Sprachnachricht von Raul am nächsten Morgen: Es war noch bis um halb sieben morgens gegangen im Scheißladen – wie immer hatte der Reporter das Beste verpasst. Nazis, Kurden, Punks, Flüchtlinge, Motorradrocker, alte Zehdenicker, jüngere Zehdenicker, haufenweise Frauen, die sonst nie nach zehn auf die Straße kamen: Die ganze Kleinstadt habe Sascha die Ehre erwiesen. Man habe ihm eine Akustikgitarre in die Hand gedrückt, er habe den ganzen Laden unterhalten und ein Potpourri aus eigenen Songs, Rio Reiser, deutschem Schlager (Kerstin Otts *Regenbogenfarben*) und Rechtsrock von Landser und der Lunikoff Verschwörung *(Neger auf dem Fahrrad, Tausend Tage in Tegel)* gespielt. »Sehr geiler Abend«, hörte ich Raul aus meinem Telefon sagen, »also wirklich, verdammt noch mal legendärer Abend.«

Unten an der Zugbrücke: der dumme Fluss. Er floss da so friedlich und ahnungslos vor sich hin. Auf einer Segeljacht mit der Aufschrift »Bella 620 C« stand ein Paar in weißen Shorts, jetzt tatsächlich: Händchen haltend, winkend. Der Reporter glotzte grimmig, schon wie so ein echter Zehdenicker, und grüßte nicht zurück.

Gegen Mitternacht, als der Reporter das Eisengitter zum Hof seines Hotels aufschloss, hatte er mit Eric noch für ein paar Minuten auf der Straße gestanden – *wasting some time.* Uns beiden steckte der Herrentag in den Knochen, der mit dem Spaziergang hinauf zu den Neubauten geendet hatte. Und plötzlich konnten wir uns noch einmal ganz viel sagen und uns gegenseitig Mut zusprechen, und nichts davon klang komisch.

Eric setzte sich in Gang, er reckte die rechte Faust in die Luft und blieb dabei nicht stehen: »Deutschboden.«

Willkommen in jenem unbekannten Land, das Deutschland heißt

Moritz von Uslar geht in eine Kleinstadt im Osten Deutschlands, er bleibt drei Monate und kehrt mit dieser großen Erzählung, einer Geschichte der Gegenwart, die gleichzeitig Reportage und Abenteuerroman ist, zurück.

»Eines der besten Bücher über Deutschland nach der Wiedervereinigung« *Süddeutsche Zeitung*

»Eine existentialistische Erzählung mit gleich drei überraschenden Tugenden: Anmut, Ironie, Zärtlichkeit« *Der Spiegel*

Leseproben und mehr unter www.kiwi-verlag.de

KiWi

Prominente im Schnellfeuer-Verhör

Mick Jagger, Woody Allen, Udo Lindenberg, Harald Schmidt, Angela Merkel, Götz George, Karl Lagerfeld, Luciano Pavarotti, George Clooney, Heidi Klum, Hillary Rodham Clinton u.a.

»Endlich einer, der nicht fragt, was er schon weiß«
Martin Walser

»Kurz, knallhart und witzig« *Hamburger Abendblatt*

Leseproben und mehr unter www.kiwi-verlag.de

Kiepenheuer & Witsch

Die beliebte Kolumne im Feuilleton der Zeit

Moritz von Uslars Kunst besteht darin, eine wunderbar entspannte, saloppe und intime Gesprächssituation herzustellen, in der er seine Gäste dann mit ihrem Image, mit Fragen zu Politik und Kultur und einfach nur mit dem unnachahmlichen Uslar-Interviewstil konfrontiert. So entsteht ein fein gezeichnetes Psychogramm des Interviewten sowie ein Abbild der deutschen Politik und Gesellschaft. Das ist modernes Feuilleton. Und das ist höchst inspirierende Unterhaltung.

Kiepenheuer & Witsch

Leseproben und mehr unter www.kiwi-verlag.de

NOCHMAL DEUTSCHBODEN
DAS HÖRBUCH

1 MP3-CD | Ungekürzte Autorenlesung
8 Stunden 15 Minuten | ISBN 978-3-86484-634-2

tacheles!
HÖRPROBEN
PODCAST

tacheles! Hörbuch bei ROOFMUSIC